2020—2021 中国城市创新型经济蓝皮书

吴晓波　杜　健　等著

ZHEJIANG UNIVERSITY PRESS
浙江大学出版社
·杭州·

图书在版编目（CIP）数据

2020—2021 中国城市创新型经济蓝皮书 / 吴晓波等
著. —杭州：浙江大学出版社，2022.8
ISBN 978-7-308-22943-2

Ⅰ.①2… Ⅱ.①吴… Ⅲ.①城市经济—经济发展—
研究报告—中国—2020—2021 Ⅳ.①F299.21

中国版本图书馆 CIP 数据核字（2022）第 149710 号

2020—2021 中国城市创新型经济蓝皮书

吴晓波　杜　健　等著

责任编辑　范洪法　樊晓燕
责任校对　王　波
封面设计　雷建军
出版发行　浙江大学出版社
　　　　　（杭州市天目山路 148 号　邮政编码 310007）
　　　　　（网址：http://www.zjupress.com）
排　　版　浙江时代出版服务有限公司
印　　刷　杭州钱江彩色印务有限公司
开　　本　710mm×1000mm　1/16
印　　张　17.25
字　　数　272 千
版 印 次　2022 年 8 月第 1 版　2022 年 8 月第 1 次印刷
书　　号　ISBN 978-7-308-22943-2
定　　价　69.00 元

审图号：GS 浙（2022）49 号

编写单位

- 浙江大学"创新管理与持续竞争力研究"国家哲学社会科学研究基地
- 浙江大学管理学院

参与单位

- 阿里云计算有限公司

鸣谢单位

- 钉钉(中国)信息技术有限公司、阿里研究院、深圳市易流科技股份有限公司

编写成员

组　长	
吴晓波	浙江大学管理学院教授、博士生导师
副组长	
杜　健	浙江大学管理学院副教授、博士生导师
组　员	
郭　斌	浙江大学管理学院教授、博士生导师
余　璐	浙江大学管理学院博士研究生
徐　宁	浙江大学管理学院博士研究生
朱　珊	浙江大学管理学院博士研究生
张伟齐	浙江大学管理学院博士研究生
林福鑫	浙江大学管理学院博士研究生

参与单位成员

前　言

唯创新者进,唯创新者强,唯创新者胜!

习近平总书记在 2021 年第 24 期《求是》杂志上发表的《深入实施新时代人才强国战略 加快建设世界重要人才中心和创新高地》一文中再次强调了"创新是第一动力"这一重要论断。站在"十四五"开局的新起点眺望未来,坚持创新在我国现代化建设全局中的核心地位,是新时代解决发展中面临的不平衡不充分问题,全面实现第二个百年奋斗目标的关键。

目前,我国经济已由高速增长阶段转向高质量发展阶段,正处在转变发展方式、优化经济结构、转换增长动力的攻关期。城市作为各类资源要素的集中地,对经济社会的创新发展具有重要的带动作用和辐射效应。同时,城市也是承担社会经济转型的最重要载体,决定着创新驱动发展的广度与深度。在中国,创新型城市的崛起虽然迅速而炫目,却依然处于参差不齐的发展阶段。"纲举目张",客观深入地评价中国主要城市的创新力,大力促进和发挥主要城市的创新增长极作用,是引领和带动全国加快实现高质量跨越式发展的重要突破口。

本课题组于 2005 年即在国内开创性地发起了"创新型经济评价"工作,出版了第一部区域创新型经济评价专著——《2004 浙江省创新型经济蓝皮书》,在国内首次对创新型经济的概念和内涵进行了明确界定,制定了多层次、定量化的创新型经济评价指标体系。此后,基于构建的评价指标体系以及对其不断地优化调整,本课题组每年都会对各省(市)的创新型经济进行客观评价分析,具体比较当前年度创新型经济的发展情况,针对热点问题展开深度讨论并提出建议。这本《2020—2021 中国城市创新型经济蓝皮书》的评价指标体系由创新基础设施、创新资源、创新过程和创新产出四个维度共 13 个二级指标、47 个三级指标构成。本书通过对中国 57 个主要城市的 2019—2020 年各类数据的收集整理,分析得出这些主要城市创新型经济的排名,刻画了当下中国各个城市创新型经济的发展模式并对其成功经验进行讨论和分析,此外,围绕"十四五"期间新旧动能转化的三个重要方面——共同富裕、数字经济、双碳治理——进行了专题讨论,为这些城市的高质量与可持续发展政策制定和管理提供了重要而切实可靠的参考。

十七年来,本课题组一直坚持站在第三方独立研究机构的立场,运用国际前沿的理论和方法,致力于客观、科学地反映创新型经济发展的现状和趋势。本研究旨在为决策者、研究者以及其他利益相关者提供系统的多维度"镜子",能起到抛砖引玉的作用即是我们的成就。我们无法未卜先知地提出有效的对策和措施,但如果能为影响未来的决策者们提供可靠的前事分析和趋势预判,身为"纸上谈兵"的"事后诸葛亮",亦甚为欣慰。当然,受能力所限,书中的缺陷和错漏在所难免,敬请社会各界对本书的不足给予直率的批评和指正,以使这一具有创新性的研究工作能够不断完善。在此,我们要特别地向一直支持和关心该项研究的领导、各界朋友和同仁们表示最衷心的感谢!

我们将持续改进,为我国的创新型国家建设发展添砖加瓦!

《中国城市创新型经济蓝皮书》课题组
2022 年 1 月

目　录

分析报告

附　录

分析报告

报告摘要

《2020—2021中国城市创新型经济蓝皮书》建立了中国城市创新型经济评价体系，从创新基础设施、创新资源、创新过程以及创新产出四个维度对中国57个主要城市进行了综合评价。本蓝皮书希望能够为新一轮的以创新能力为主要驱动力的中国城市发展提供一把标尺，客观评价中国城市的创新表现，以期为中国城市的创新型经济建设提供参考依据。

收录城市

本书共收录了中国57个城市的基础数据，并结合中国城市创新型经济评价指标体系，从各个方面对中国城市创新型经济所表现出的特点进行了分析。考虑到经济发展的平稳性，本蓝皮书以2018年与2019年两年GDP总量均进入全国排名前60作为城市选择标准，最终共有57个城市入选。进入报告的城市有：上海、北京、深圳、广州、重庆、苏州、成都、武汉、杭州、天津、南京、宁波、无锡、青岛、郑州、长沙、佛山、泉州、东莞、济南、合肥、福州、南通、西安、烟台、常州、徐州、大连、唐山、温州、昆明、沈阳、厦门、长春、扬州、石家庄、绍兴、盐城、潍坊、南昌、嘉兴、哈尔滨、台州、泰州、洛阳、襄阳、漳州、临沂、金华、南宁、宜昌、济宁、惠州、榆林、镇江、贵阳、太原。

研究方法

数据来源以公开渠道为主，主要包括国家及各地方统计局、统计公报、统计年鉴、政府公开资料，主要有《2020中国城市统计年鉴》《中国城市建设统计年鉴2020》等。同时课题得到了阿里云计算有限公司、钉钉（中国）信息技术有限公司、阿里研究院以及深圳市易流科技股份有限公司的重要支持。通过对数据的无量纲化①处理,得出各个城市的创新指数。

分析结果

▲进入本书排名的 57 个城市的创新指数平均得分为 28.06 分。

▲2020 年中国创新型城市十强为:北京、深圳、上海、广州、杭州、东莞、南京、武汉、苏州、天津,创新指数平均得分为 43.59 分。

- 创新基础设施排名前五的城市为:深圳、上海、北京、广州、天津。
- 创新资源排名前五的城市为:北京、上海、深圳、杭州、武汉。
- 创新过程排名前五的城市为:北京、深圳、东莞、南京、上海。
- 创新产出排名前五的城市为:深圳、杭州、东莞、苏州、无锡。

▲与 2014 年的榜单相比②,有 14 个城市新入榜,35 个城市排名提升,21 个城市排名下降,1 个城市排名保持不变。

重要发现

▲中国城市的创新型经济发展总体尚处于初级阶段,城市之间差距明显。进入本书排名的 57 个城市的创新指数平均得分仅为 28.06 分,40 分(含)以上的城市仅有 4 个,大多数城市的创新指数得分集中在 20 分(含)到 30 分这一区间(35 个),甚至有 5 个城市得分不足 20 分。此外,排名第一的北京为 64.74 分,排名最后的洛阳仅为 17.10 分,排名中后位次的城市的创新型经济发展水平亦与排名靠前城市存在差距(见表 0-1)。

▲北深上广位居鳌头,杭宁汉苏新一线发力强劲,东莞成为最大"黑马"。北京、深圳、上海、广州这 4 个传统的一线城市占据创新型经济发展的前 4 名,同时深圳凭借其在基础设施、资源、过程和产出方面的均衡发展,在创新型经济发展的综合水平上超越了上海和广州,仅次于北京而位居第 2。杭州(第 5 位)、南京(第 7 位)、武汉(第 8 位)、苏州(第 9 位)这些新一线城市也伴随着近年来数字经

---

① 采用了不同计量单位的统计指标可以直接进行比较。

② 本课题组自 2005 年来主要聚焦于浙江省创新型经济评价,但于 2015 年第一次发布了全国性创新型经济评价专著《中国城市创新蓝皮书 2014》。本书是该书继 2014 年后再一次将创新型经济评价推广至全国城市,并将持续进行全国性评价。

济、高质量制造业的发展入围前十。东莞排名第 6，作为入围创新型经济 Top10 城市中唯一当年 GDP 未超过 1 万亿元的城市，是当之无愧的"黑马"。

▲各城市在创新基础设施、创新资源、创新过程、创新产出 4 个维度中表现各异，四维发展均衡程度成为影响城市创新型经济整体表现的重要因素。深广杭苏实现全面发展、多维领先，创新型经济发展态势向好；但受限于创新基础设施建设与创新资源不足，无锡、佛山、长沙、福州等城市面临低投入低产出的创新型经济发展挑战；如何加快知识的扩散与转移过程，提升创新转化效率成为各城市共同面临的重要问题；粤港澳凭借其开放程度与产业活力，城市（如深圳、东莞）创新产出表现优异；城市包容性与创新可持续性发展不足成为影响城市产出水平，进而制约整体创新型经济发展的重要因素（如临沂、唐山、天津）。

▲四大经济圈的创新型经济发展各具鲜明特色，大湾区创新型经济整体发展领先，长三角效率优势明显，环渤海传统资源优势显著，成渝发展空间较大。粤港澳大湾区创新型经济发展水平较为优异，城市表现出极强的竞争力，创新型经济发展位列四大经济圈之首；长三角经济圈拥有良好的创新生态，并且表现出卓越的创新效率优势；环渤海经济圈传统资源优势仍然显著，但创新型经济发展较为不平衡，两极分化较为严重；成渝经济圈起步晚，但创新型经济发展的基础设施已初具优势，有较大发展空间和潜力。

▲"共同富裕""数字经济"与"双碳治理"成为城市高质量发展新的风向标，长三角与粤港澳示范作用突出。浙江发展性与共享性综合水平领先，成为城乡统筹发展先行典范；长三角和粤港澳数字经济表现亮眼，各城市数字基础设施和数字创新活力转化效率普遍较高；厦门成为生态治理创新标杆城市，其他大部分城市源头和末端平衡治理仍有短板。

▲总体而言，本书为中国的创新发展带来了以下重要启示：

城市是聚集智慧、推动创新的必要载体，是创新的策源地，是国家战略科技力量的聚集地。

主要城市既是创新的牵引者，更是创新驱动高质量发展的发动机。

主要城市的创新形成各具特色的新型生态体系，形成各有特色的增长极。

通过多维度的分层分类分析，为各主要城市高质量与可持续发展提供了重要的参考。

表 0-1　2020—2021 年中国城市创新型经济指数排名

城市	2020—2021 年创新型经济指数	2020—2021 年创新型经济指数排名	2014—2015 年创新型经济指数排名	当年 GDP /亿元	当年 GDP 排名
北京	64.74	1↑	2	35371	2
深圳	57.23	2↓	1	26927	3
上海	50.36	3—	3	38156	1
广州	41.95	4↑	5	23629	4
杭州	39.89	5↑	8	15373	9
东莞	39.18	6↑	7	9482	19
南京	37.28	7↑	12	14031	11
武汉	36.24	8↑	13	16223	8
苏州	35.23	9↓	4	19236	6
天津	33.80	10↓	6	14104	10
宁波	33.42	11↓	10	11985	12
厦门	32.53	12↓	11	5995	33
成都	32.21	13↑	21	17013	7
西安	31.41	14↑	29	9321	24
嘉兴	30.75	15↑	24	5370	41
郑州	30.38	16↑	27	11590	15
无锡	30.14	17↓	9	11852	13
佛山	29.57	18↓	17	10751	17
长沙	28.75	19↓	14	11574	16
青岛	27.48	20↓	18	11741	14
合肥	27.20	21↑	30	9409	21
贵阳	27.10	22↑	45	4040	56
昆明	26.90	23↑	37	6476	31

续表

城市	2020—2021年创新型经济指数	2020—2021年创新型经济指数排名	2014—2015年创新型经济指数排名	当年GDP/亿元	当年GDP排名
温州	26.65	24 ↓	19	6606	30
金华	26.32	25 ↑	新入榜	4560	49
大连	26.21	26 ↓	25	7002	28
绍兴	25.99	27 ↓	22	5781	37
济南	25.93	28 ↓	16	9443	20
台州	25.89	29 ↓	26	5134	43
重庆	25.62	30 ↑	35	23606	5
福州	25.59	31 ↑	32	9392	22
常州	25.24	32 ↓	15	7401	26
惠州	25.17	33 ↑	新入榜	4177	53
太原	25.07	34 ↑	36	4029	57
镇江	25.03	35 ↑	新入榜	4127	55
泉州	23.99	36 ↑	新入榜	9947	18
长春	23.68	37 ↑	39	5904	34
沈阳	24.00	38 ↓	28	6470	32
石家庄	23.32	39 ↑	50	5810	36
南通	23.24	40 ↓	20	9383	23
南昌	23.08	41 ↑	47	5596	40
哈尔滨	22.53	42 ↓	41	5249	42
烟台	22.08	43 ↓	23	7653	25
扬州	21.83	44 ↑	新入榜	5850	35
泰州	21.83	45 ↑	新入榜	5133	44
盐城	21.61	46 ↑	新入榜	5702	38

续表

城市	2020—2021 年创新型经济指数	2020—2021 年创新型经济指数排名	2014—2015 年创新型经济指数排名	当年 GDP /亿元	当年 GDP 排名
徐州	21.47	47↓	33	7151	27
临沂	21.11	48↑	新入榜	4600	48
潍坊	21.09	49↓	44	5689	39
南宁	20.94	50↓	42	4507	50
济宁	20.74	51↑	新入榜	4370	52
宜昌	20.68	52↑	新入榜	4461	51
漳州	19.20	53↑	新入榜	4742	47
唐山	18.72	54↓	53	6890	29
襄阳	17.89	55↑	新入榜	4813	46
榆林	17.35	56↑	新入榜	4136	54
洛阳	17.10	57↑	新入榜	5035	45

注:表格单元的灰色程度表示该列指标排名情况。其中:深灰色表示该指标位列一区(1—19位,前 1/3)或为新入榜;浅灰色表示该指标位列二区(20—38 位,中 1/3);白色表示该指标位列三区(39—57 位,后 1/3)。

进入本书排名的 57 个城市的创新指数平均得分为 28.06 分①,排名前 10 位的城市(北京、深圳、上海、广州、杭州、东莞、南京、武汉、苏州、天津)的创新指数平均得分为 43.59 分,排名后 10 位的城市(临沂、潍坊、南宁、济宁、宜昌、漳州、唐山、襄阳、榆林、洛阳)的创新指数平均得分为 19.48 分,相差较大。从得分区间来看,40 分(含)以上的城市有 4 个,30 分(含)到 40 分的城市有 13 个,20 分(含)到 30 分的城市有 35 个,20 分以下的城市有 5 个。进一步地,我们将 57 个城市按照排名分为一、二、三区,每区各 19 个城市,相应的地理位置分布见图 0-1。

① 为表述清晰,本书涉及的部分指标的数字,未特意标明单位,数字均为该指标的得分。

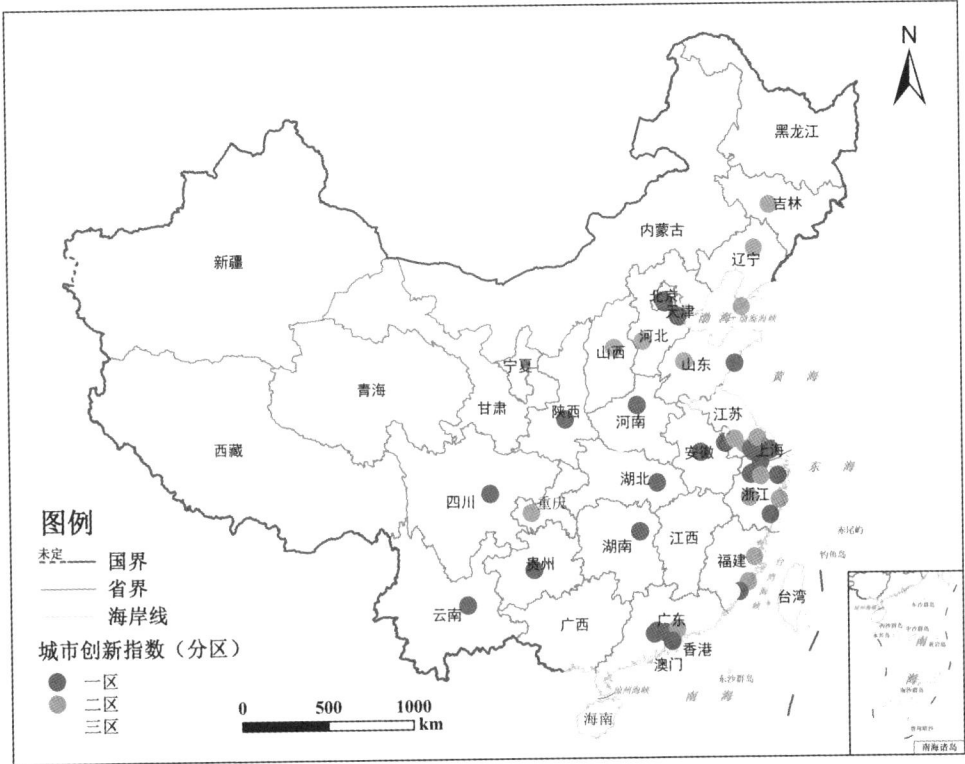

图 0-1　中国城市创新型经济运行情况地理分布

第1章 评价指标

1.1 评价思路

本课题组自 2005 年开始持续追踪包括浙江省在内的六省市的创新型经济,连续 15 年出版了《浙江省创新型经济蓝皮书》,建立起了一套较为完整的创新型经济的评价体系,从创新的角度,科学地、有针对性地对浙江省和具有代表性的省(市)在经济发展中的创新成分进行了跟踪与监测。本蓝皮书在确保与以往《浙江省创新型经济蓝皮书》保持连贯性的同时,进一步洞悉中国创新发展的新焦点,与时俱进地完善了新一代的中国城市创新型经济评价体系(简称"评价体系")。

考虑到创新型经济被看作一个由创新引起的动态的社会发展变化过程,良好的生产活动基础设施与充足可用的资本和劳动力资源协同,促进创新型生产结构的形成以及多样化创新活动的开展,驱动着创新型经济的蓬勃发展和社会的进步。本评价体系将着重关注我国各主要城市如何充分利用自身的基础设施,并结合教育、技术人力等资源投入,以拓展城市创新发展空间,取得更好的经济绩效,进而保障高质量的人民生活水平和城市的持续发展。因此,本创新型经济评价体系包括四个重要的方面,即创新基础设施、创新资源、创新过程和创新产出,见图 1-1。

课题组以国内外创新型经济及区域创新能力的理论与实证研究为基础,结合美国麻省理工创新研究所的《麻省创新经济年度报告》、世界知识产权组织(WIPO)的《全球创新指数(GII)》等相关世界知名评价体系,从现阶段的基本国情出发,综合考虑指标的重要程度和可获得性,形成了评价创新型经济的评价体

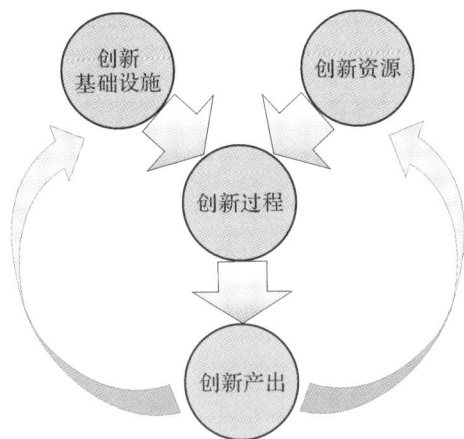

图 1-1　创新型经济评价体系的概念框架

系。随着我国经济环境的不断变化,创新型经济评价的评价体系也要与时俱进。该评价体系既要保持一定的稳定性,便于进行纵向的分析比较,也须根据每年创新型经济发展的实际情况,进行改进和完善。本评价体系的设计主要从以下三方面来考虑。

一是理论方面的发展和国内外创新型经济的最新研究成果。课题组参考国内外的创新评价体系,并结合本国创新型经济发展的实际情况适当调整指标。

二是我国经济发展的现实情况以及发展方向与趋势。如针对"十四五"规划、"国内外双循环"的提出,本书也相应地增加了数字经济发展方面的指标。

三是数据层面。本书所参考的数据均为各统计年鉴的客观数据,因此数据的权威性与可获得性也会对指标的修改有一定的影响。

基于上述思路,形成了中国城市创新型经济的具体评价体系。该评价体系由四个一级指标组成,即创新基础设施、创新资源、创新过程和创新产出。每个一级指标包括若干个二级指标,二级指标下设三级指标。每一个单独指标可以充分而直观地说明在此方面各城市创新型经济的表现,可更清晰、直观地展现出其在城市间的比较优势。

1.2　评价体系

本蓝皮书将创新型经济视作一个由创新引起的动态的社会发展变化过程，因此通过创新基础设施、创新资源、创新过程和创新产出四个核心要素来描述创新型经济的发展。各要素的具体含义如下。

1.2.1　创新基础设施

创新基础设施指标考察城市支持区域内经济体生产活动的一组基础设施和系统的建设情况[①]，具有先行性、基础性和不可贸易性等特征。信息和通信技术（ICT）、能源、金融、政策等软、硬基础设施是创新型经济的支柱，因为其通过促进思想、服务和商品的生产和交流，提高生产力和效率，降低交易成本，更好的市场准入以及促进各集群之间的合作与协作，为创新体系提供支持[②]。因此，良好的创新基础设施将提升城市创新绩效[③]。本评价体系具体通过信息基础设施、物流基础设施、金融基础设施和政策基础设施这 4 个二级指标对城市的创新基础设施做出评价。

1.2.2　创新资源

创新资源指标考察城市在人力、财力、物力等方面的投入以及保有情况。不同的经济体控制着不同的战略资源。由于交易成本及转移成本的存在，资源不能被完全模仿、流动，因此异质性被长期维持[④]。同时，资源可转变成独特的能

---

① https://en.wikipedia.org/wiki/Infrastructure.

② Suarez-Villa L, Hasnath S A. The effect of infrastructure on invention: Innovative capacity and the dynamics of public construction investment[J]. Technological Forecasting and Social Change, 1993,44(4):333—358.

③ Hu M C, Mathews J A. China's national innovative capacity[J]. Research Policy, 2008, 37(9):1465—1479.

④ Teece D J, Pisano G, Shuen A. Dynamic capabilities and strategic management [J]. Strategic Management Journal, 1997,18(7):509—533.

力,成为持久竞争优势的源泉。教育与技术人力、研发投入和创新机构都是创新价值链中的重要输入物,是城市创新型经济竞争优势的重要来源。本评价体系具体通过人力资源、研发投入和创新机构这 3 个二级指标对城市的创新资源做出评价。

1.2.3　创新过程

创新过程指标考察城市将创新资源有效地转化为经济绩效的动态过程。不同于单纯依靠引进设备和技术,以照搬外来技术为主要推动力的"模仿型经济",创新型经济是注重培育本国企业和 R&D 机构的创新能力、发展拥有自主知识产权的新技术和新产品、以自主创新为目标和主要推动力的经济。因此,创新知识获取的来源,以及区域经济主体知识创造与知识扩散水平,是区域创新能力的重要表现。本评价体系具体通过知识创造、知识扩散这 2 个二级指标对城市的创新过程做出评价。

1.2.4　创新产出

创新产出指标考察创新对城市经济、社会和环境的最终影响。城市创新的健康发展将在很大程度上提高城市内企业和经济的发展[①]。与此同时,创新经济还追求环境、社会与经济的和谐统一,它会带来居民生活水平的改善,让更广大的群体从增长和创新中共同受益。此外,数字化发展水平是在第四次工业革命背景下,城市全要素生产率的重要反映。本评价体系具体通过创新经济效益、数字创新活力、创新包容性、创新可持续性这 4 个二级指标对各城市的创新产出做出评价。

图 1-2 表现了中国城市创新型经济指数及其相应的构成指标(一级、二级)的关系。

表 1-1 至表 1-4 列出了构成创新基础设施、创新资源、创新过程和创新产出具体对应的二级和三级指标。

---

① Johnson B. Cities, systems of innovation and economic development[J]. Innovation, 2008, 10(2-3): 146-155.

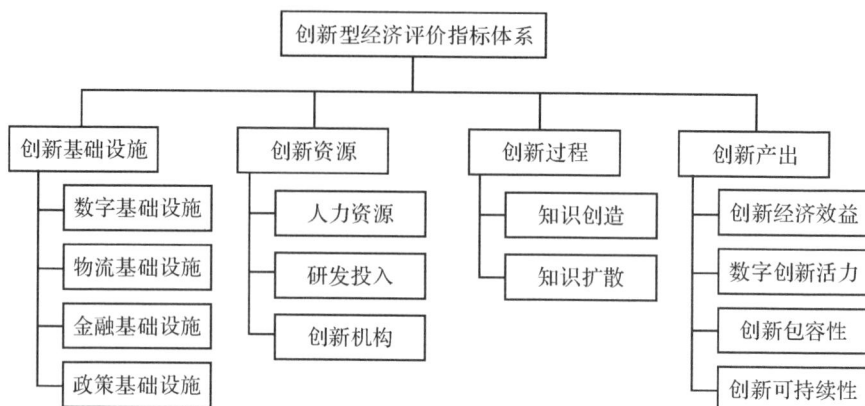

图 1-2　中国城市创新型经济评价体系

表 1-1　创新基础设施的对应指标

一级指标	二级指标	三级指标	原始条目
		指标类型	
1 创新基础设施	1.1 数字基础设施	1.1.1 固网宽带应用渗透率	互联网宽带接入用户数 年末总户数
		1.1.2 移动网络应用渗透率	移动电话年末用户数 年末总户数
		1.1.3 车联网车辆接入数量	车联网车辆接入数量
	1.2 物流基础设施	1.2.1 货运量	货运量（公路、水运、民用航空）
		1.2.2 人均快递业务量	快递业务量 年末户籍人口
		1.2.3 城市物流仓储用地面积占城市建设用地总面积比重	城市物流仓储用地面积 城市建设用地面积
		1.2.4 物流从业人员数占总人口比重	交通运输、仓储和邮政业城镇单位从业人员数 年末户籍人口

指标类型			原始条目
一级指标	二级指标	三级指标	
1 创新基础设施	1.3 金融基础设施	1.3.1 年末金融机构人民币各项存款余额	年末金融机构人民币各项存款余额
		1.3.2 年末金融机构人民币各项贷款余额	年末金融机构人民币各项贷款余额
		1.3.3 金融业年末城镇单位就业人数占总人口比重	金融业年末城镇单位就业人员 年末户籍人口
		1.3.4 数字金融	数字普惠金融指数
	1.4 政策基础设施	1.4.1 地方一般公共预算收入占 GDP 比重	地方财政一般预算收入 地区生产总值(当年价格)
		1.4.2 地方一般公共预算支出占 GDP 比重	地方财政一般预算支出 地区生产总值(当年价格)
		1.4.3 政府和社会资本合作环境	PPP 入库项目数

表 1-2 创新资源的对应指标

指标类型			原始条目
一级指标	二级指标	三级指标	
2 创新资源	2.1 人力资源	2.1.1 普通高等学校教育数量与质量	普通高等学校在校学生数 年末户籍人口 普通高等学校专任教师数
		2.1.2 中等职业学校教育数量与质量	中等职业教育学校在校学生数 年末户籍人口 中等职业教育专任教师数
		2.1.3 教育支出占 GDP 比重	教育支出 地区生产总值(当年价格)
		2.1.4 人才引进比重	在该城市就业的本科毕业生中外省人占比
		2.1.5 每万人中 R&D 人员数	R&D 人员 年末户籍人口

续表

指标类型			原始条目
一级指标	二级指标	三级指标	
2 创新资源	2.2 研发投入	2.2.1 R&D 内部经费占 GDP 比重	R&D 内部经费支出 / 地区生产总值(当年价格)
		2.2.2 科学技术支出占 GDP 比重	科学技术支出 / 地区生产总值(当年价格)
		2.2.3 规模以上工业企业 R&D 经费占主营业务收入比重	规上工业企业研究与试验发展经费支出 / 规上工业企业主营业务收入
	2.3 创新机构	2.3.1 文化机构	博物馆数量 / 图书馆数量
		2.3.2 国家重点实验室	国家重点实验室数量
		2.3.3 国家创新中心	国家制造业创新中心数量 / 国家企业技术中心数量

表 1-3　创新过程的对应指标

指标类型			原始条目
一级指标	二级指标	三级指标	
3 创新过程	3.1 知识创造	3.1.1 每十万人专利申请数	专利申请数 / 年末户籍人口
		3.1.2 每十万人发明专利数	发明专利数 / 年末户籍人口
		3.1.3 每十万人科技论文数	Web of Science 科技论文篇数 / 年末户籍人口
		3.1.4 每万元研究开发投入所取得的授权专利数	专利授权数 / R&D 内部经费支出
	3.2 知识扩散	3.2.1 输出技术成交额	输出技术成交额
		3.2.2 吸纳技术成交额	吸纳技术成交额
		3.2.3 国家技术转移机构数	国家技术转移机构数

表 1-4　创新产出的对应指标

指标类型			原始条目
一级指标	二级指标	三级指标	
4 创新产出	4.1 创新经济效益	4.1.1 人均地区生产总值	人均地区生产总值
		4.1.2 贸易顺差（逆差）	货物进口额 货物出口额
		4.1.3 规模以上工业企业人均工业总产值	规模以上工业企业总产值 年末户籍人口
	4.2 数字创新活力	4.2.1 数字产业活力	钉钉企业用户数 年末户籍人口
		4.2.2 数字消费活力	2019 年天猫"双 11"狂欢季成交额 人均地区生产总值
		4.2.3 数字政务活力	各地政务 APP 下载量 年末户籍人口
			政府使用钉钉的日活数量 年末户籍人口
		4.2.4 数字文化活力	年度电影票房总量 年末户籍人口
	4.3 创新包容性	4.3.1 城镇登记失业率	城镇登记失业人员数 城镇单位从业人员期末人数
		4.3.2 城乡居民人均可支配收入比	城镇居民人均可支配收入 农村居民人均可支配收入
		4.3.3 平均房价与职工平均工资比	年平均房价 职工平均工资
	4.4 创新可持续性	4.4.1 单位 GDP 工业废水、废气、废物排放量	工业废水排放量 工业二氧化硫排放量 工业氮氧化物排放量 工业烟（粉）尘排放量 地区生产总值（当年价格）
		4.4.2 废水废物处理能力	污水处理率 生活垃圾无害化处理率
		4.4.3 可吸入细颗粒物年平均浓度	可吸入细颗粒物年平均浓度
		4.4.4 园林绿化覆盖率	城市建成区绿化覆盖率
		4.4.5 货运碳排放量	日平均货运车流量

1.3 指标权重

本蓝皮书各指标的权重系数采用基于专家评分的层次分析法（AHP）确认。课题组邀请了 6 位创新管理领域的权威专家对创新型经济指数指标体系中的 4 个一级指标和 13 个二级指标进行打分，并利用 SPSS 数值计算软件构建目标体系的群组判断矩阵得到权重和向量等结果，并通过一致性检验。具体检验步骤请见附录 2。创新型经济指数指标权重值如表 1-5 所示。

表 1-5   一、二级指标的层次分析结果汇总

一级指标	二级指标	特征向量	一级权重值	二级权重值
创新基础设施	—	1.013	25.59%	—
创新资源	—	0.949	24.51%	—
创新过程	—	0.936	24.31%	—
创新产出	—	1.013	25.59%	—
创新基础设施	信息基础设施	1.049	6.71%	26.23%
	物流基础设施	1.01	6.46%	25.25%
	金融基础设施	0.984	6.29%	24.59%
	政策基础设施	0.957	6.12%	23.93%
创新资源	人力资源	0.883	7.22%	29.44%
	研发投入	1.066	8.71%	35.53%
	创新机构	1.051	8.58%	35.03%
创新过程	知识创造	0.973	12.05%	49.55%
	知识扩散	1	12.26%	50.45%
创新产出	创新经济效益	0.978	6.26%	24.44%
	数字创新活力	1.022	6.54%	25.56%
	创新包容性	0.948	6.07%	23.70%
	创新可持续性	1.052	6.73%	26.30%

创新型经济指数一、二级指标的权重系数结果汇总见图 1-3。

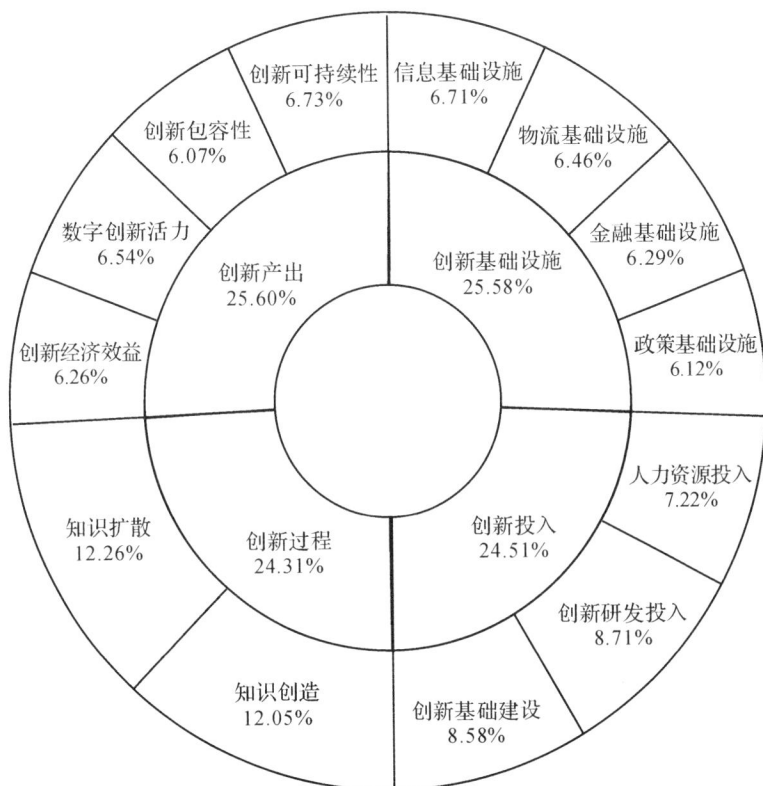

图 1-3   一、二级指标的权重系数结果汇总

第 2 章　收录城市

本蓝皮书共收录了中国 57 个城市的基础数据,并结合中国城市创新型经济评价指标体系,从各个方面对中国城市创新型经济所表现出的特点进行了分析。其中,考虑到经济发展的平稳性,城市的选择标准为 2018 年①与 2019 年②两年GDP 总量均进入全国排名前 60 的城市。

本蓝皮书收录的 57 个城市 2019 年 GDP 总额为 55.9998 万亿元,占当年全国 GDP(98.6515 万亿元)的 56.77%;57 个城市 2019 年城市人口总数为 4.3292亿人,占当年全国内地总人口(14.0005 亿人)的 30.92%。

收录城市及其 2019 年 GDP 情况如表 2-1 及图 2-1 所示。

表 2-1　收录城市及其 2019 年 GDP 情况　　　　　单位:亿元

城市	GDP	城市	GDP	城市	GDP
上海	38156	成都	17013	无锡	11852
北京	35371	武汉	16223	青岛	11741
深圳	26927	杭州	15373	郑州	11590
广州	23629	天津	14104	长沙	11574
重庆	23606	南京	14031	佛山	10751
苏州	19236	宁波	11985	泉州	9947

①　2018 年,城市 GDP 总量全国前六十依次是上海、北京、深圳、广州、重庆、天津、苏州、成都、武汉、杭州、南京、青岛、无锡、长沙、宁波、郑州、佛山、泉州、南通、西安、东莞、福州、济南、烟台、合肥、大连、长春、常州、唐山、徐州、哈尔滨、沈阳、潍坊、石家庄、温州、盐城、扬州、绍兴、南昌、昆明、泰州、淄博、济宁、台州、嘉兴、厦门、临沂、洛阳、襄阳、东营、惠州、金华、宜昌、镇江、南宁、漳州、太原、榆林、贵阳和鄂尔多斯。

②　2019 年,城市 GDP 总量全国前六十依次是上海、北京、深圳、广州、重庆、苏州、成都、武汉、杭州、天津、南京、宁波、无锡、青岛、郑州、长沙、佛山、泉州、东莞、济南、合肥、福州、南通、西安、烟台、常州、徐州、大连、唐山、温州、昆明、沈阳、厦门、长春、扬州、石家庄、绍兴、盐城、潍坊、南昌、嘉兴、哈尔滨、台州、泰州、洛阳、襄阳、漳州、临沂、金华、南宁、宜昌、济宁、惠州、榆林、镇江、贵阳、太原、淮安、南阳和岳阳。

续表

城市	GDP	城市	GDP	城市	GDP
济南	9443	常州	7401	洛阳	5035
合肥	9409	徐州	7151	襄阳	4813
福州	9392	大连	7002	漳州	4742
南通	9383	唐山	6890	临沂	4600
西安	9321	温州	6606	金华	4560
烟台	7653	昆明	6476	南宁	4507
潍坊	5689	沈阳	6470	宜昌	4461
南昌	5596	厦门	5995	济宁	4370
嘉兴	5370	长春	5904	惠州	4177
哈尔滨	5249	扬州	5850	榆林	4136
台州	5134	石家庄	5810	镇江	4127
泰州	5133	绍兴	5781	贵阳	4040
东莞	9482	盐城	5702	太原	4029

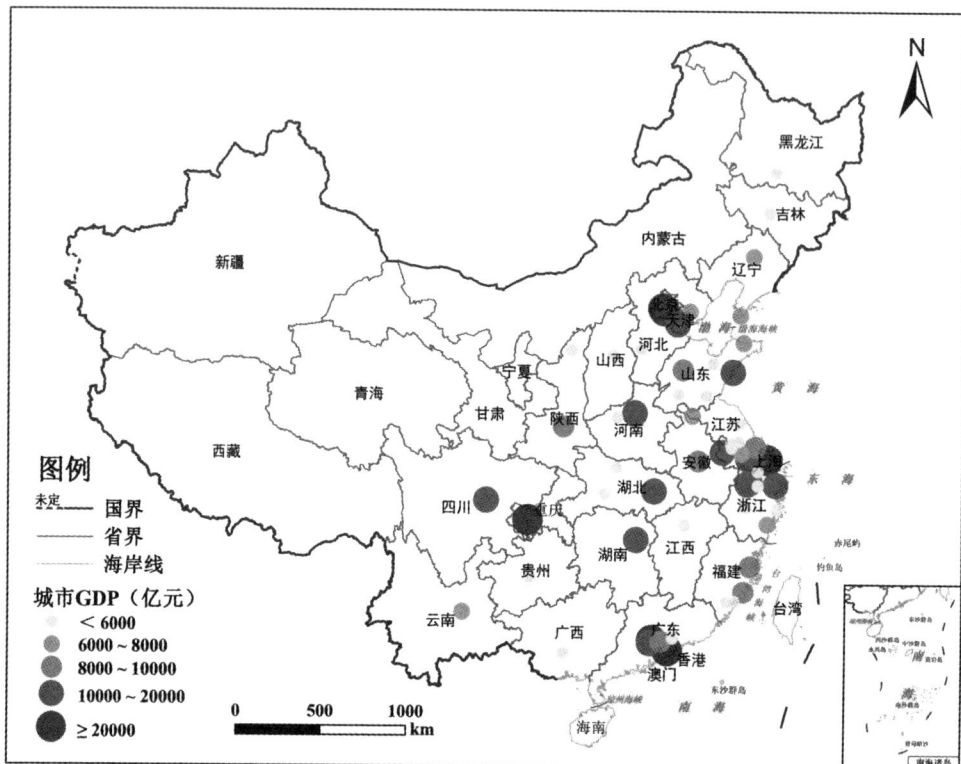

图 2-1 收录城市与其相应 GDP 大小的示意图

第 3 章　细分指标

当今世界,国家和地区在经济和科技实力方面的竞争愈发激烈,创新型经济发展日益成为促进城市经济持续增长和提高科技竞争力的关键。各城市产业经济结构、战略布局、资源禀赋等方面均有不同,由此在创新基础设施、创新资源、创新过程、创新产出四方面的表现均有较大差异。课题组通过创新基础设施等4 个一级指标以及信息基础设施等 13 个二级指标对所选择的各城市在创新型经济发展方面的表现进行统计、比较和分析,以期为管理者、学者提供中国 57 个城市创新型经济建设与发展情况的全面呈现(见表 3-1)。

表 3-1　创新型经济指数中各细分指标得分情况总览

创新型经济指数排名	城市	创新型经济指数	创新基础设施		创新资源		创新过程		创新产出	
			得分	排名	得分	排名	得分	排名	得分	排名
1	北京	64.74	53.45	3	73.17	1	77.72	1	55.61	20
2	深圳	57.23	66.67	1	45.39	3	42.77	2	72.88	1
3	上海	50.36	61.33	2	55.49	2	28.17	5	55.54	21
4	广州	41.95	43.97	4	35.88	6	27.75	6	59.23	8
5	杭州	39.89	34.58	6	36.64	5	19.13	9	68.03	2
6	东莞	39.18	32.09	9	24.69	17	32.6	3	66.41	3
7	南京	37.28	28.30	13	32.41	9	29.31	4	58.49	11
8	武汉	36.24	26.86	16	36.06	5	27.55	7	54.04	25
9	苏州	35.23	30.93	10	28.50	13	16.55	12	63.71	4
10	天津	33.80	41.38	5	33.64	8	16.16	13	43.13	48
11	宁波	33.42	34.41	7	27.06	15	9.65	31	61.08	7

续表

创新型经济指数排名	城市	创新型经济指数	创新基础设施		创新资源		创新过程		创新产出	
			得分	排名	得分	排名	得分	排名	得分	排名
12	厦门	32.56	33.03	8	24.4	18	12.84	17	58.62	10
13	成都	32.21	24.12	21	29.99	12	18.26	10	55.68	19
14	西安	31.41	24.25	19	33.96	7	26.35	8	40.95	51
15	嘉兴	30.75	24.07	22	30.64	10	8.82	34	58.37	12
16	郑州	30.38	29.08	11	24.16	19	12.04	20	55.05	23
17	无锡	30.14	21.63	29	21.32	26	12.82	18	63.55	5
18	佛山	29.57	24.14	20	19.12	34	11.76	22	61.95	6
19	长沙	28.75	21.98	28	22.35	22	12.22	19	57.37	16
20	青岛	27.48	28.67	12	22.56	21	10.68	28	46.95	39
21	合肥	27.20	17.16	39	30.62	11	8.68	36	51.57	28
22	贵阳	27.10	28.26	14	22.27	23	5.92	46	50.68	31
23	昆明	26.90	23.64	23	28.44	14	9.49	33	45.24	42
24	温州	26.65	22.11	27	20.39	29	11.96	21	51.14	30
25	金华	26.32	17.84	37	19.8	32	10.22	29	56.34	18
26	大连	26.21	25.59	17	18.28	36	9.64	32	50.16	33
27	绍兴	25.99	15.88	45	21.99	25	6.64	44	58.31	13
28	济南	25.93	21.47	31	23.69	20	13.86	15	43.99	45
29	台州	25.89	17.61	38	21.10	27	7.14	39	56.56	17
30	重庆	25.62	24.74	18	24.72	16	7.10	40	44.96	43
31	福州	25.59	16.27	43	17.39	40	8.81	35	58.70	9
32	常州	25.24	17.01	42	11.28	54	13.6	16	57.91	15
33	惠州	25.17	20.95	32	19.26	33	5.41	48	53.82	26
34	太原	25.07	26.90	15	19.91	30	5.91	47	46.40	40
35	镇江	25.03	15.71	46	17.68	38	11.47	25	54.27	24
36	泉州	23.99	13.08	52	9.54	56	14.33	14	57.93	14

创新型经济指数排名	城市	创新型经济指数	创新基础设施		创新资源		创新过程		创新产出	
			得分	排名	得分	排名	得分	排名	得分	排名
37	长春	23.68	20.34	33	13.77	51	16.99	11	42.87	49
38	沈阳	23.67	23.02	24	19.81	31	11.39	27	39.69	53
39	石家庄	23.32	21.53	30	22.00	24	11.68	23	37.45	55
40	南通	23.24	14.03	49	15.75	43	7.00	41	55.07	22
41	南昌	23.08	17.85	36	17.91	37	6.00	45	49.51	35
42	哈尔滨	22.53	22.48	26	17.46	39	11.62	24	37.79	54
43	烟台	22.08	17.03	41	15.52	45	3.05	53	51.49	29
44	扬州	21.83	10.79	56	15.36	46	11.41	26	48.97	36
45	泰州	21.83	13.56	50	14.03	50	6.96	42	51.7	27
46	盐城	21.61	13.37	51	17.32	41	4.62	51	50.11	34
47	徐州	21.47	14.10	48	16.43	42	7.40	38	47.04	38
48	临沂	21.11	22.56	25	15.54	44	8.52	37	36.94	56
49	潍坊	21.09	16.07	44	18.73	35	5.39	49	43.28	47
50	南宁	20.94	19.50	34	14.91	48	2.64	55	45.53	41
51	济宁	20.74	18.18	35	15.18	47	6.81	43	41.86	50
52	宜昌	20.68	17.08	40	14.24	49	3.03	54	47.21	37
53	漳州	19.20	6.62	57	8.73	57	9.92	30	50.64	32
54	唐山	18.72	15.41	47	13.09	52	5.19	50	40.28	52
55	襄阳	17.89	11.62	53	12.90	53	1.18	57	44.82	44
56	榆林	17.35	11.38	54	9.81	55	3.20	52	43.97	46
57	洛阳	17.10	11.37	55	20.86	28	2.05	56	33.51	57

注:表格单元的灰色程度表示该列指标排名情况。其中:深灰色表示该指标位列一区(1—19位,前1/3);浅灰色表示该指标位列二区(20—38位,中1/3);白色表示该指标位列三区(39—57位,后1/3)。

3.1 创新基础设施

在创新基础设施方面,深圳(66.67)、上海(61.33)、北京(53.45)、广州(43.97)、天津(41.38)、杭州(34.58)、宁波(34.41)、厦门(33.03)、东莞(32.09)、苏州(30.93)表现最佳,分列前十;漳州(6.62)、扬州(10.79)、洛阳(11.37)、榆林(11.38)、襄阳(11.62)、泉州(13.08)、盐城(13.37)、泰州(13.56)、南通(14.03)、徐州(14.10)表现落后,分列末十,其中扬州、盐城、泰州、南通、徐州 5 个城市均来自江苏省,占据末十"半壁江山"(见图 3-1)。

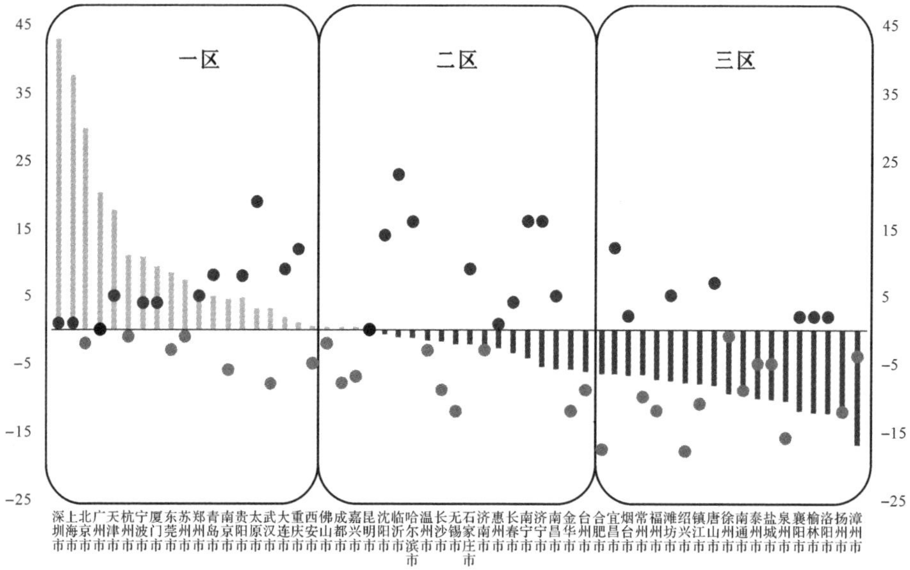

图 3-1　各城市创新基础设施的得分与排名情况总览

注:柱状图(左轴)为各城市创新基础设施指标得分与 57 座城市创新基础设施指标得分均值(23.63 分)的偏差,其中,浅灰色表示该城市创新基础设施指标得分高于均值,深灰色表示该城市创新基础设施指标得分低于均值;散点图(右轴)为各城市创新基础设施指标排名与创新型经济指数的偏差,其中,深灰色表示该城市创新基础设施指标得分排名高于创新型经济指数,黑色表示该城市创新基础设施指标得分排名等于创新型经济指数,浅灰色表示该城市创新基础设施指标得分排名低于创新型经济指数。

对比创新型经济指数排名与创新基础设施指标得分排名的差异,共有 27 个城市的创新基础设施指标得分排名表现优于创新型经济指数排名表现,其中临沂、太原、济宁、南宁、哈尔滨正向偏差最大,分别达 23、19、16、16、16 位;共有 28 个城市的创新基础设施排名表现落后于创新型经济指数排名表现,其中绍兴、合肥、泉州、扬州、福州负向偏差最大,分别达 −18、−18、−16、−12、−12 位。

如表 3-2 至表 3-5 所示,在创新基础设施的 4 个二级指标中,上海市均位居前三,深圳均位居前十,北京、广州、天津三次位列前十榜单,东莞、贵阳、杭州、宁波、厦门、苏州两次位列前十榜单,以上城市在创新基础设施建设方面走在全国前列。然而,其中东莞和重庆分别出现在政策基础设施和数字基础设施的末十榜单中,为两大城市基础设施建设平衡发展敲响警钟。此外,临沂、大连和贵阳三个二线城市在政策基础设施的单项指标中分别上榜,充分表明其政府对创新基础设施建设的重视。

表 3-2　数字基础设施得分前十

排名	城市	得分
1	深圳	90.2
2	东莞	57.16
3	上海	49.67
4	苏州	33.18
5	广州	30.33
6	杭州	30.19
7	厦门	30.08
8	佛山	25.04
9	太原	23.55
10	无锡	23.16

表 3-3　物流基础设施得分前十

排名	城市	得分
1	广州	76.49
2	深圳	58.76
3	上海	57.65
4	北京	47.54
5	宁波	44.56
6	天津	41.78
7	青岛	36.91
8	厦门	36.33
9	东莞	35.16
10	贵阳	34.96

表 3-4　金融基础设施得分前十

排名	城市	得分
1	北京	94.2
2	上海	78.44
3	深圳	74.75
4	杭州	52.81
5	广州	52.22
6	南京	40.15
7	苏州	37.04
8	天津	34.07
9	成都	34.04
10	武汉	33.72

表 3-5　政策基础设施得分前十

排名	城市	得分
1	天津	79.36
2	上海	60.39
3	哈尔滨	59.79
4	临沂	55.51
5	北京	54
6	大连	49.08
7	贵阳	44.98
8	宁波	43.95
9	深圳	40.91
10	沈阳	38.75

洛阳、盐城、榆林、漳州三次出现在末十榜单,泰州、潍坊、襄阳、扬州、宜昌两次出现在末十榜单,表明以上城市在创新基础设施建设上仍有较大提升空间。

3.2　创新资源

在创新资源方面,北京(73.17)、上海(55.49)、武汉(36.06)、成都(29.99)、西安(33.96)、广州(35.88)、天津(33.64)、杭州(36.64)、重庆、(24.72)、苏州(28.50)表现最佳,分列前十;而漳州(8.73)、泉州(9.54)、榆林(9.81)、常州(11.28)、襄阳(12.90)、唐山(13.09)、长春(13.77)、泰州(14.03)、宜昌(14.24)、南宁(14.91)表现落后,分列末十(见图 3-2)。

在创新型经济指数与创新资源指标得分排名偏差方面,共有 29 个城市的创新资源指标得分排名表现优于创新型经济指数排名表现,其中洛阳、石家庄、潍坊、重庆正向偏差最大,分别达 29、15、14、14 位;共有 26 个城市的创新资源排名表现落后于创新型经济指数排名表现,其中常州、泉州、佛山、长春、东莞的排名

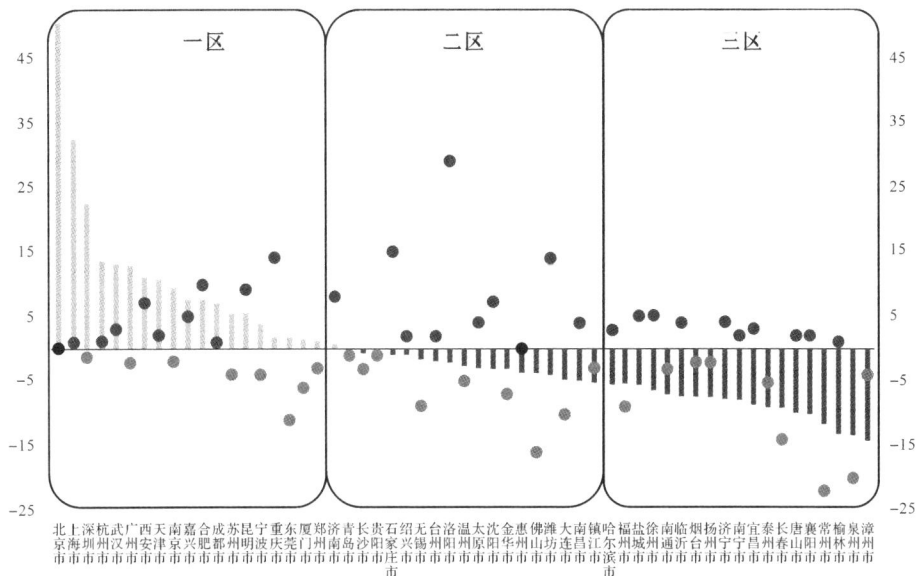

图 3-2　创新资源得分总览

注:柱状图(左轴)为各城市创新资源指标得分与 57 座城市创新资源指标得分均值(23.63
分)的偏差,其中,浅灰色表示该城市创新资源指标得分高于均值,深灰色表示该城市创新资源指
标得分低于均值;散点图(右轴)为各城市创新资源指标得分排名与创新型经济指数的偏差,其
中,深灰色表示该城市创新资源指标得分排名高于创新型经济指数,黑色表示该城市创新资源指
标得分排名等于创新型经济指数,浅灰色表示该城市创新资源指标得分排名低于创新型经济
指数。

负向偏差最大,分别达−22、−20、−16、−14、−11 位。

如表 3-6 至表 3-8 所示,在创新资源的 3 个二级指标中,北京市均位居前三,
深圳、上海、广州、杭州均位居前十,武汉、天津、苏州两次位列前十榜单。此外,
嘉兴、合肥、昆明三地市在研发投入上分别名列第 3、第 4、第 5 位,其对研发投入
的重视程度超越一众一线城市、特大城市。

表 3-6　人力资源得分前十

排名	城市	得分
1	深圳	65.73
2	北京	63.41
3	上海	57.20
4	广州	50.32
5	杭州	49.43
6	东莞	49.37
7	天津	47.86
8	石家庄	45.14
9	南京	45.07
10	贵阳	44.82

表 3-7　研发投入得分前十

排名	城市	得分
1	北京	56.92
2	深圳	53.75
3	嘉兴	52.40
4	合肥	47.10
5	昆明	45.48
6	上海	39.80
7	杭州	38.72
8	武汉	38.43
9	苏州	34.72
10	广州	34.25

表 3-8　创新机构得分前十

排名	城市	得分
1	北京	97.86
2	上海	69.97
3	武汉	33.95
4	成都	32.38
5	西安	29.17
6	广州	25.38
7	天津	24.02
8	杭州	23.78
9	重庆	21.61
10	苏州	21.20

　　另一方面,漳州三次出现在末十榜单,榆林、宜昌、扬州、襄阳、唐山、泉州、常州两次出现在末十榜单,表明以上城市在创新资源上仍有较大提升空间。此外,江苏省各地级市在创新机构方面呈现发展不均衡态势,苏州名列第 10 位,而徐州、盐城、扬州、镇江分列第 52、53、54、55 位。

3.3　创新过程

在创新过程方面,北京(77.72)、深圳(42.77)东莞(32.60)、南京市(29.31)上海(28.17)、广州(27.75)武汉(27.55)、西安(26.35)、杭州(19.13)、成都市(18.26)表现最佳,分列前十;而襄阳(1.18)、洛阳(2.05)、南宁(2.64)、宜昌(3.03)、烟台(3.05)、榆林(3.20)、盐城(4.62)、唐山(5.19)、潍坊(5.39)、惠州(5.41)表现落后,分列末十(见图 3-3)。

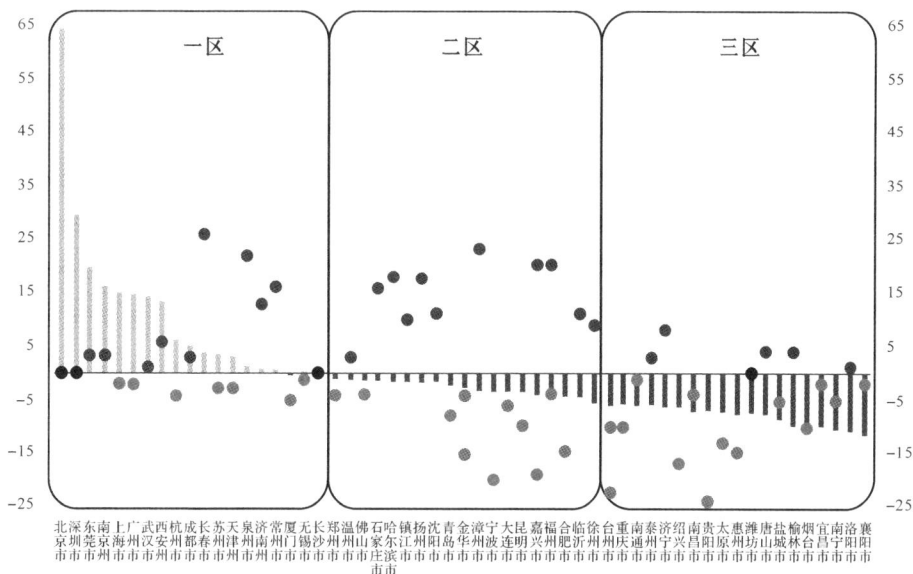

图 3-3　创新过程得分总览

注:柱状图(左轴)为各城市创新过程指标得分与 57 座城市创新过程指标得分均值(23.63 分)的偏差,其中,浅灰色表示该城市创新过程指标得分高于均值,深灰色表示该城市创新过程指标得分低于均值;散点图(右轴)为各城市创新过程指标得分排名与创新型经济指数的偏差,其中,深灰色表示该城市创新过程指标得分排名高于创新型经济指数,黑色表示该城市创新过程指标得分排名等于创新型经济指数,浅灰色表示该城市创新过程指标得分排名低于创新型经济指数。

在创新型经济指数与创新过程指标得分排名偏差方面,共有 23 个城市的创新过程指标得分排名表现优于创新型经济指数排名表现,其中长春、漳州、泉州、扬州、哈尔滨、石家庄、常州表现正向差异最大,分别达 26、23、22、18、18、16、16 位;共有 30 个城市的创新过程指标得分排名表现落后于创新型经济指数排名表现,其中贵阳、宁波、嘉兴、绍兴、惠州、合肥表现负向偏差最大,分别达 -24、-20、-19、-17、-15、-15 位。其中,宁波、嘉兴、绍兴三地市同处浙北经济发达地区,创新过程的不活跃严重影响了其创新型经济指数的整体表现。此外,素有创新城市之称的合肥在创新过程方面的表现也不尽如人意。

如表 3-9、表 3-10 所示,在创新过程的 2 个二级指标中,北京、深圳均位居前三,西安、武汉、深圳、上海、南京、广州、北京均位居前十。值得关注的是,在主要测量指标由专利授权数、论文发表数等组成的知识创造二级指标中,辖区内暂无双一流高校的东莞市位列第一,领先一众高校云集的地级市。

<table>
<tr><td colspan="3">表 3-9 知识创造得分前十</td><td colspan="3">表 3-10 知识扩散得分前十</td></tr>
<tr><td>排名</td><td>城市</td><td>得分</td><td>排名</td><td>城市</td><td>得分</td></tr>
<tr><td>1</td><td>东莞</td><td>61.00</td><td>1</td><td>北京</td><td>100.00</td></tr>
<tr><td>2</td><td>深圳</td><td>59.51</td><td>2</td><td>上海</td><td>30.65</td></tr>
<tr><td>3</td><td>北京</td><td>55.03</td><td>3</td><td>深圳</td><td>26.33</td></tr>
<tr><td>4</td><td>南京</td><td>40.18</td><td>4</td><td>广州</td><td>25.70</td></tr>
<tr><td>5</td><td>武汉</td><td>34.74</td><td>5</td><td>成都</td><td>22.28</td></tr>
<tr><td>6</td><td>西安</td><td>30.95</td><td>6</td><td>西安</td><td>21.83</td></tr>
<tr><td>7</td><td>广州</td><td>29.84</td><td>7</td><td>武汉</td><td>20.49</td></tr>
<tr><td>8</td><td>泉州</td><td>28.13</td><td>8</td><td>南京</td><td>18.63</td></tr>
<tr><td>9</td><td>杭州</td><td>27.23</td><td>9</td><td>天津</td><td>15.92</td></tr>
<tr><td>10</td><td>上海</td><td>25.65</td><td>10</td><td>长春</td><td>12.09</td></tr>
</table>

另一方面,宜昌、烟台两次出现在末十榜单,表明其在创新过程方面仍有较大的提升空间。值得注意的是,泉州在知识创造方面排名前十,在知识扩散方面排名后十,其应注意平衡发展,加快知识扩散方面的建设。

3.4 创新产出

在创新产出方面,深圳(72.88)、杭州(68.03)、东莞(66.41)、苏州(63.71)、无锡(63.55)、佛山市(61.95)、宁波(61.08)、广州(59.23)、福州(58.70)、厦门(58.62)表现最佳,分列前十;而洛阳(33.51)、临沂(36.94)、石家庄(37.45)、哈尔滨(37.79)、沈阳(39.69)、唐山(40.28)、西安(40.95)、济宁(41.86)、长春(42.87)、天津(43.13)表现落后,分列末十(见图 3-4)。

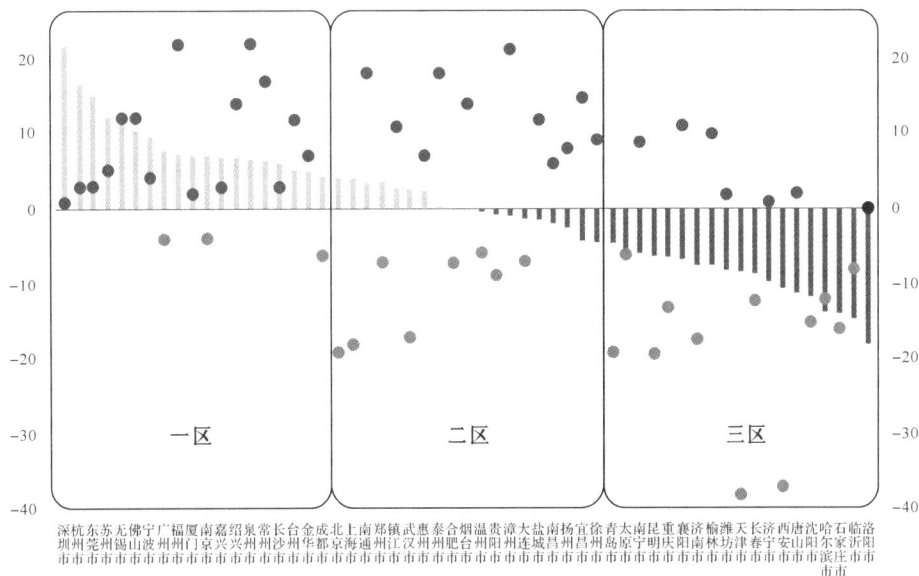

图 3-4 创新产出得分总览

注:柱状图(左轴)为各城市创新产出指标得分与 57 座城市创新产出指标得分均值(23.63 分)的偏差,其中,浅灰色表示该城市创新产出指标得分高于均值,深灰色表示该城市创新产出指标得分低于均值;散点图(右轴)为各城市创新产出指标得分排名与创新型经济指数的偏差,其中,深灰色表示该城市创新产出指标得分排名高于创新型经济指数,黑色表示该城市创新产出指标得分排名等于创新型经济指数,浅灰色表示该城市创新产出指标得分排名低于创新型经济指数。

在创新型经济指数排名与创新产出指标得分排名偏差方面,共有 33 个城市的创新产出指标得分排名表现优于创新指数排名表现,其中福州、泉州、漳州、南通、泰州表现正向差异最大,分别达 22、22、21、18、18 位;共有 23 个城市的创新产出指标得分排名表现落后于创新型经济指数排名表现,其中天津、西安、北京、青岛、昆明的表现负向偏差最大,分别达 −38、−37、−19、−19、−19 位。其中,福建省的福州、泉州、漳州、厦门在数字创新活力、创新包容性、创新可持续性等方面表现优异,总体创新产出水平领先全国。而天津、西安、北京、青岛这四个特大城市在创新产出方面则不尽如人意,需在创新产出水平提高上多加关注。

如表 3-11 至表 3-14 所示,在创新产出的 4 个二级指标中,东莞表现出色,三度排名前十,在创新包容性方面排名全国第一;北京、佛山、广州、杭州、惠州、南京、宁波、厦门、深圳、苏州、无锡均两度上榜前十;特别地,深圳在创新经济效益、数字创新活力方面表现优异,分别排名全国第一和全国第二,而在创新包容性和创新可持续性方面则稍显不足。此外,在创新经济效益和数字创新活力 2 个二级指标的前十榜单上多是一线城市、特大城市的"老面孔",而在创新包容性和创新可持续性方面,如盐城、惠州、烟台、泰州、昆明、南通市等二、三线城市则有更亮眼表现。

表 3-11　创新经济效益得分前十

排名	城市	得分
1	深圳	91.67
2	苏州	80.17
3	东莞	79.58
4	无锡	70.20
5	佛山	67.52
6	宁波	62.82
7	常州	62.36
8	南京	62.27
9	广州	58.76
10	杭州	58.48

表 3-12　数字创新活力得分前十

排名	城市	得分
1	杭州	77.89
2	深圳	69.37
3	北京	58.18
4	上海	56.44
5	厦门	46.07
6	东莞	44.90
7	广州	42.03
8	金华	39.48
9	宁波	37.89
10	苏州	37.77

表 3-13　创新包容性得分前十

排名	城市	得分
1	东莞	84.55
2	佛山	83.67
3	盐城	81.74
4	惠州	80.36
5	长沙	79.62
6	烟台	79.13
7	嘉兴	78.80
8	郑州	77.45
9	无锡	77.16
10	泰州	77.11

表 3-14　创新可持续性得分前十

排名	城市	得分
1	厦门	84.74
2	台州	83.95
3	北京	82.95
4	福州	82.74
5	泉州	81.60
6	大连	81.45
7	惠州	78.04
8	南京	77.14
9	昆明	76.57
10	南通	76.16

在创新产出的二级指标后十的榜单上,哈尔滨、洛阳四次出现在末十榜单,表明其在创新活力方面严重不足,在创新产出方面仍有较大提升空间。临沂三次出现在末十榜单,北京、济宁、沈阳、石家庄、唐山、天津市、潍坊、西安、榆林、长春两次出现在末十榜单,一线城市上海、重庆和新一线城市青岛、厦门、东莞均一度出现于榜单末十中。如何系统建设创新基础设施,如何合理配置创新资源,如何推动创新过程,进而如何切实促进创新产出水平提升,成为以上各城市需要多加关注的问题。

第 4 章　领先城市

在创新型经济发展的过程中,我国部分城市已经取得了一定成效,并形成了独特各异的发展模式,对其他城市创新型经济建设具有示范、引领、带动作用。课题组通过对创新型经济综合排名前十城市的发展模式进行分析,以期为管理者、学者提供创新型经济建设与发展方面的有益参考。

创新型经济指数排名前十的城市分别为北京、深圳、上海、广州、杭州、东莞、南京、武汉、苏州、天津,各个城市的基本信息见表 4-1,发展模式见图 4-1。

表 4-1　中国创新型经济排名前十的城市总体情况

2020—2021 年创新型经济指数排名	2014—2015 年创新型经济指数排名	城市	区域	GDP /亿元	GDP 排名	人均 GDP /万元	人均 GDP 排名	创新基础设施得分排名	创新资源得分排名	创新过程得分排名	创新产出得分排名
1 ↑	2	北京	环渤海经济圈	35371	2	16.42	11	3	1	1	20
2 ↓	1	深圳	粤港澳大湾区	26927	3	20.35	1	1	3	2	1
3 =	3	上海	长三角经济圈	38156	1	15.73	14	2	2	5	21
4 ↑	5	广州	粤港澳大湾区	23629	4	15.64	7	4	4	6	8
5 ↑	8	杭州	长三角经济圈	15373	9	15.25	10	6	6	9	2
6 ↑	7	东莞	粤港澳大湾区	9482	19	11.25	28	9	17	4	3
7 ↑	12	南京	长三角经济圈	14031	11	16.57	5	13	11	4	11
8 ↑	13	武汉	华中三角城市群	16223	8	14.55	11	16	5	7	25
9 ↓	4	苏州	长三角经济圈	19236	6	17.92	3	10	14	12	4
10 ↓	6	天津	环渤海经济圈	35371	10	9.04	40	5	10	13	48

排名前十的城市分布在沿海发达地区及华中城市群中,分属长三角经济区

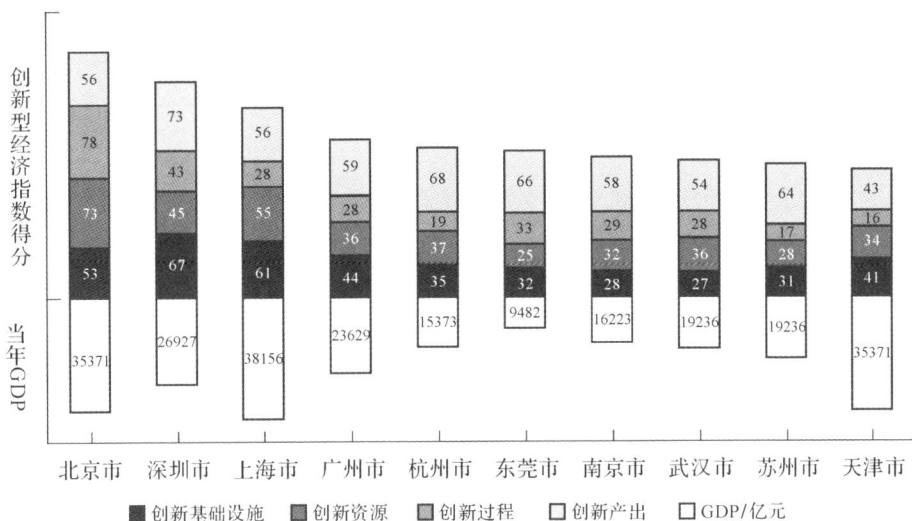

图 4-1　2020 年中国创新型经济排名前十城市发展模式

（4 个）、粤港澳大湾区（3 个）和环渤海经济区（2 个），以及华中三角城市群（1个）。排名位列前十的城市的总 GDP 约为 21.25 万亿元，占当年全国所有城市GDP 的 21.54%。除东莞外，各城市的 GDP 均超过 1 万亿元，其中北京、上海与天津 GDP 超过 2 万亿元。此外，除天津外，各城市人均 GDP 都在 10 万元人民币以上，其中深圳人均 GDP 超过 20 万元，北京、上海、广州、杭州、南京、苏州人均 GDP 均超过 15 万元。

2020 年 Top 10 榜单整体变动幅度不大，其中 8 个城市在 2014 年已入围前十强，有两个城市为新进入者，分别是南京和武汉（南京，从第 12 位升至第 7 位；武汉，从第 13 位升至第 8 位）。另有 4 个排名有所提升的城市分别是深圳（从第2 位升至第 1 位）、广州（从第 5 位升至第 4 位）、杭州（从第 8 位升至第 5 位）和东莞（从第 7 位升至第 6 位）。而北京排名略有下降（从第 1 位降至第 2 位），苏州和天津的排名则下降幅度较大（分别为从第 4 位降至第 9 位和从第 6 位降至第10 位）；上海的排名则维持不变，为全国第 3 位。

4.1 北　京

图 4-2 所示为北京的创新型经济发展模式。

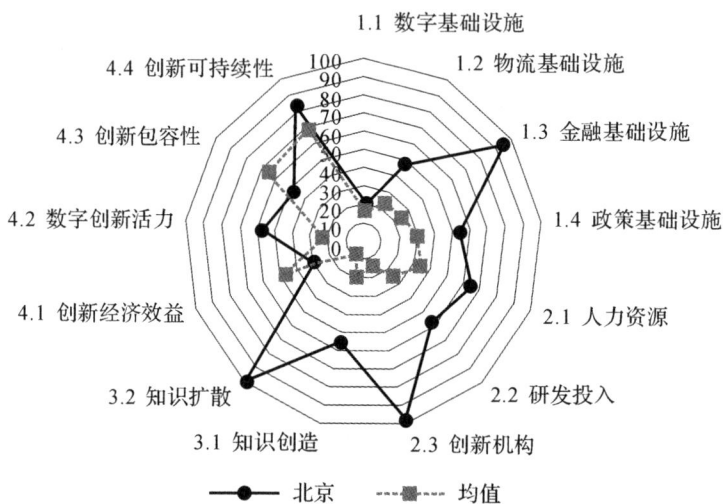

图 4-2　北京创新型经济发展模式

北京在创新资源和创新过程这两个一级指标中均位列全国首位,在创新基础设施方面也表现优异(排名 3),而在创新产出方面的表现相对较弱(排名 20)。

在创新基础设施方面,北京在金融基础设施方面的表现远超平均水平(得分94.20,排名 1),同时在物流基础设施(得分 47.54,排名 4)和政策基础设施(得分54.00,排名 5)方面也有突出的表现,但在数字基础设施方面表现只是良好(得分 90.20,排名 13)。具体而言,北京优异的金融基础设施得益于其充足的金融业从业人员(得分 100.00,排名 1)和项存/贷款余额(得分 100.00,排名 1;99.65,排名 2)。在物流基础设施方面,北京的物流从业人员占比位列全国第一(得分100.00),人均快递业务量(得分 20.31,排名 11)和城市物流仓储用地面积占城市建设用地总面积比重(得分 57.69,排名 12)位于前列,而货运量(得分 12.15,排名 43)相对较低。北京在政策基础设施方面的排名也较为靠前,地方一般公

共预算收入/支出与 GDP 之比位于全国城市前 4 位(得分 83.55;78.46),但当年
PPP 新入库项目量不佳。北京的数字基础设施总体水平良好,其中固网渗透率
(得分 17.31,排名 40)相对其余城市而言较差,而在移动网络渗透率(得分
22.04,排名 8)和车联网接入率(得分 21.95,排名 6)这类新型网络接入方面表现
良好。

在创新资源方面,北京在研发投入(得分 53.75,排名 1)和创新机构(得分
97.86,排名 1)方面均表现突出,且在创新人力资源方面(得分 63.41,排名 4)也
具有优势。在研发投入方面,北京 R&D 经费与 GDP 之比位列全国第一(得分
100.00),且一般公共预算科学技术支出占 GDP 的比重达 1.23%(排名 3),使得
其在科学投资资源方面领先于其他城市。在创新机构方面,北京的国家重点实
验室以及国家创新中心(国家制造业创新中心,国家企业技术中心)数均位于全
国首位(得分 100.00),反映了北京强大的创新基础;同时,北京的文化机构(图
书馆、博物馆)总量也位列全国第一(得分 93.58),为创新的创造以及传播奠定
了良好的文化氛围。此外,在人力资源方面,其中普通高等教育质量(得分
64.73,排名 11)、人才引进(得分 78.70,排名 3)和教育支出与 GDP 之比(得分
78.27,排名 6)表现优异,但中等职业学校教育质量(得分 46.91,排名 27)处于参
评城市的中游水平。

在创新过程方面,北京在知识创造(得分 55.03,排名 3)和知识扩散(得分
100.00,排名 1)方面的排名领先。在知识创造方面,北京的每十万人科技论文
数(得分 100.00,排名 1)、发明数(得分 80.27,排名 2)和专利申请数(得分
33.13,排名 6)领先于全国,但在研发投入的效率方面,每万元科学技术支出所
取得的授权专利数为 6.71,排名 53,处于参评城市的下游水平。在知识扩散方
面,北京的输出技术成交额、吸纳技术成交额(得分 100.00 和 100.00)以及国家
技术转移机构数(得分 100.00)均位列全国首位,表现出极强的技术市场活力。

在创新产出方面,北京在以数字产业、数字消费、数字政务、数字文化衡量的
数字创新活力方面(得分 58.18,排名 3)和以工业三废排放、废水废物处理能力、
可吸入细颗粒物年平均浓度、园林绿化覆盖率和货运碳排放量衡量的可持续发
展指标方面(得分 82.95,排名 5)位于前列。然而在创新经济产出(得分 30.48,
排名 56)和创新包容性(得分 48.41,排名 52)方面的表现却处于参评城市的末

流。这一方面是由于北京的规模以上人均工业总产值(得分 15.93,排名 26)以及贸易顺差(得分 0.00 排名 57)[①]较低,以及城镇居民人均可支配收入与农村居民人均可支配收入比值(得分 22.27,排名 51)和平均房价与职工年平均工资比极高(得分 30.15,排名 55)所致。

4.2 深 圳

图 4-3 所示为深圳的创新型经济发展模式。

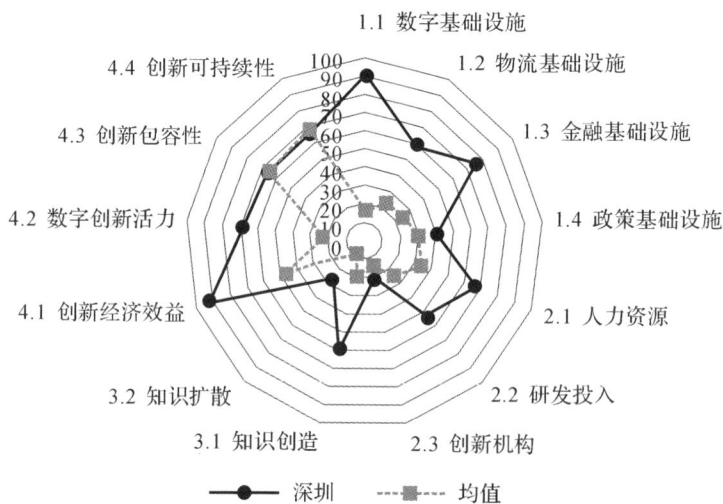

图 4-3 深圳创新型经济发展模式

深圳在创新基础设施(得分 66.67)与创新产出(得分 72.88)方面位列全国第一,在创新资源(得分 45.39,排名 3)与创新过程(得分 42.77,排名 2)方面的表现也均处于全国领先地位。

在创新基础设施方面,深圳在数字基础设施(得分 90.20,排名 1)、物流基础设施(得分 58.76,排名 2)、金融基础设施(得分 74.75,排名 3)方面的表现均远

[①] 注:北京的贸易顺差指标存在一定的特殊性。

高于全国城市的平均水平,政策基础设施(得分 40.91,排名 10)稍微逊色却也处于全国上游水平。如以固网应用渗透率(得分 100.00,排名 1)与移动网络应用渗透率(得分 93.17,排名 2)、车联网车辆接入数量(得分 77.43,排名 2)考察的数字基础设施水平,深圳(得分 90.2)大幅领先于第 2 位的东莞(得分 57.2)。同时,深圳的人均快递业务量(得分 100.00,排名 1)以及物流从业人员占比(得分 82.52,排名 2)较处于领先地位,反映出其具有极强的物流基础设施。深圳在金融基础设施方面的表现仅次于北京、上海,而政策基础设施在一般公共预算收入与 GDP 之比(得分 66.39,排名 4)和支出与 GDP 之比(得分 56.35,排名 10)方面表现尚可,然而政府社会资本合作环境较差(得分 0.00)。

在创新资源方面,依靠在人力资源(得分 65.73,排名 1)和研发投入(得分 53.75,排名 2)方面的优势,以及在创新机构(得分 19.82,排名 12)方面处于中上游的情况下,深圳在资源类指标的排名中位列参评城市的第 3 位(得分 45.39)。尽管深圳的普通本专科学历人数占比(排名 44)及职业教育人数占比(中等职业教育学校在校学生数与年末户籍人口数之比,排名 43)较低,但教学质量(普通本专科的学校师生比,排名 3;中等职业学校教育师生比,排名 18)处于参评城市的中上游水平;同时,深圳通过极高的人才引进(得分 85.30,排名 2)以及相对较高的教育支出占 GDP 比重(得分 53.92,排名 16)保证了创新人力资源。此外,深圳具有高研发人员比重(每万人中 R&D 人员数得分 100.00,排名 1)、高科学技术支出(地方一般公共预算科学技术支出占 GDP 的比重得分 100.00,排名 1)和研发经费(R&D 内部经费占 GDP 的比重得分 61.24,排名 4)保证了创新资源的充足。

在过程类指标中,深圳在知识创造(得分 59.51,排名 2)和知识扩散(得分 26.33,排名 4)方面的表现均处于全国领先。具体表现为深圳人均专利申请数(得分 100.00)和发明数(得分 100.00)位于全国首位,人均科技论文数位列全国第七(得分 32.84)。然而与北京类似,深圳在研发投入的效率方面(每万元科学技术支出所取得的授权专利数得分 5.19,排名 52)处于参评城市的下游水平。尽管深圳的技术输出成交额(得分 12.54,排名 8)以及国家技术转移机构数(得分 20.34,排名 9)没有处于全国领先地位,但其在技术吸纳方面(得分 46.11,排名 2)仅次于北京,表现出极强的技术吸收能力。

在产出类的各个指标中,深圳在创新经济效益(得分 91.67,排名 1)和数字创新活力(得分 69.37,排名 2)方面领先,但在创新包容性(得分 64.80,排名 35)以及创新可持续发展(得分 66.12,排名 40)方面的表现欠佳。具体来看,深圳的人均生产总值(得分 100.00)、规模以上人均工业总产值(得分 96.34)和贸易顺差(得分 78.68)分别位列全国第 1、第 2 和第 3 位;同时,深圳的数字产业(得分 100.00)和数字文化(得分 100.00)均处于全国首位。然而在包容性方面,尽管深圳的城镇登记失业率极低(得分 94.40,排名 3)且城乡居民人均可支配收入差距较小(城镇居民人均可支配收入/农村居民人均可支配收入得分 100.00,排名 1),但深圳居民住房压力极大(得分 0.00),居全国首位。同时,在创新可持续性方面,尽管深圳可吸入细颗粒物年平均浓度(得分 100.00,排名 1)较低,且工业三废处理(得分 70.38,排名 17)、园林绿化覆盖率(得分 60.34,排名 19)处于全国城市的中上游水平,但其货运碳排放极高(得分 0.00,排名 57)。

4.3 上 海

图 4-4 所示为上海的创新型经济发展模式。

上海在创新基础设施(得分 50.36,排名 2)、创新资源(得分 55.49,排名 2)方面表现突出,在创新过程(得分 28.17,排名 5)方面也位于领先地位,然而在创新产出(得分 55.54,排名 21)方面的表现仅处于中上游水平。

在创新基础设施方面,上海的金融基础设施表现仅次于北京(得分 78.44,排名 2),其中年末金融机构人民币各项存/贷款余额(得分 74.55;100.00)、金融行业从业人员占比(得分 53.84)、数字金融(得分 85.37)的表现处于全国前三位。上海的政策基础设施也处于领先态势(得分 60.39,排名 2),但同样当年无PPP 新入库。在物流基础设施方面上海仅落后于广州和深圳(得分 57.65,排名 3),其中货运总量(得分 80.99,排名 3)、物流从业人员数(得分 80.71,排名 3)、人均快递业务量(得分 26.87,排名 6)均位于前列,而城市物流仓储用地面积占比较低(得分 42.04,排名 25)。上海的数字基础设施总体水平(得分 49.67,排名 3)在固网渗透率(得分 27.20,排名 21)表现一般的情况下,却在车联网接入率

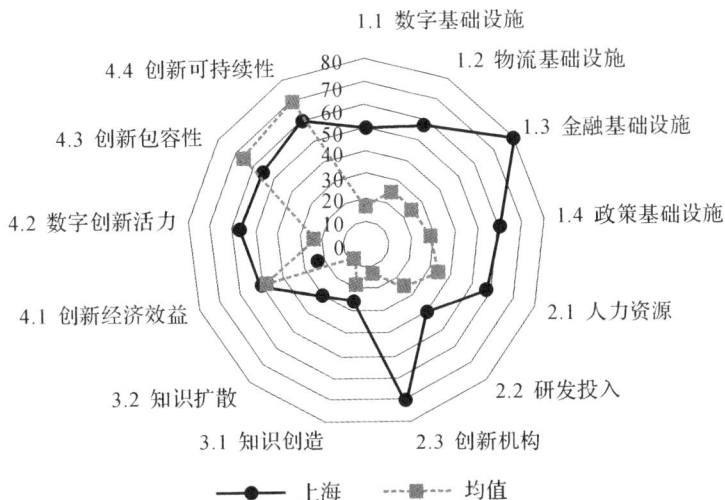

图 4-4　上海创新型经济发展模式

（得分 100.00,排名 1)和移动网络渗透率(得分 21.82,排名 9)这类新型网络接入中表现较为突出。

　　在创新资源方面,上海的创新人力资源(得分 57.20,排名 10)、研发投入(得分 39.80,排名 7)表现优异,并且在创新机构(得分 69.97,排名 2)方面表现突出。尽管上海教育支出占 GDP 比重相对较高(得分 51.64,排名 16),且具有众多多内外知名高校,然而普通高等学校教育(得分 56.75,排名 55)和职业技术人才的培养都较为薄弱(得分 48.51,排名 56)。其中上海拥有全国最多的图书馆数量,同时博物馆、国家重点实验室以及国家制造业创新中心数量均仅次于北京,位列全国城市的第 2 位。

　　在过程类指标中,上海在知识创造(得分 25.65,排名 13)方面位于全国城市中上水平,而在知识扩散方面的表现相对突出(得分 30.65,排名 2)。上海在人均专利申请(得分 23.79,排名 12)、发明创造(得分 32.16,排名 7)方面具有良好的表现,并且在知识创造的源头——科技论文数发表方面具有优异的表现(得分 42.50,排名 3)。同时,领先的输出技术成交额(得分 24.81,排名 2)、吸纳技术成交额(得分 26.47,排名 3)以及国家技术转移机构数(得分 40.68,排名 2),表现出上海具有极强的技术转移能力和活力。

在创新产出维度,上海整体表现相较于其他头部城市较为薄弱。其中,上海的数字创新的产出活力(得分 56.44,排名 4)领先于国内大多数城市,然而在创新经济效益(得分 49.85,排名 21)、创新包容性(得分 54.89,排名 46)和创新可持续性(得分 60.55,排名 50)方面较为薄弱。上海作为全球大都市,GDP 总量全国第一,规模以上人均工业总产值位列全国第六(得分 26.98),同时数字消费活力也位于全国第三(得分 96.49)。然而,上海的包容度和低碳发展水平还有待提升,其城镇登记失业率相对较低(得分 78.99,排名 18),但城乡居民生活质量差距较大(城乡居民人均可支配收入比,排名 38)、房价与年工资比极高(平均房价与职工年平均工资比,得分 45.90,排名 55)。此外,尽管上海的工业"三废"排放及处理能力(得分 63.79,排名 35)都处于全国城市的中游水平,但却有着参评城市中最高的货运碳排放量及极低的园林绿化覆盖率(得分 8.93,排名 56)。

4.4 广 州

图 4-5 所示为广州的创新型经济发展模式。

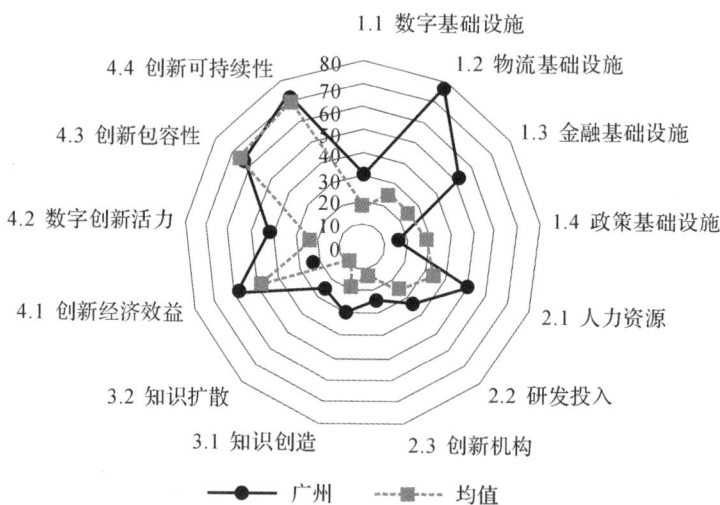

图 4-5　广州创新型经济发展模式

广州在四个创新型经济的发展维度上表现相对均衡,其中在创新基础设施(得分 43.97)与创新资源(得分 35.88)方面排名第 4,创新过程(得分 27.75)和创新产出(得分 59.23)指标得分则分别位于参评城市的第 6 及第 8 位。

在创新基础设施方面,广州的物流基础设施(得分 76.49,排名 1)、金融基础设施(得分 52.22,排名 5)以及数字基础设施(得分 30.33,排名 5)较为完备,为创新型经济奠定了良好的基础;然而,政策基础设施(得分 16.14,排名 45)相对较为薄弱。从物流基础设施上看,广州具有全国最高的货运量(得分 100.00)、位列全国第 2 的人均快递业务量(得分 86.69)以及位列全国第 4 的物流从业人员占比(得分 72.56),保证了创新的必要条件。然而在政策基础设施方面,广州地方一般公共预算收入/支出占 GDP 比重(得分 18.26;30.17)都位于参评城市的中下游水平,且当年并没有 PPP 项目入库。

在创新资源方面,广州作为粤港澳大湾区的中心城市之一,在创新人力资源(得分 50.32,排名 4)、研发投入(得分 34.25,排名 10)、创新机构(得分 25.38,排名 6)方面均处于领先地位。值得注意的是,广州的普通高等学校教育数量与质量仅次于南京(得分 79.15),位列全国第 2;而职业技术人才培养方面也位列全国第 19 位(得分 50.15)。

在过程性指标中,广州的知识创造(得分 29.84,排名 8)和知识扩散(得分 25.70,排名 4)也均位于全国前列。在知识创造方面,广州和北京、深圳有类似的特征,均有较高的人均专利数(得分 38.24,排名 4)、发明数(得分 26.47,排名 9)和人均科技论文数(得分 41.00,排名 5),然而在研发投入的效率方面(每万元科学技术支出所取得的授权专利数,得分 13.63,排名 42)却处于参评城市的中下游水平。同时,领先的输出技术成交额(得分 21.34,排名 4)、吸纳技术成交额(得分 26.94,排名 4)以及国家技术转移机构数(得分 28.81,排名 5)使其表现出很强的技术转移活力和能力。

在产出性指标方面,广州的创新经济效益(得分 58.76,排名 9)、数字创新的产出活力(得分 42.03,排名 7)处于全国的第一梯队,而创新包容性(得分 64.18,排名 35)、创新可持续性(得分 71.93,排名 26)仅处于参评城市的中游水平。在创新经济效益的三个维度中,广州的人均地区生产总值(得分 70.64,排名 7)和规模以上人均工业总产值(得分 23.02,排名 17)相对领先,而贸易顺差(得分

82.63,排名 29)则处于全国中游。创新型经济的数字文化活力(得分 56.24,排名 5)和数字产业活力(得分 42.93,排名 7)较为突出,而数字消费活力(得分 48.24,排名 17)、数字政务活力(得分 20.73,排名 22)处于第二梯队。在包容性方面,尽管广州具有极低的失业率(得分 95.57,排名 2),但是极高的城乡居民人均可支配收入比(得分 43.38,排名 41)和房价收入比(得分 53.60,排名 53)反映出广州较高的城乡差距和较大的居民住房压力。在创新可持续性方面,广州在园林绿化覆盖率(得分 76.80,排名 4)、可吸入细颗粒物年平均浓度(得分 86.05,排名 12)方面具有良好的表现,然而废水废物处理能力(得分 67.11,排名 27)和货运碳排放(得分 31.45,排名 55)方面表现欠佳,部分反映出较高的创新经济效益是以环境为代价的。

4.5 杭 州

图 4-6 所示为杭州创新型经济发展模式。

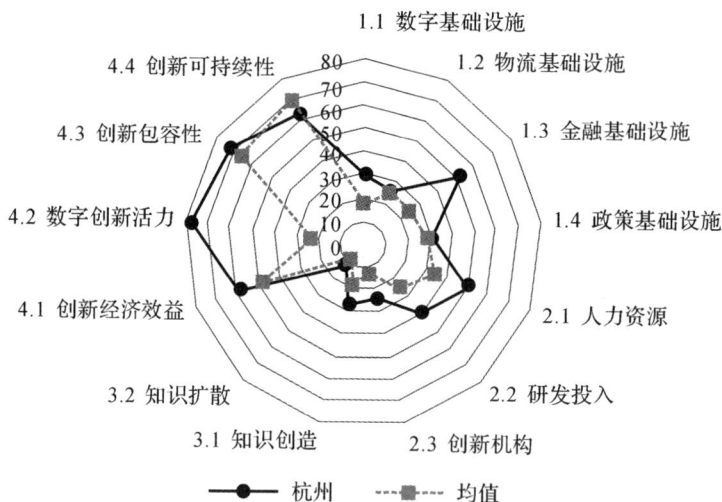

图 4-6 杭州创新型经济发展模式

杭州在创新经济产出(得分 68.03,排名 2)以及创新资源(得分 36.64,排名

4)方面表现突出,并在创新基础设施(得分 34.58,排名 6)和创新过程(得分 19.13,排名 9)方面也位于领先地位。

从创新基础设施上看,杭州的数字基础设施(得分 30.19,排名 9)和金融基础设施(得分 52.81,排名 4)处于领先态势,而物流基础设施(得分 25.39,排名 23)和政策基础设施(得分 30.36,排名 25)仅处于参评城市的中上游水平。杭州的固网宽带应用渗透率(得分 41.38,排名 8)、移动网络应用渗透率(得分 22.36,排名 7)和车联网接入量(得分 26.83,排名 5)都非常靠前,可见"中国数字经济第一城"具有夯实的网络基础。在衡量物流基础设施的三个维度中,杭州尽管具有靠前的货运量(得分 22.78,排名 16)、快递量(得分 42.87,排名 4)以及较高的物流从业人员数占比(得分 22.72,排名 13),然而城市物流仓储占地比例(得分 8.19,排名 53)落后于大多数参评城市,这间接反映出杭州作为物流中转枢纽和非仓储中心的地位。

从创新资源上看,杭州的创新资源实力较为均衡,其中人力资源排名 5(得分 49.43)、研发投入排名 8(得分 38.72)、创新机构排名 8(得分 23.78)。尽管杭州本土的人才培养并不突出(普通高等学校教育数量与质量排名 13,中等职业学校教育数量与质量排名 30,教育支出占 GDP 比重排名 21),但在人才引进(得分 69.50)方面位列全国第 5 位,并且具有较多的研发人员(得分 30.82,排名 7)。在研发投入和创新机构的维度上,杭州表现出均衡的实力,各三级指标均位列全国城市前 8 位。

在过程性指标中,杭州的知识创造(得分 27.23,排名 9)和知识扩散(得分 11.17,排名 11)也均位于全国前列,且实力均衡。在知识创造方面,和其他领先城市类似,杭州均有较高的人均专利申请数(得分 29.06,排名 8)、发明数(得分 30.66,排名 8)和人均科技论文数(得分 34.21,排名 6),但研发投入的效率(每万元科学技术支出所取得的授权专利数,得分 14.98,排名 39)却处于参评城市的中下游水平。同时,杭州的吸纳技术成交额(得分 10.36,排名 12)和输出技术成交额(得分 4.49,排名 13)尽管多于大多数城市,但和技术活力较高的北京、上海、广州相比有较大的差距。

在产出性指标方面,杭州在数字创新活力表现上居全国首位(得分 77.89),创新经济效益(得分 58.48,排名 10)和创新包容性(得分 72.25,排名 20)方面表现也较好,然而创新可持续性(得分 63.52,排名 41)却处于参评城市的中下游水平。杭州在创新型经济的数字消费活力方面位于全国首位,其中 2019 年杭州"双十一"总消费额达 82.2 亿元,人均消费额达 1033 元;数字政务活力也表现突出(得分 78.30,排名 1),其中政务软件下载量达 3000 余万次,政府钉钉日活用户量达万余次。在企业数字活力方面,杭州企业钉钉用户量突破千万,且居全国首位;在数字文化活力方面,杭州人均年电影票房贡献达近两百元。在包容性方面,尽管杭州的城镇登记失业率(得分 86.63,排名 10)和人均可支配收入比(得分 73.77,排名 11)表现优异,但收入房价比低于大多数入围城市(得分 56.36,排名 52),体现出较大的生活压力。在创新可持续性方面,除"三废"排放(得分 95.40,排名 11)表现良好外,杭州在废水废物处理能力(得分 62.65,排名 39)、可吸入细颗粒物浓度(得分 67.44,排名 29)、园林绿化覆盖率(得分 38.24,排名 41)、货运碳排放量(得分 53.87,排名 53)均表现一般。

4.6 东 莞

图 4-7 所示为东莞创新型经济发展模式。

东莞在创新过程(得分 32.60,排名 3)以及创新产出(得分 66.41,排名 3)方面的表现位于全国领先地位,并在创新基础设施(得分 32.09,排名 9)方面也表现优异,在创新资源(得分 24.69,排名 17)方面处于中上游水平。

在基础设施类指标中,东莞的数字基础设施(得分 57.16,排名 2)和物流基础设施(得分 35.16,排名 9)的表现位于全国领先地位,金融基础设施(得分 23.30,排名 27)的建设处于中游水平,而政策基础设施(得分 10.41,排名 54)的表现则较为薄弱。在数字基础设施方面,东莞的移动网络应用渗透率居全国首位(得分 100.00),固网渗透率(得分 51.53)和车联网接入量(得分 19.96)也处于全国前十。在物流基础设施方面,东莞的人均快递业务量(得分 84.59)仅次于深圳位居全国第 2,物流从业人员占比也位列第 11 位(得分 30.18),但货运量(得分 8.31,排名 46)以及城市物流仓储占地面积比(得分 17.55,排名 46)并不突出。

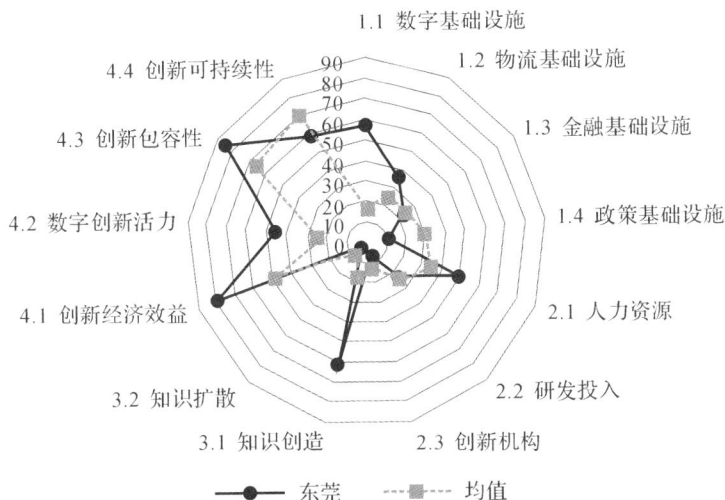

图 4-7   东莞创新型经济发展模式

在资源类指标中,东莞的创新人力资源(得分 49.37,排名 6)表现优异,而研发投入(得分 21.55,排名 32)创新机构(得分 7.14,排名 32)仅处于参评城市的中游水平。在人力资源方面,尽管东莞普通高等学校教育数量与质量(得分 41.90,排名 31)表现平平,但在中等职业学校教育数量与质量以及研发人员方面表现突出,位居全国前两位。其中,中等职业学校在校学生数量仅次于郑州居全国第 2 位。

在过程类指标中,东莞表现出了极强的实力,其中知识创造位于全国首位(得分 61.00)、知识扩散位于全国第 20 位(得分 4.70)。值得注意的是,东莞的知识创造效率位列全国之首(得分 100.00),同时每十万人专利申请数(得分 69.41,排名 2)、发明数(得分 67.18,排名 4)也处于领先地位。

在创新产出方面,东莞具有很强的价值创造能力(创新经济效益得分 79.58,排名 3;数字创新活力得分 44.90,排名 7)和包容性(得分 84.55,排名 1),但其快速的发展从一定程度上看也是以环境为代价的(创新可持续性得分 58.72,排名 53)。从创新经济效益看,东莞的工业有突出的优势,其规模以上人均工业总产值位列全国首位(得分 100.00);同时,贸易顺差位列全国第 4(得分 95.52),人均地区生产总值也位列全国第 26(得分 43.23)。从包容性上看,东莞具有全国最低的失业率(得分 100.00),城乡居民人均可支配收入差距也较小(得分 93.94,排名 3),但在房价收入比方面,尽管东莞较优于北京、上海、深圳等一线城市,但在二线城市中也处于高位(得分 59.70,排名 48)。

4.7　南　京

图 4-8 所示为南京的创新型经济发展模式。

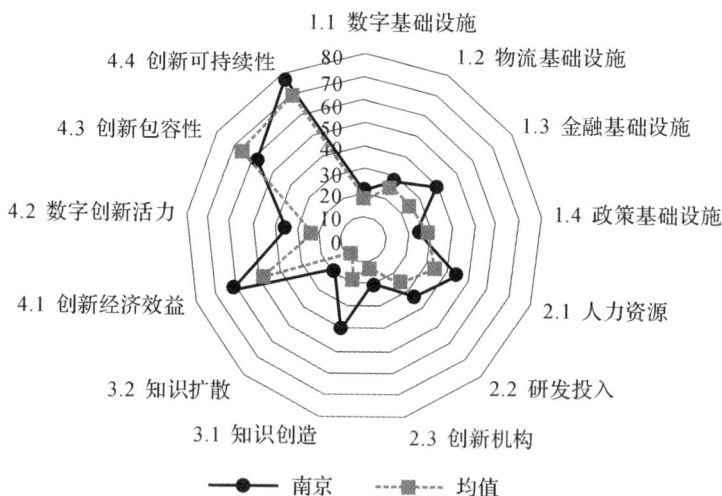

图 4-8　南京创新型经济发展模式

南京在创新过程(得分 29.31,排名 4)方面表现突出,同时在创新基础设施(得分 28.30,排名 13)、创新资源(得分 32.41,排名 9)、创新产出(得分 58.49,排名 11)方面表现也较为均衡,处于领先态势。

在基础设施指标方面,南京的金融基础设施(得分 40.15,排名 6)建设水平处于全国领先地位,同时数字基础设施(得分 20.29,排名 14)、物流基础设施(得分 28.07,排名 18)建设水平也较为优异,而政策基础设施(得分 25.15,排名 33)处于参评城市的中游水平。从金融水平上看,南京的年末金融机构人民币各项存款余额(得分 20.09,排名 8)及贷款余额(得分 43.88,排名 9)均位于全国前十位,而金融业年末城镇单位就业人数占总人口比重(得分 17.26,排名 17)和数字金融建设水平(得分 79.35,排名 21)也具有比较优势。

在创新资源方面,南京在人力资源(得分 45.07,排名 9)、研发投入(得分 33.13,排名 12)和创新机构(得分 21.04,排名 11)三个维度上具有较为均衡的表现。南京作为教育的排头兵,普通高等学校和中等职业学校教育数量与质量均居全国首位。其中,南京的普通本专科人数近 90 万人,占全部户籍人口总数的 12% 以上。在研发投入方面,南京整体表现也具有优势,其中 R&D 内部经费占 GDP 的比重(得分 51.85,排名 7),规模以上工业企业 R&D 经费占主营业务收入比重(得分 16.69,排名第 8),以及地方一般公共预算科学技术支出占 GDP 的比重(得分 30.86,排名 13)都有良好的表现。在创新机构方面,南京具有 18 个国家重点实验室,位列全国第 3,仅次于北京、上海;同时,南京的博物馆与图书馆等文化机构数量(得分 31.43,排名 8)均处于领先水平。

在过程类指标中,南京在知识创造(得分 40.18,排名 4)和知识扩散(得分 18.63,排名 8)方面都具有优势。其中,南京的论文产出率表现突出(得分 70.07,排名 2),同时每十万人专利申请数(得分 29.55,排名 7)与发明数(得分 36.37,排名 5)也处于领先地位,但知识创造的投入产出比(得分 24.75,排名 26)仅处于中游水平。在以输出技术成交额(得分 10.14,排名 9)、吸纳技术成交额(得分 16.94,排名 6)和国家技术转移机构数(得分 28.81,排名 6)衡量的知识转移维度方面,南京的表现也具有优势。

在产出类指标中,南京的创新经济效益(得分 62.27,排名 8)、数字创新活力(得分 35.45,排名 12)和创新可持续性(得分 58.75,排名 8)具有领先优势,然而其创新包容性(得分 58.75,排名 42)维度却相对落后。南京的人均地区生产总值仅次于深圳、无锡和苏州,位居全国第 4。同时,南京在数字政务创新活力方面表现突出,政府钉钉日活用户量位列全国第 6。然而在创新包容性的三个维度中,南京的表现相对落后。其中,南京的失业率居民失业率低于大多数参评城市(得分 76.30,排名 24);然而,南京的城乡居民人均可支配收入比(得分 38.03,排名 43)以及职工平均工资与平均房价比(得分 61.91,排名 47)表现较差,体现出较大的城乡差距和居民生活压力。

4.8 武 汉

图 4-9 所示为武汉的创新型经济发展模式。

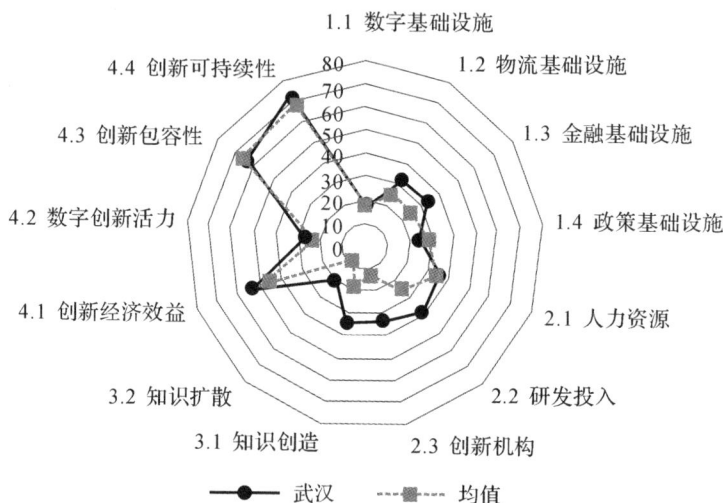

图 4-9 武汉创新型经济发展模式

武汉在创新资源(得分 36.06,排名 5)和创新过程(得分 27.55,排名 7)方面表现优异,在创新基础设施(得分 26.86,排名 16)和创新产出(得分 54.04,排名 25)方面相对较为一般。

在基础设施类指标中,武汉在物流基础设施(得分 32.88,排名 12)和金融基础设施(得分 33.82,排名 10)方面的表现大幅超过全国平均水平,在数字基础设施(得分 16.40,排名 20)和政策基础设施(得分 24.94,排名 35)方面的表现处于中游水平。在物流基础设施方面,武汉的水陆空货运总量达 5.94 亿吨(得分 41.45,排名 6),处于领先地位;而在人均快递业务量(得分 15.15,排名 18)、物流从业人员比率(得分 26.02,排名 16)、城市物流仓储占地面积比(得分 48.90,排名 19)等指标上处于参评城市中的中上位次。从金融水平上看,武汉的年末金融机构人民币各项存款余额(得分 15.40,排名 11)、贷款余额(得分 39.67,排名

10)以及数字金融建设水平(得分 71.06,排名 9)均位于全国领先地位,而金融业年末城镇单位就业人数占总人口比重(得分 8.76,排名 39)相对较低。

在资源维度上,武汉的创新机构(得分 33.95,排名 3)和研发投入(得分 38.43,排名 8)为武汉的创新提供了重要的保障,然而人力资源(得分 35.72,排名 19)仅处于中游水平。武汉的拥有 17 个国家重点实验室和 2 个国家级制造业创新中心,均是创新的主要源泉。同时,武汉在创新经费投入上具有优势:地方公共科学技术支出达 176.4 亿元,占地区 GDP 的比重达 1.08%(得分 51.06,排名 4);且 R&D 内部经费达 520 亿元,占 GDP 的比重达 3.2%(得分 50.11,排名 9)。而武汉的创新人力资源在多个维度上具有较大的差距。其中,普通高等学校教育数量与质量领先(得分 75.78,排名 4),而人才引进比重(得分 32.90,排名 12)、中等职业学校教育数量与质量(得分 47.76,排名 26)位于中上游水平,但教育支出占 GDP 比重以及每万人中 R&D 人员数均低于全国平均水平(得分 15.61,排名 46)。

在过程类指标中,武汉在知识创造(得分 34.74,排名 5)和知识扩散(得分 20.49,排名 7)方面都具有优势。武汉知识产出数量大,每十万人发明数(得分 77.32,排名 3)、发表科技论文数达(得分 41.10,排名 4)和专利申请数(得分 16.72,排名 18)均处于领先地位,但知识创造的投入产出比(得分 3.84,排名 55)处于参评城市的末流。从知识转移的维度上看,武汉在输出技术成交额(得分 14.30,排名 7)、吸纳技术成交额(得分 14.97,排名 7)和国家技术转移机构数(得分 32.20,排名 3)方面都具有优异的表现。

在产出类指标中,武汉的创新经济效益(得分 54.59,排名 15)相对领先,然而数字创新活力(得分 25.97,排名 24)、创新可持续性(得分 70.52,排名 30)和创新包容性(得分 65.46,排名 33)均处于中游水平。在创新经济效益方面,武汉的人均地区生产总值处于全国前列(得分 63.85,排名 10),但贸易顺差和规模以上人均工业总产值均低于参评城市的平均水平。同时,尽管武汉作为全国创新型经济领先城市,却有着较高的失业率(得分 66.55,排名 36)、城乡差距(城镇居民人均可支配收入与农村居民人均可支配收入之比,得分 55.11,排名 32)。但相较于其他领先城市,武汉的居民生活压力(职工平均工资比与平均房价)相对较小。

4.9 苏 州

图 4-10 所示为苏州创新型经济发展模式。

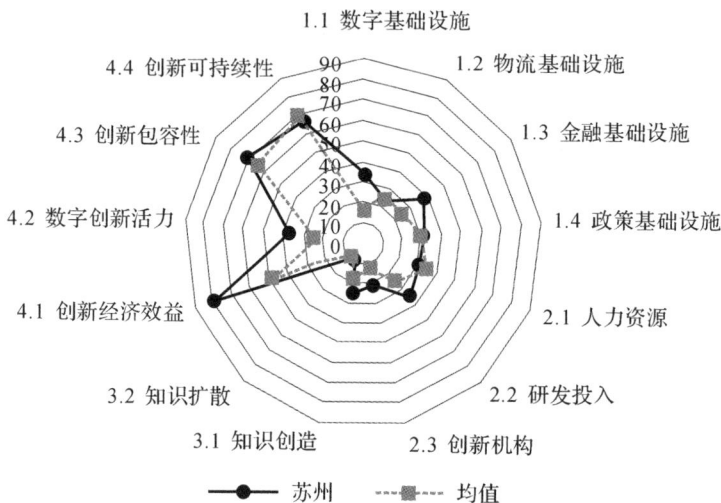

图 4-10 苏州创新型经济发展模式

苏州在创新产出(得分 63.71,排名 4)方面表现突出,在创新基础设施(得分 30.93,排名 10)、创新资源(得分 28.50,排名 13)和创新过程(得分 16.55,排名 12)三个维度上也具有较强的实力。

在基础设施维度上,苏州的数字基础设施(得分 33.18,排名 4)和金融基础设施(得分 37.04,排名 7)建设远超参评城市的平均水平,但物流基础设施(得分 23.38,排名 26)和政策基础设施(得分 30.14,排名 25)建设表现平平。在以固网渗透率(得分 60.47,排名 3)、移动网络渗透率(得分 24.36,排名 6)和车联网接入量衡量的数字基础设施中,苏州在前两个维度上均处于全国城市前六位,但在车联网接入量上远低于上海和深圳,不过也高于参评的众多城市。

在资源维度上,苏州在研发投入(得分 34.72,排名 9)和创新机构方面(得分 21.20,排名 10)具有优势,然而在创新人力资源上(得分 29.69,排名 35)低于参评城市的平均水平。苏州 2019 年的 R&D 内部经费支出、科学技术支出,以及规上工业企业研究与试验发展经费支出均处于参评城市的前列。同时,国家先进功能纤维创新中心于 2019 年落户苏州,成为当时全国 13 家制造业创新中心之一。

在过程类指标中,苏州在知识创造(得分 25.40,排名 11)和知识扩散(得分 7.87,排名 14)方面具有一定的优势。苏州知识产出数量大,每十万人专利申请数(得分 46.72,排名 3)和发明数(得分 23.74,排名 10)处于领先地位,然而发表科技论文数(得分 11.71,排名 25)和知识创造的投入产出比(得分 19.42,排名 33)却低于参评城市的平均水平。从知识转移的维度上看,苏州的输出技术成交额(得分 3.42,排名 16)、吸纳技术成交额(得分 6.62,排名 17)和国家技术转移机构数(得分 13.56 排名 16)尽管均处于参评城市的中上游水平,但前两项的额度却低于参评城市的平均值。

在产出类指标中,苏州的创新经济效益(得分 80.17,排名 2)处于全国城市的第 2 位,仅次于深圳,数字创新活力(得分 37.77,排名 9)也处于领先地位,而创新包容性(得分 71.80,排名 21)和可持续性(得分 66.32,排名 35)处于参评城市的中游水平。苏州的人均地区生产总值(得分 84.83)、贸易顺差(得分 100.00)和规模以上工业总产值(得分 55.69)均位于全国城市的前三位,足见苏州雄厚的经济和工业发展实力。在包容性维度中,类似于其他领先城市,苏州的城镇登记失业率和城乡差距都较小,然而房价与职工收入比也高于绝大多数城市。

4.10　天　津

图 4-11 所示为天津的创新型经济发展模式。

天津在创新基础设施(得分 41.38,排名 5)和创新资源(得分 33.64,排名 8)方面表现优异,在创新过程(得分 16.16,排名 13)方面也具有优势,然而在创新产出(得分 43.13 排名 48)方面表现不佳。

在基础设施维度上,天津的政策基础设施建设(得分 79.36)位列全国首位,

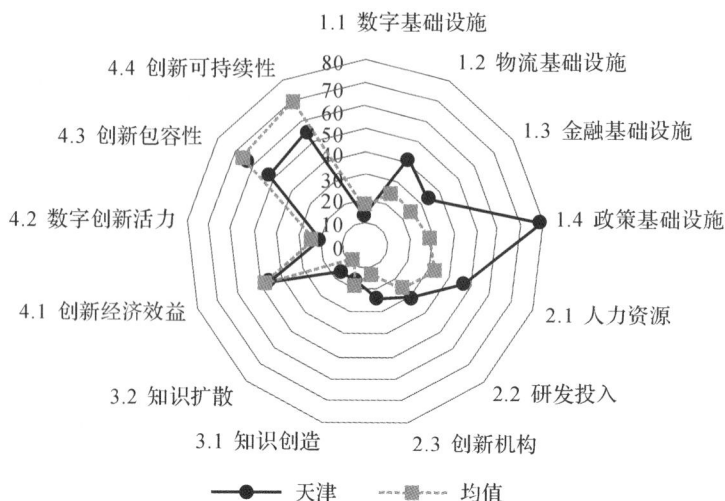

图 4-11   天津创新型经济发展模式

物流基础设施(得分 41.78,排名 6)和金融基础设施(得分 34.07,排名 8)建设远超参评城市的平均水平,但数字基础设施(得分 13.18,排名 32)建设却低于参评城市的中游水平。具体而言,天津一般公共预算收入和支出占 GDP 比重均位于全国前两位,且在 2019 年有 3 个 PPP 项目入库,反映出优渥的政策环境和优越的政府社会资本合作能力。

在资源维度,天津在人力资源(得分 47.86,排名 7)、创新机构(得分 24.02排名 7)和研发资金投入(得分 31.34 排名 14)方面均具有良好的表现。尽管天津在高等教育质量方面处于参评城市的中上水平(得分 51.79,排名 23),且中等职业教育质量处于参评城市的首位,但是天津的中等职业教育学校在校学生数与户籍人口之比仅处于参评城市的末位。同时,在研发资金投入方面,天津的地方研发与科学技术投入均处于全国前列(得分 35.18),然而企业的研发投入却低于参评城市的平均水平(规模以上工业企业 R&D 经费占主营业务收入比重,得分 51.35,排名 36)。

在过程类指标中,天津的知识扩散(得分 15.92,排名 9)具有一定的优势,而知识创造(得分 16.42,排名 27)则仅位于参评城市的中游水平。在知识创造维度上,天津的每十万人专利申请数、发明数、科技论文数均处于领先地位,然而知识创造的投入产出比(每万元科学技术支出所取得的授权申请数,得分 18.06,排名 34)却落后于参评城市的平均水平。从知识转移的维度上看,天津在输出技术成交额(得分 15.78,排名 6)、吸纳技术成交额(得分 13.32,排名 10)和国家技术转移机构数(得分 18.64,排名 10)这三个子维度上均有优异的表现。

在产出类指标中,天津的表现不佳。其中,创新经济效益、数字创新活力排名第 27(得分 20.73),属中游水平;而创新包容性位列第 50(得分 52.07),创新可持续性处于第 57 位(得分 55.10),处于参评城市的末流。特别地,在衡量创新包容性的指标中,尽管天津的城乡收入差距不大(得分 71.16,排名 15),然而城镇登记失业率在所有参评城市中最高,同时房价与平均工资比也较高(得分64.67,排名第 47)。在创新可持续的指标中,天津的"三废"排放、废水废物处理能力处于参评城市的中上游水平,但是在可吸入细颗粒物年平均浓度(得分37.21,排名 45)、货运碳排放量(得分 70.83,排名 49)以及园林绿化覆盖率(得分13.95,排名 55)均表现不佳。

第 5 章　经济圈

改革开放以来,我国逐渐形成了长三角、粤港澳大湾区以及环渤海三大经济圈,这三个经济圈构成了我国制造、金融、信息、服务、交通等各个行业的核心,是国民经济发展的主引擎。但随着西部城市经济的发展,成都与重庆作为西南城市群的中心,带动着周围城市的快速发展。数据显示,2018 年,重庆和四川的地区生产总值合计超过 6 万亿元。成渝城市群人口和经济总量都分别占川渝两地总和的 90% 左右。国家发展和改革委员会制定和印发的《2019 年新型城镇化建设重点任务》文件,明确将成渝城市群与京津冀城市群、长三角城市群和粤港澳城市群并列。因此,本蓝皮书也将成渝经济圈同其他三个经济圈一齐纳入分析。

在本书中三分之二的城市(38 个)属于四大经济圈[①](入选城市数量概况见图 5-1),我们将根据数据对各个经济圈的特点分别进行讨论。

5.1　四大经济圈比较

在本蓝皮书中,四大经济圈所包含的城市占本报告所有城市数量的三分之二,其中长三角经济圈入选 19 个,环渤海经济圈入选 12 个,粤港澳大湾区入选 5 个,成渝经济圈入选 2 个,是极为重要的分析对象。同时,我国经济圈的发展各有特色,对其进行横向对比也十分必要。在本节中,我们对四大经济圈中入选城市的创新型经济指数加权平均,并对其平均得分的差距做了对比,如表 5-1 和图 5-2 所示。

---

① 四大经济圈的划分及城市选择请见附录 3。

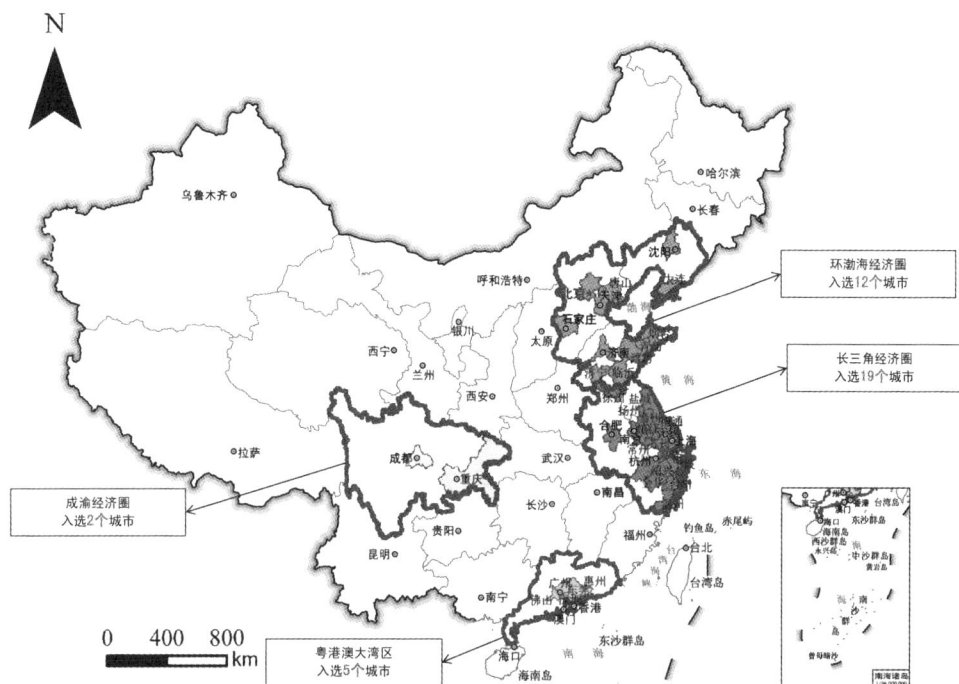

图 5-1 四大经济圈入选城市及数量

表 5-1 四大经济圈入选城市创新型经济指数及排名

经济圈	经济圈入选城市数量	平均创新型经济指数	排名	创新基础设施平均得分	排名	创新资源平均得分	排名	创新过程平均得分	排名	创新产出平均得分	排名
长三角经济圈	19	28.65	3	22.34	4	23.88	4	12.19	4	56.20	2
环渤海经济圈	12	27.22	4	25.36	2	24.27	3	15.01	2	44.24	4
粤港澳大湾区	5	38.34	1	37.56	1	28.87	1	24.06	1	62.86	1
成渝经济圈	2	28.70	2	24.43	3	27.36	2	12.68	3	50.32	3

　　由于长三角经济圈入选的城市最多(19 个),城市得分的波动较大,在平均得分上不占优势。相较于其他三个经济圈,长三角经济圈在创新基础设施、创新资源和创新过程三个指标上均排名第 4,然而在创新产出这一指标上排名第 2,仅次于粤港澳大湾区,展现出长三角城市群在创新效率方面的优势。

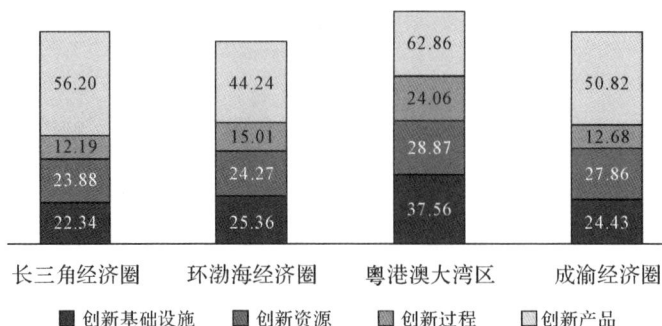

图 5-2　四大经济圈城市创新型经济指数平均得分比较

　　环渤海经济圈入选 12 个城市,展现出传统实力。其创新基础设施指标排名第 2、创新资源指标排名第 3、创新过程指标排名第 2,而创新产出指标排名第 4,说明环渤海经济圈城市相较于其他三个经济圈城市,创新效率较低。

　　由于数据可得性问题,本蓝皮书此次排名未纳入香港与澳门两个城市。因此,粤港澳大湾区在本蓝皮书中只入选 5 个城市,但是其在四个指标上均排名第 1,展现出粤港澳大湾区头部城市的创新实力,也体现出改革开放的卓越成效。在粤港澳大湾区一体化的进程下,以香港、澳门、广州、深圳四大中心城市作为区域发展的核心引擎,充分认识和利用"一国两制"制度优势、港澳独特优势和广东改革开放先行先试优势,建设富有活力和国际竞争力的一流湾区和世界级城市群,打造高质量发展的典范。

　　成渝经济圈由于起步晚,仍处于快速发展阶段,其仅有两个核心城市——重庆和成都入选本蓝皮书。成渝经济圈在创新基础设施指标均分上排名第 3,创新资源指标均分排名第 2,创新过程指标均分排名第 3,创新产出指标均分排名第 3,仍有较大发展空间和潜力。与其他经济圈相比,成渝经济圈需要重庆和成都在自身发展的同时尽快带动经济圈内其他城市的发展,同时注重创新,发挥沟通西南西北、连接国内国外的独特区位优势,推动长江经济带和丝绸之路经济带战略契合互动,推送整个成渝经济圈高质量发展。

5.2　长三角经济圈

　　长江三角洲(以下简称长三角)地区是我国经济发展最活跃、开放程度最高、创新能力最强的区域之一,在国家现代化建设大局和全方位开放格局中具有举足轻重的战略地位。长三角深入实施"长三角一体化"等重大战略部署,勇挑重担,做好全国改革开放排头兵、创新发展先行者,其经济社会发展取得举世瞩目的成就,成为引领全国经济发展的重要引擎。2019 年 12 月,《长江三角洲区域一体化发展规划纲要》正式印发,规划范围为苏、浙、皖、沪四省市全部区域。

　　在本蓝皮书中,属于长三角经济圈的入选城市包括上海、苏州、杭州、无锡、宁波、南京、常州、温州、南通、绍兴、嘉兴、台州、合肥、徐州、镇江、金华、扬州、盐城和泰州(见表 5-2 及图 5-3 和图 5-4)。

表 5-2　长三角经济圈入选城市基本情况与创新型经济指数

城市	GDP总量/亿元	GDP总量排名	人均GDP/万元	人均GDP排名	创新型经济指数排名	创新基础设施排名	创新资源排名	创新过程排名	创新产出排名
上海	38156	1	25.97	4	3	2	2	5	21
杭州	15373	9	19.34	12	5	6	4	9	2
南京	14031	11	19.76	10	7	13	9	4	11
苏州	19236	6	26.61	3	9	10	13	12	4
宁波	11985	12	19.71	11	11	7	15	31	7
嘉兴	5370	41	14.75	17	15	22	10	34	12
无锡	11852	13	23.56	7	17	29	26	18	5
合肥	9409	21	12.22	26	21	39	11	36	28
温州	6606	30	7.94	46	24	27	29	21	30
金华	4560	49	9.27	40	25	37	32	29	18
绍兴	5781	37	12.90	22	27	45	25	44	13

续表

城市	GDP总量/亿元	GDP总量排名	人均GDP/万元	人均GDP排名	创新型经济指数排名	创新基础设施排名	创新资源排名	创新过程排名	创新产出排名
台州	5134	43	8.46	44	29	38	27	39	17
常州	7401	26	19.22	13	32	42	54	16	15
镇江	4127	55	15.29	16	35	46	38	25	24
南通	9383	23	12.35	25	40	49	43	41	22
扬州	5850	35	12.80	23	44	56	46	26	36
泰州	5133	44	10.25	37	45	50	50	42	27
盐城	5702	38	6.95	48	46	51	41	51	34
徐州	7151	27	6.86	50	47	48	42	38	38

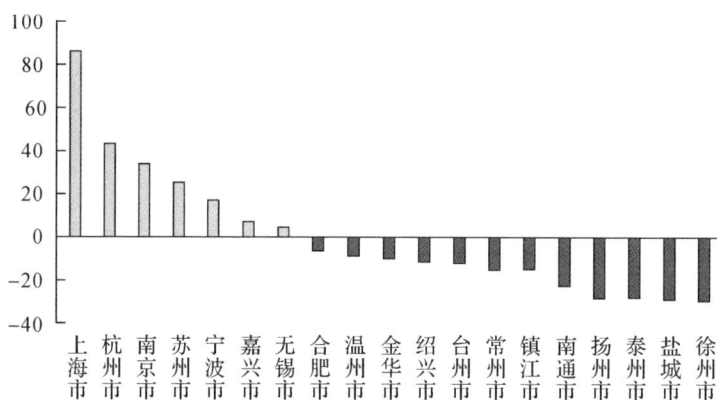

图 5-3　长三角经济圈入选城市创新型经济指数相对得分

注:图中各城市得分为其创新型经济指数得分与平均得分之差(即以平均得分 114.61 为基准的相对得分)。

在入选本报告的城市中,属于长三角经济圈三省一市的城市达到了 19 个,江苏省 10 个城市入选,浙江省 7 个城市入选,3 个城市入选前十名,包括上海,苏州和杭州。从地理分布上看,多数城市聚集在以上海为中心的块状区域中,主要集中在江苏南部和浙江北部,安徽省除省会合肥之外无一城市入选。

整体来看,长三角城市群在创新资源和创新基础设施优势并不明显的情况

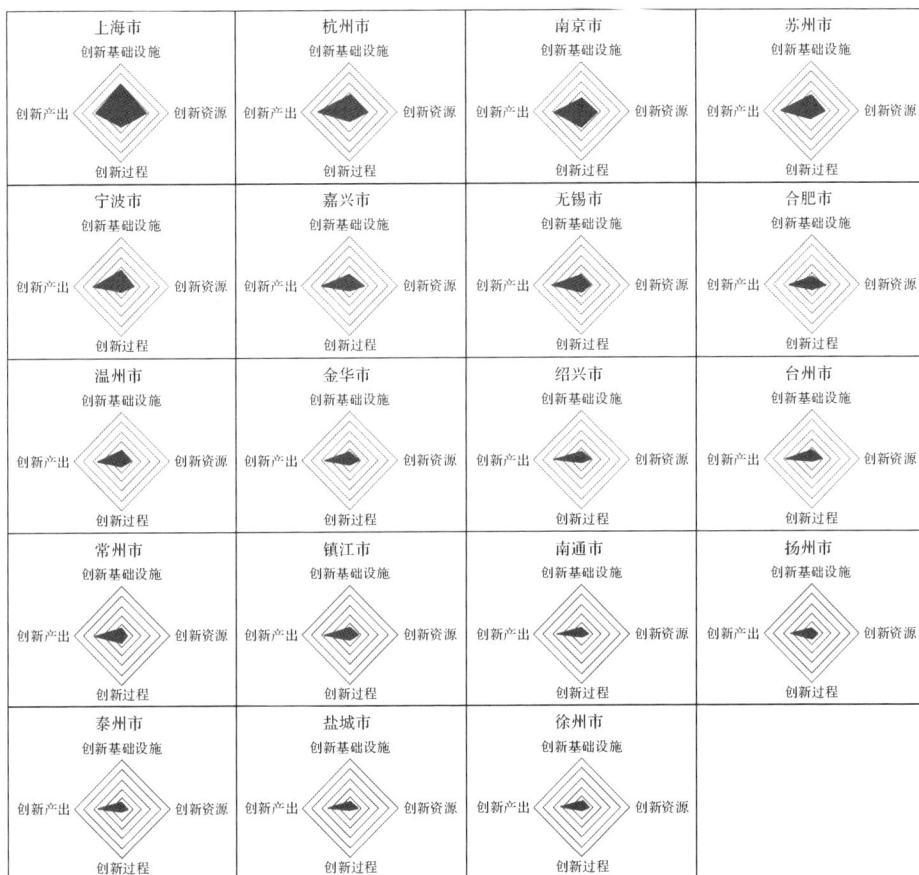

图 5-4　长三角经济圈入选城市创新型经济细分指标得分

下,创新产出表现亮眼,说明长三角经济圈创新效率较高,其雄厚的经济实力在其中发挥了重要作用。但是在创新基础设施和创新资源方面存在的明显短板也值得引起注意。

　　具体来看,上海在 4 类指标中的创新基础设施、创新资源和创新过程指标上表现优异,而创新产出表现略显不足。在创新基础设施方面,上海、杭州和宁波具有显著优势。在创新资源和创新过程方面,上海、杭州和南京表现优异。在创新产出方面,杭州、苏州、无锡和宁波表现突出,这也表明无锡的创新效率十分优秀。

从长三角经济圈内部来看,上海、苏州、杭州和南京作为排名前 4 的城市与其他城市差距较为明显,主要体现在创新指数 4 个维度的得分情况,除了该 4 个城市,其他城市都出现某个或某些维度上的明显劣势,从而影响整体排名。

5.3 环渤海经济圈

环渤海经济圈由京津冀、山东半岛和辽东半岛三个次级经济区的三省两市组成。环渤海地区如今已成为中国北方经济发展的"引擎",成为继珠江三角洲、长江三角洲之后的中国经济第三个"增长极"。海港和空港经济的发展、基础设施的互联互通,促使这一区域逐步形成了连接欧亚大陆和太平洋的国际物流中心。经济区内形成了以高新技术产业和电子、汽车、机械制造业为主导的产业群,各具特色的产业带逐渐形成。

在本报告中,属于环渤海经济圈的入选城市包括北京、天津、青岛、济南、烟台、大连、唐山、沈阳、潍坊、石家庄、济宁和临沂(见表 5-3 及图 5-5 和图 5-6)。

表 5-3　环渤海经济圈入选城市基本情况与创新型经济指数

城市	GDP 总量 /亿元	GDP 总量排名	人均 GDP /万元	人均 GDP 排名	创新型经济指数排名	创新基础设施排名	创新资源排名	创新过程排名	创新产出排名
北京	35371	2	25.32	5	1	3	1	1	20
天津	14104	10	12.73	24	10	5	8	13	48
青岛	11741	14	14.13	18	20	12	21	28	39
大连	7002	28	11.69	29	26	17	36	32	33
济南	9443	20	11.85	27	28	31	20	15	45
沈阳	6470	32	8.56	43	38	24	31	27	53
石家庄	5810	36	5.52	54	39	30	24	23	55
烟台	7653	25	11.72	28	43	41	45	53	29

续表

城市	GDP 总量 /亿元	GDP 总量排名	人均 GDP /万元	人均 GDP 排名	创新型经济指数排名	创新基础设施排名	创新资源排名	创新过程排名	创新产出排名
临沂	4600	48	3.87	57	48	25	44	37	56
潍坊	5689	39	6.2	52	49	44	35	49	47
济宁	4370	52	4.89	56	51	35	47	43	50
唐山	6890	29	9.11	41	54	47	52	50	52

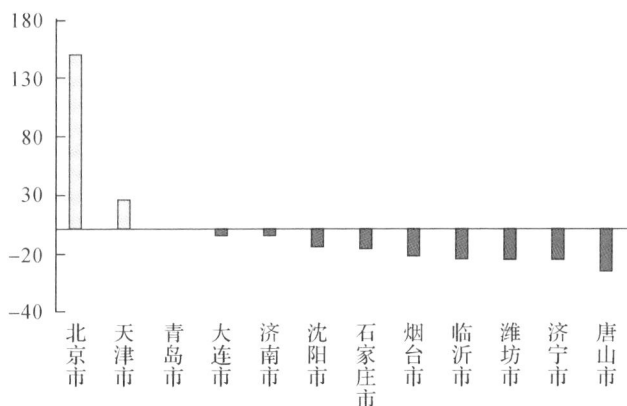

图 5-5　环渤海经济圈入选城市创新型经济指数相对总得分

注:图中各城市得分为其创新型经济指数得分与平均

得分之差(即以平均得分 108.87 为基准的相对得分)。

　　入选本报告的环渤海经济圈城市一共 12 个,仅次于长三角经济圈,排名前十的城市一共有两个,分别为北京和天津。整体来看,区域内发展严重不平衡,不仅体现在经济水平上,在创新指标方面出现了两极分化,这与经济圈内的经济发展不平衡密切相关。

　　具体而言,北京和天津作为环渤海地区核心城市在创新基础设施、创新资源和创新过程方面表现优异,但是在创新产出方面表现欠佳。这也是整个环渤海地区的问题,经济圈内城市整体呈现出高创新资源、低创新产出的态势。低创新产出意味着低创新效率,这也是环渤海地区传统资源依托型工业仍占主导地位,高新技术产业尚未壮大的重要原因。

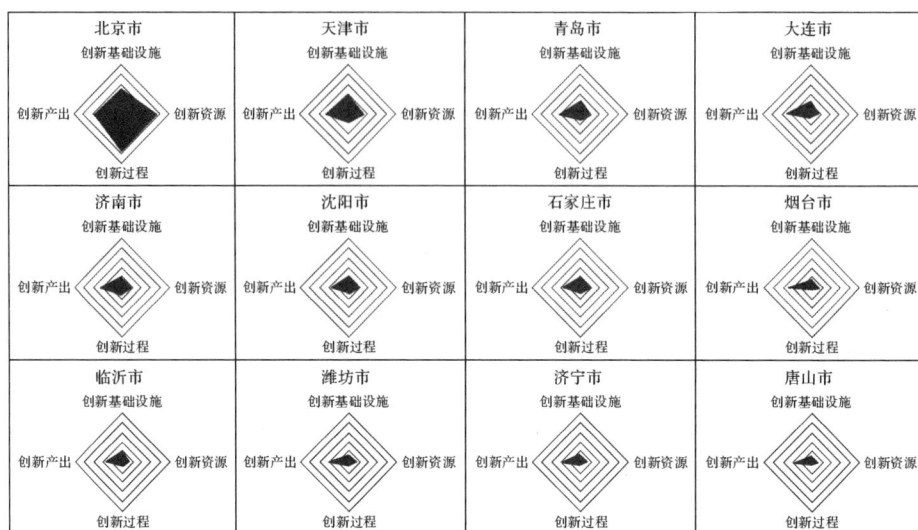

图 5-6　环渤海经济圈入选城市创新型经济细分指标得分

5.4　粤港澳大湾区

　　粤港澳大湾区(下称大湾区)是中国开放程度最高、经济活力最强的区域之一,在国家发展大局中具有重要战略地位。建设粤港澳大湾区,既是新时代推动形成全面开放新格局的新尝试,也是推动"一国两制"事业发展的新实践。中共中央、国务院印发的《粤港澳大湾区发展规划纲要》提到,粤港澳大湾区不仅要建成充满活力的世界级城市群、国际科技创新中心、"一带一路"建设的重要支撑、内地与港澳深度合作示范区,还要打造成宜居宜业宜游的优质生活圈,成为高质量发展的典范。

　　在本报告中,属于粤港澳大湾区的入选城市包括深圳、广州、东莞、佛山和惠州(见表 5-4 及图 5-7 和图 5-8)。

表 5-4　粤港澳大湾区入选城市基本情况与创新型经济指数

城市	GDP 总量 /亿元	GDP 总量排名	人均 GDP /万元	人均 GDP 排名	创新型经济指数排名	创新基础设施排名	创新资源排名	创新过程排名	创新产出排名
深圳	26927	3	48.87	1	2	1	3	2	1
广州	23629	4	24.77	6	4	4	6	6	8
东莞	9492	19	37.78	2	6	9	17	3	3
佛山	10751	17	23.32	8	18	20	34	22	6
惠州	4177	53	19.76	34	33	32	33	48	26

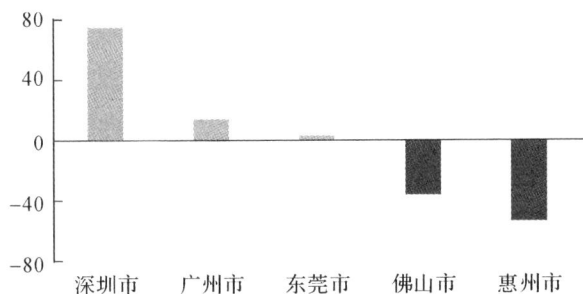

图 5-7　粤港澳大湾区入选城市创新型经济指数相对总得分

注:图中各城市得分为其创新型经济指数与平均得分之差(即以平均得分
153.35 为基准的相对得分)

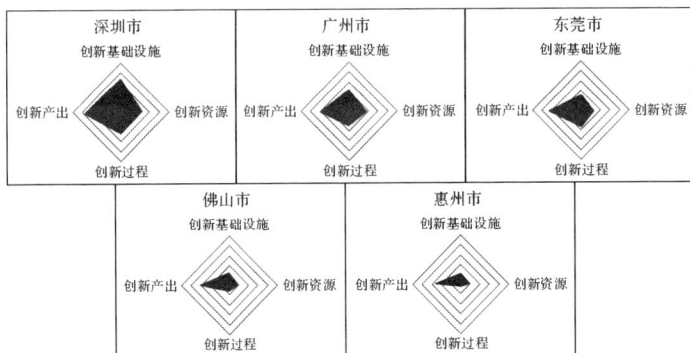

图 5-8　粤港澳大湾区入选城市创新型经济细分指标得分

粤港澳大湾区地处我国沿海开放前沿,以泛珠三角区域为广阔发展腹地。在本报告中,由于数据可得性问题,未统计香港特别行政区和澳门特别行政区的相关数据。作为改革开放先行区,大湾区经济发展水平全国领先,产业体系完备,集群优势明显,经济互补性强,香港、澳门服务业高度发达,珠三角九市已初步形成以战略性新兴产业为先导、先进制造业和现代服务业为主体的产业结构。

在入选本报告的5个城市中,深圳与广州表现亮眼,分别位列3、4名。整体来看,大湾区入选城市在创新指数方面表现优异,深圳、广州和东莞进入前十名,佛山表现也十分优异,进入前二十,这与当地经济实力有着密切联系。具体来看,在创新基础设施、创新过程和创新产出三个方面,深圳、广州和东莞都表现出竞争力,排名位居前列。佛山在创新基础设施、创新过程和创新资源并不具有优势的情况下,创新产出排名第6,表现出极高的创新效率。而惠州作为后起之秀,虽然在4个指标中表现平平,但是也展示出创新潜力。

5.5　成渝经济圈

成渝地区双城经济圈位于"一带一路"和长江经济带交汇处,是西部陆海新通道的起点,具有连接西南西北,沟通东亚与东南亚、南亚的独特优势。区域内生态禀赋优良、能源矿产丰富、城镇密布、风物多样,是我国西部人口最密集、产业基础最雄厚、创新能力最强、市场空间最广阔、开放程度最高的区域,在国家发展大局中具有独特而重要的战略地位,是实施长江经济带和"一带一路"倡议的重要组成部分。

在本报告中,属于成渝经济圈的入选城市包括成都和重庆(见表5-5及图5-9和5-10)。

表 5-5　成渝经济圈入选城市基本情况与创新型经济指数

城市	GDP总量/亿元	GDP总量排名	人均GDP/万元	人均GDP排名	创新型经济指数排名	创新基础设施排名	创新资源排名	创新过程排名	创新产出排名
成都市	17013	7	11.34	31	13	21	12	10	19
重庆市	23606	5	6.91	49	30	18	16	40	43

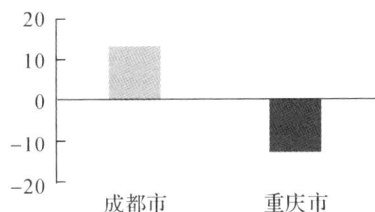

图 5-9　成渝经济圈入选城市创新型经济指数相对总得分

注:图中各城市得分为其创新型经济指数与平均得分之差(即以平均得分 114.79 为基准的相对得分)。

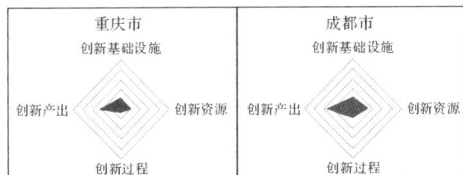

图 5-10　成渝经济圈入选城市创新型经济细分指标得分

成渝地区双城经济圈建设是构建以国内大循环为主体、国内国际双循环相互促进新发展格局的重大举措,对推动高质量发展具有重要意义。由于成渝经济圈仍处于发展前期,所以仅有重庆和成都两个城市入选本报告。

重庆和成都具有雄厚的经济实力,GDP 总量均位列全国前十,这也是带动成渝经济圈发展双中心的重要基础。整体来看,重庆和成都在创新总体表现方面均处于中等偏上水平,这也与我国长期的东、西部发展不平衡密切相关。具体来看,重庆在创新过程和创新产出方面表现较差,处于"三区",这意味着重庆的创新效率较低。而成都在创新资源和创新过程中表现抢眼,创新基础设施和创新产出方面也不落后,说明成都正逐步走向高质量发展的道路。

第6章 专题分析

6.1 共同富裕

党的十九届五中全会首次提出"扎实推动共同富裕"的重大历史课题。国家"十四五"规划和 2035 年远景目标纲要将"全体人民共同富裕取得更为明显的实质性进展"作为 2035 年远景目标之一。

2021 年 6 月 10 日,中共中央、国务院正式公布《关于支持浙江高质量发展建设共同富裕示范区的意见》。该意见明确指出,共同富裕具有鲜明的时代特征和中国特色,是全体人民通过辛勤劳动和相互帮助,普遍达到生活富裕富足、精神自信自强、环境宜居宜业、社会和谐和睦、公共服务普及普惠,实现人的全面发展和社会全面进步,共享改革发展成果和幸福美好生活。随着我国开启全面建设社会主义现代化国家新征程,必须把促进全体人民共同富裕摆在更加重要的位置,向着这个目标更加积极有为地进行努力,让人民群众真真切切感受到共同富裕看得见、摸得着、真实可感。

共同富裕具有社会总体财富增加和人民收入增长的发展性和让改革发展成果更多更公平惠及全体人民的共享性[①]。基于这一认识,本蓝皮书结合已有创新型经济指标评价体系,选取代表性指标,考察本书收录的城市在"共同富裕"方面的表现情况。

---

① 陈丽君,郁建兴,徐铱娜.共同富裕指数模型的构建[J].治理研究,2021,37(4):5-16+2.

6.1.1 内涵与构成

国内现有的几个关于共同富裕的评价研究大多采用国际流行的指标,评价重点各有侧重,尚未形成一套完整的具有中国特色的共同富裕评价体系[1][2][3]。陈丽君、郁建兴和徐铱娜(2021)以共同富裕的内涵和特征为逻辑起点,识别了影响共同富裕进程的重要因素,并基于当前中国各地推进共同富裕的实践方法,开发了一至三级指标[4]。根据其构建的共同富裕指数模型以及对各级指标建议,本专题结合本蓝皮书"创新型经济评价体系"指标构成,以客观性、可量化性、可获得性为标准,确立发展性与共享性为主要评价维度,富裕度、共同度和教育、社会保障、住房、普惠金融、公共文化、数字基础分别为子维度(见图 6-1)。

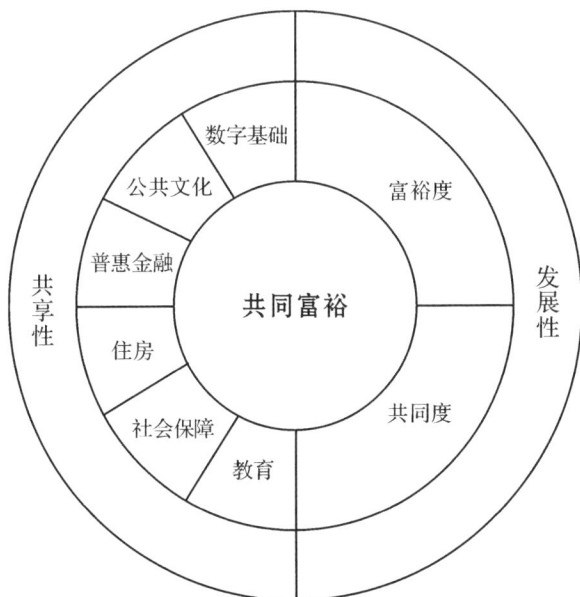

图 6-1 "共同富裕"维度构成

① 陈正伟,张南林.基于购买力平价下共同富裕测算模型及实证分析[J].重庆工商大学学报(自然科学版),2013,30(6):1—5.

② 宋群.我国共同富裕的内涵、特征及评价指标初探[J].全球化,2014(1):35—47+124.

③ 申云,李京蓉.我国农村居民生活富裕评价指标体系研究——基于全面建成小康社会的视角[J].调研世界,2020(1):42—50.

④ 陈丽君,郁建兴,徐铱娜.共同富裕指数模型的构建[J].治理研究,2021,37(4):5—16+2.

发展性维度,用以反映社会总体财富、人民收入的增长情况和物质基础建设水平,衡量的是群体、代际、城乡、区域之间的贫富差距。

富裕是实现共同富裕的前提。同时,共同富裕要求在群体之间实现发展成果的收敛。因此,该维度包含富裕度和共同度2个子维度。具体地,以"城镇居民人均可支配收入"和"农村居民人均可支配收入"作为发展阶段和财富总量的标准线,衡量是否富裕;以"城乡居民人均可支配收入比"衡量城乡、区域之间的贫富差距。

共享性维度,用以反映改革发展成果是否公平地惠及全体人民,从教育、医疗、社保、精神等方面衡量人民对美好生活的期待与现有发展之间的差距。

共同富裕是物质富裕和精神富裕的统一。依据学有所教、劳有所得、住有所居等全生命周期民生需求,该维度下设教育、社会保障、住房、普惠金融、公共文化(精神富足)、数字基础等6个子维度。具体地,以"普通高等学校教育数量与质量""中等职业学校教育数量与质量""教育支出占GDP比重",作为反映国民总体平均受教育水平,衡量教育资源可及性、教育资源分配均等化的重要依据;以"地方一般公共预算支出占GDP比重""数字政务活力""城镇登记失业率"反映社会保障的普惠性以及群众、企业办事的便利度;以"平均房价与职工平均工资比"衡量居民的住房条件;以"数字金融"反映通过扩大金融服务的覆盖面、可获得性与可承受性以缓解贫困、降低收入分配不平等的水平;以"文化机构""数字文化活力"反映公众享受公共文化服务的水平和精神富足状况;以"固网宽带应用渗透率""移动网络应用渗透率"衡量信息化发展程度。

在"共同富裕"各维度的计算与合成过程中,与本蓝皮书"创新型指标评价体系"一致,进行无量纲化处理。在对具体指标进行标准化处理的基础上通过平均加权求和进行指数的合成,计算各维度得分。

6.1.2 评价比较

1. 总体水平

本蓝皮书依据发展性和共享性2个维度的得分情况,分别对本书收录的57个城市进行排名。图6-2刻画了各个城市在共同富裕2个重要维度上的表现,即各个城市在 2 个维度的排名情况。其中,横轴反映了"发展性"水平,纵轴反映了共享性水平。

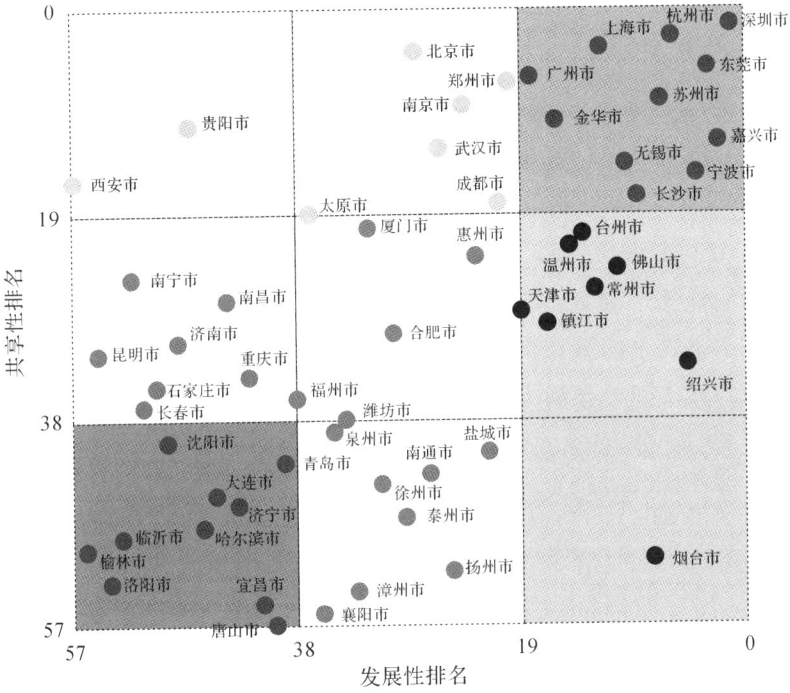

图 6-2　共同富裕发展性与共享性维度排名分布

具体来看,在 57 个收录城市中,深圳、嘉兴、东莞、宁波、杭州、苏州、长沙、无锡、上海、金华、广州这 11 个城市综合表现出色,在发展性和共享性维度的排名均位列前 1/3(前 19 位)。从区位来看,这些城市主要分布在长三角和珠三角经济圈(除长沙市)。其中,除上海市之外,有 36% 的城市位于浙江省,27% 的城市位于广东省,18% 的城市位于江苏省。总体上,这些城市能够较好地兼顾经济效益和社会效益,其在提升收入和财富水平、缩小不同收入分配差距、扩大共享公共服务范围等方面的举措具有重要借鉴意义。

此外,绍兴、烟台、佛山、常州、台州、温州、镇江、天津这 8 个城市在发展性维度上取得了出色的表现,但对共享性维度兼顾不足。北京、郑州、南京、贵阳、武汉、西安、成都、太原这 8 个城市在共享性维度上取得了出色的表现,但对发展性维度兼顾不足。沈阳、青岛、大连、济宁、哈尔滨、临沂市、榆林、洛阳、宜昌、唐山这 10 个城市综合表现有待提高,在发展性和共享性维度上均位列末 1/3(末 19位)。

2. 发展性水平

在发展性维度得分上,排名位列前 1/3(前 19 位)的城市分别为深圳(93.69分)、嘉兴(81.36 分)、东莞(80.53 分)、宁波(78.27 分)、绍兴(77.35 分)、杭州(76.81 分)、苏州(72.73 分)、烟台(72.70 分)、长沙(71.52 分)、无锡(71.49 分)、佛山(69.24 分)、上海(64.52 分)、常州(64.48 分)、台州(62.43 分)、温州(62.03分)、金华(57.46 分)、镇江(56.33 分)、广州(54.87 分)和天津(54.83 分)。

如果以本书收录的城市的发展性维度的平均得分(47.63 分)为基准,排名靠前和靠后的城市间差异极大(如图 6-3 所示)。排名位列前 1/3 的城市(一区)平均得分为 69.62 分,排名在末 1/3 的城市(三区)平均得分为 26.31 分。

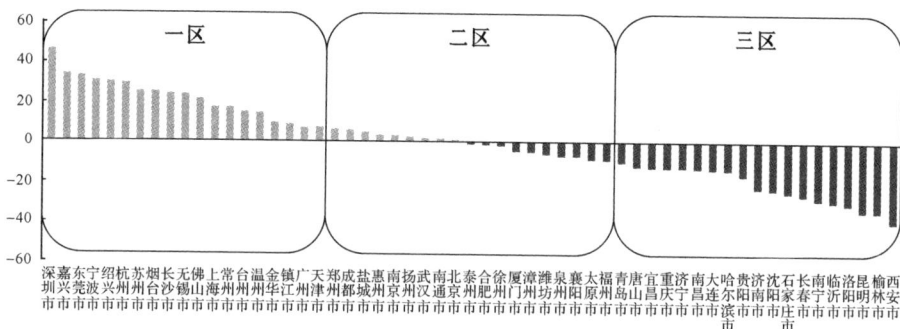

图 6-3　发展性维度得分排名分布

注:图中各城市得分为其原始得分与平均得分之差(即以平均得分为基准的相对得分)。

本蓝皮书选取发展性维度得分处于一区的城市,对其子维度富裕度和共同度进行进一步分析,得分情况如图 6-4 所示。在富裕度方面,深圳(87.39 分)和上海(83.15 分)的得分超过 80 分,取得了出色的表现。这意味着这些城市的城乡居民收入水平较高,具有较高的消费水平。在共同度方面,深圳(100.00 分)、烟台(94.03 分)、东莞(93.94 分)、嘉兴(85.52 分)和长沙(81.84 分)的得分超过80 分,取得了出色的表现。这意味着这些城市城乡贫富差距相对较小。在两个维度综合发展方面,绍兴(0.18 分)、无锡(1.47 分)、宁波(1.82 分)、台州(1.96

分)、金华(3.94 分)和温州(4.07 分)在富裕度和共同度维度的得分差距在 5 分以内,这意味着这些城市既积累了较高的财富水平,又兼顾了区域协调发展。

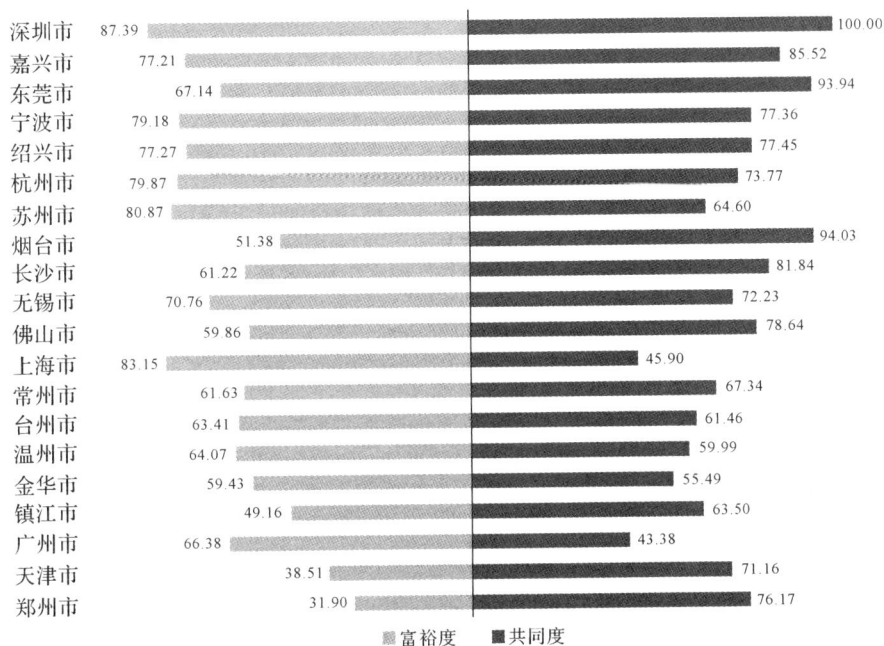

图 6-4 发展性维度一区城市富裕度和共同度得分

3.共享性水平

在共享性维度得分上,排名位列前 1/3(前 19 位)的城市分别为深圳(59.22 分)、杭州(57.26 分)、上海(56.83 分)、北京(56.37 分)、东莞(54.06 分)、广州(52.05 分)、郑州(50.92 分)、苏州(49.44 分)、南京(49.36 分)、金华(47.66 分)、贵阳(47.65 分)、嘉兴(47.06 分)、武汉(46.95 分)、无锡(46.94 分)、宁波(45.79 分)、西安(45.66 分)、长沙(45.24 分)、成都(44.57 分)和太原(44.02 分)。如果以本书收录的城市的共享性维度的平均值(41.76 分)为基准,排名靠前和靠后的城市间差异较大,但与发展性维度的极差相比较小(如图 6-5 所示)。排名位列前 1/3 的城市(一区)平均得分为 49.85 分,排名在末 1/3 的城市(三区)平均得分为 34.27 分。

本蓝皮书选取共享性维度位列一区的城市,对其子维度教育、社会保障、住

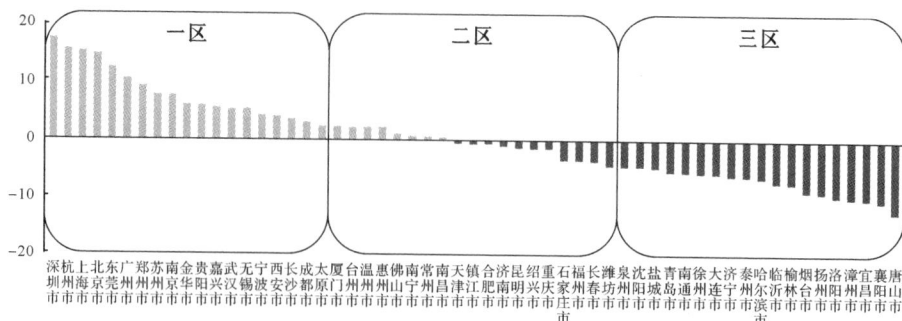

图 6-5 共享性维度得分排名分布

注:图中各城市得分为其原始得分与平均得分之差(即以平均得分为基准的相对得分)。

房、普惠金融、公共文化和数字基础进行进一步分析,得分如图 6-6 所示。

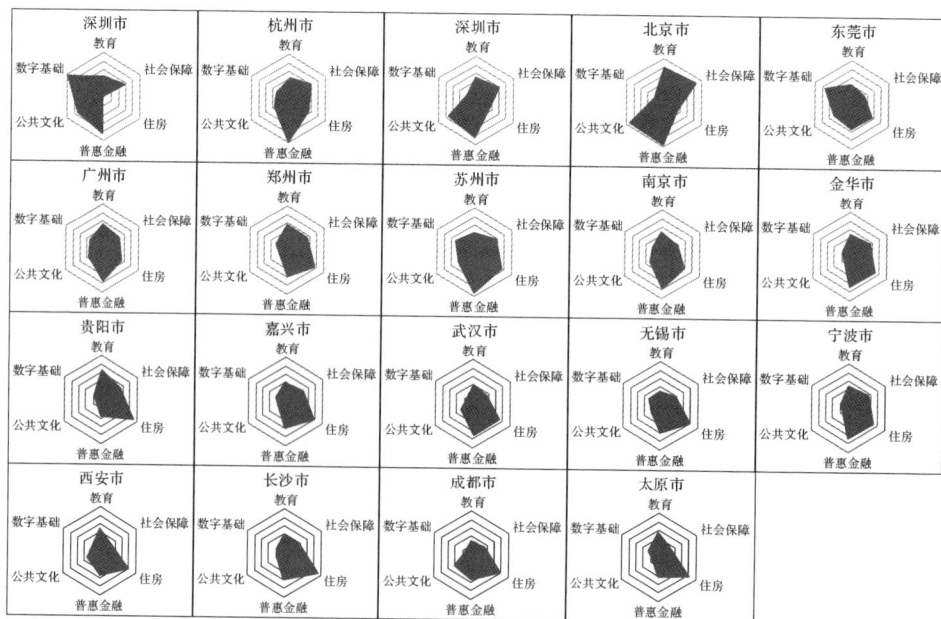

图 6-6 共享性维度得分处于一区的城市得分分布

在教育方面,贵阳(67.32 分)和北京(63.30 分)的得分超过 60 分,反映了这两个城市在教育资源可及性、教育资源分配均等化方面表现相对较好。在社会保障方面,北京(72.05 分)、杭州(66.09 分)和上海(65.19 分)得分超过 60 分,反映了这些城市在社会保障的普惠性方面表现相对较好。在住房方面,近六成城市得分超过 60 分,普遍表现较好。其中,贵阳(93.71 分)和长沙(91.65 分)的得分超过 90 分,反映了这两个城市对切实关系到广大群众民生福祉的住房问题的密切关注。普惠金融能够通过经济包容增长效应、劳动分工与就业效应、技术创新效应与创业效应促进共同富裕。在这一方面,近七成城市得分超过 60 分,普遍表现较好,其中,杭州(100.00 分)表现尤为突出,反映其能够高效地通过实现金融资源在不同群体、产业与区域间的优化配置,促进全体人民共同富裕。公共文化强调了精神富裕,多数城市在该指标上表现不佳,84.2% 的城市得分低于 50 分。但也有个别城市表现突出,例如北京(75.92 分)、上海(73.87 分)和深圳(70.83 分),这反映了其出色的公共文化服务水平。在数字基础方面,近九成的城市得分低于 50 分,但深圳(96.59 分)和东莞(75.76 分)表现出色,反映了该城市较高的信息化发展程度。

6.1.3　嘉兴:可复制可推广的高质量"共富样板"

2004 年,时任浙江省委书记的习近平在浙江嘉兴蹲点调研时指出,嘉兴完全有条件成为全省乃至全国统筹城乡发展典范。随后,嘉兴制定出了城乡一体化发展规划纲要,成为全国首个提出此类纲要的地级市①。近年来,嘉兴抓住长三角一体化机遇,大力发展区域特色和外向型经济,以亩产论英雄,发展高质量新兴产业。2020 年,嘉兴规上工业总产值超万亿元,人均 GDP 达到 1.63 万美元,城乡居民收入分别达到 6.41 万元和 3.98 万元。农村居民人均可支配收入连续 17 年位列浙江省第一;城乡收入倍差为 1.61,远低于全国的 2.56,是浙江乃至中国最均衡的地方之一。城里有乡下的田园牧歌,乡下有城里的富足便利。嘉兴在经济发展、居民收入、公共服务、文化生活、生态建设、社会环境等各个方面主动创新,真抓实干,协调推进,如今已成为浙江省城乡融合程度最高、城乡居民收入差距最小的地级市。经过多年改革实践,嘉兴逐步成功摸索出了一条独具特色的城乡统筹发展之路。

2021 年 6 月,《中共中央国务院关于支持浙江高质量发展建设共同富裕示

---

① 焦点访谈 | 嘉兴:城乡统筹 共同富裕(2021 年 8 月 14 日). http://news.cctv.com/2021/08/15/ARTITSFfUArahkmbS4dLjxT3210815.shtml

范区的意见》正式发布,明确赋予浙江高质量发展建设共同富裕示范区的光荣使命,浙江作为先行者为全国推动共同富裕探路。浙江省委书记袁家军表示,高质量发展建设共同富裕示范区是沉甸甸的政治责任,也是浙江前所未有的重大发展机遇。作为红船起航地和统筹城乡发展先行地,嘉兴明确高质量发展建设共同富裕示范区的典范城市战略目标,高标准启动试点先行示范。2021 年年底,嘉兴市共同富裕办公室发布《嘉兴市高质量发展建设共同富裕示范区的典范城市典型案例清单(第一批)》,首批清单共有 35 个典型案例上榜。这些案例重点聚焦缩小地区差距、缩小城乡差距、缩小收入差距、公共服务优质共享、打造精神文明高地、共同富裕现代化基本单元等六大领域,在共同富裕路上发挥了示范引领、典型带动作用①。

缩小地区差距,以平湖迭代山海协作项目为例。平湖在全省首创"消薄飞地""人才飞地"合作共建机制,通过"落地生产在平湖,服务贡献为青田"助力青田消薄增收。该案例还入选浙江省十大消薄案例。

缩小城乡差距,以"农房改造集聚的'姚庄模式'"为例。2008 年以来姚庄镇积极开展以农村住房置换城镇住房、农村宅基地复垦增量为主要形式的农房改造集聚工作,不断盘活土地资源,推进土地的集约节约利用和农村居民住房条件改善。13 年来,形成了以姚庄桃源新邨社区为主中心,丁栅、俞汇新社区为副中心的"1+2"农房集聚新社区。目前,已建成联排房、复式房、公寓房、电梯公寓房等各类安置房 9302 套,总建筑面积 180 万平方米,总投资 43 亿元。全镇 6712 户农户实现集聚,约 28600 余名农户实现带地进城,农村居民的集聚率接近 70%②。

缩小收入差距,以"创新数字化帮促机制,擦亮低收入农户共富底色"为例。桐乡市以缩小发展差距、提高发展质量为导向,在建立解决相对贫困的长效机制上先行先试,创新推出低收入农户"奔富十法",建立完善的持续增收、成果巩固和防止返贫的闭环机制。2020 年,桐乡全市低收入农户人均可支配收入达到

---

① 可复制可推广! 嘉兴发布 35 个典型案例给出"共富样板". http://k. sina. com. cn/article_7517400647_1c0126e47059027nix. html.

② 共同富裕! 这 4 个典型案例入选嘉兴市首批清单!. https://mp. weixin. qq. com/s/gQbAVBZwQV3Dn6pL_y935A.

20529 元,同比增长 13.1%。低收入农户"奔富十法"先后获得《光明日报》《浙江日报》等媒体点赞。2021 年,桐乡市低收入农户数字化帮促工作被浙江省农业农村厅列为多跨应用场景第一批"先行先试"单位。

公共服务优质共享,以"深化长期护理保险制度,筑牢民生保障底线"为例。2016 年 12 月,嘉善县在全省率先制定出台长期护理保险制度,2017 年 1 月正式启动试点工作,将县域内职工医保和城乡居民基本医保的参保人员,不分城乡、不分年龄全部纳入制度保障范围,截至 2020 年 10 月底,累计已有 7735 人享受到长护险待遇。通过多年来的试点工作,嘉善县的长护险制度不断完善,经办服务体系不断完备,享受待遇人群不断扩大,重度失能、失智人员的长期护理需求得到了基本保障,筑牢了民生保障底线。

打造精神文明高地。以"培育'善文化'县域人文品牌"为例。嘉善县深入培育"善文化"县域人文品牌,推动社会主义核心价值观的基层实践。溯善源,构建"善源、善政、善育、善风、善行、善商、善居"的"善文化"理论体系;崇善美,全媒体、多元化、立体式传播"善文化";扬善风,开展"满城颂善、满城论善、满城书善、满城行善、满城品善"五大主题活动;育善念,建立"善文化·道德讲堂";润善德,持续开展身边好人推荐活动,涌现各级道德模范、身边好人等 500 多例。

共同富裕现代化基本单元,以"缪家村共同富裕现代化基本单元"为例。针对人均耕地少、土地分散等关键瓶颈,嘉善县缪家村围绕"地、田、房"要素,深化产权制度改革,全力推进全域土地综合整治、全域农田规模流转、全域农房有序集聚的"三全"集成改革。在守住耕地红线、提升耕地质量的基础上,盘活土地要素资源,实现宜农则农、宜游则游、宜居则居。同时,坚持全域党建统领,提升村级治理动能,建成省级党员教育暨支部主题党日示范站点,以"最多跑一次"改革为契机,健全"红色代办"为民服务机制,进一步密切党群干群关系,提升群众获得感。

6.2　数字经济

2022 年 1 月 16 日出版的第 2 期《求是》杂志发表了中共中央总书记、国家主席、中央军委主席习近平的重要文章《不断做强做优做大我国数字经济》。文章指出,发展数字经济意义重大,是把握新一轮科技革命和产业变革新机遇的战略选择。一是数字经济健康发展,有利于推动构建新发展格局。二是数字经济健康发展,有利于推动建设现代化经济体系。三是数字经济健康发展,有利于推动构筑国家竞争新优势。当今时代,数字技术、数字经济是世界科技革命和产业变革的先机,是新一轮国际竞争重点领域,一定要抓住先机、抢占未来发展制高点。

基于这一认识,本蓝皮书结合已有创新型经济评价体系,选取代表性指标,考察本书收录的城市在"数字经济"方面的表现情况。

6.2.1　内涵与构成

自 2015 年我国提出"国家大数据战略"以来,推进数字经济发展和数字化转型的政策不断深化和落地。2017 年以来,"数字经济"已经被四度写入政府工作报告,其内涵也在不断演化。2017 年,政府工作报告提出要"促进数字经济加快成长";2018 年的政府工作报告虽然没有提及"数字经济",但首次提出了"数字中国"建设,这被解读为是"数字经济"的进一步延伸;2019 年政府工作报告指出要"壮大数字经济";2020 年则明确提出"全面推进'互联网＋',打造数字经济新优势";2021 年,"数字经济"和"数字中国"在政府工作报告中同时出现,增加了"数字产业化和产业数字化""数字社会""数字政府""数字生态"等内容。同时,2021 年的政府工作报告再次提出,要"建设信息网络等新型基础设施"和"统筹推进传统基础设施和新型基础设施建设"。

本蓝皮书基于"投入—产出"逻辑,以客观性、可量化性、可获得性为标准,确立数字基础设施和数字创新活力为评价维度。

数字基础设施维度用以反映信息网络等新型基础设施建设情况。该维度包含 3 项三级指标。具体地,以"固网宽带应用渗透率"和"移动网络应用渗透率"衡量该城市在信息传播扩散方面的基础设施投入能力以及信息交流的即时性、互动性。以"车联网车辆接入数量"衡量该城市数字技术渗透融合的程度。

数字创新活力维度用以反映数字城市建设成果,即数字产业化和产业数字化、数字社会建设和数字政府建设水平。该维度包含 4 项三级指标。具体地,以"数字产业活力"衡量该城市以数据赋能为主线,对产业链上下游的全要素数字化升级、转型和再造的水平;以"数字消费活力"反映数字技术在日常消费中的渗透程度,从而衡量数字社会建设的程度;以"数字政务活力"衡量地方政府智普惠化、便捷化、智能化服务的能力;以"数字文化活力"衡量人民群众通过数字技术或手段满足精神文化需要的程度。

6.2.2　评价比较

1.总体水平

本蓝皮书依据数字基础设施和数字创新活力两个维度的得分情况,分别对本书收录的 57 个城市进行排名。图 6-6 刻画了各个城市在数字经济两个重要维度上的表现,即各个城市在两个维度的得分排名情况。其中,横轴反映了数字基础设施水平,纵轴反映了数字创新活力水平。

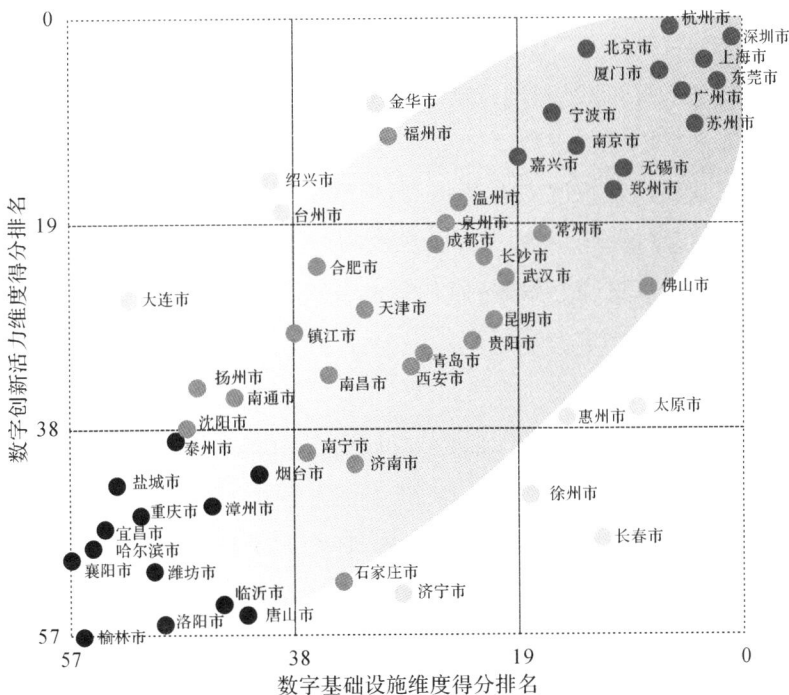

图 6-7　城市数字基础设施和数字创新活力得分排名分布

具体来看,在 57 个收录城市中,杭州、深圳、北京、上海、厦门、东莞、广州、宁波、苏州、南京、嘉兴、无锡和郑州这 13 个城市综合表现出色,在数字基础设施和数字创新活力维度的得分排名均位列前 1/3(前 19 位)。从区位来看,这些城市主要分布在长三角和珠三角经济圈(除北京、郑州和厦门)。其中,除上海之外,有 23% 的城市分别位于浙江省、广东省和江苏省。这些城市在以网络通信、大数据、云计算、区块链、人工智能、量子科技、物联网以及工业互联网等数字技术为主要应用的新型基础设施建设方面有较高水平,同时能够高效地促进数字技术在产业、消费、政务、社会等方面的应用,推动数字生态城市建设。

此外,佛山、太原、长春、惠州、常州和徐州这 6 个城市在数字基础设施维度上有出色的表现,但对数字创新活力维度兼顾不足。金华、福州、绍兴、温州、台州和泉州这 6 个城市在数字创新活力维度上有出色的表现,但对数字基础设施维度兼顾不足。泰州、烟台、盐城、漳州、重庆、宜昌、哈尔滨、襄阳、潍坊、临沂、唐山、洛阳和榆林这 13 个城市综合表现有待提高,在数字基础设施和数字创新活力 2 个维度上均位列末 1/3(末 19 位)。

从创新效率来看,数字基础设施与数字创新活力之间呈现出正相关关系,即数字基础设施水平能够促进数字创新活力水平。具体来看,金华、绍兴、台州、大连虽然在数字基础设施维度上有待提高,但其数字基础设施投入转化为数字创新活力的效率较高(图 6-7 阴影上方灰色圆圈);太原、惠州、徐州、长春和济宁虽然在数字基础设施维度投入较多,但其转化为数字创新活力产出的效率较低(图 6-7 阴影下方灰色圆圈)。

2. 数字基础设施水平

在数字基础设施维度得分上,排名位列前 1/3(前 19 位)的城市分别为深圳(90.20 分)、东莞(57.16 分)、上海(49.67 分)、苏州(33.18 分)、广州(30.32 分)、杭州(30.19 分)、厦门(30.08 分)、佛山(25.04 分)、太原(23.55 分)、无锡(23.16 分)、郑州(22.18 分)、长春(20.78 分)、北京(20.43 分)、南京(20.29 分)、惠州(19.82 分)、宁波(17.96 分)、常州(17.36 分)、徐州(16.75 分)和嘉兴(16.70 分)。其中,深圳市在该维度表现上高分领跑。如果以本书收录的城市的数字基础设施指标的平均值(16.76 分)为基准,排名靠前和靠后的城市间极差相对较小(如图 6-8 所示)。排名位列前 1/3 的城市(一区)平均得分为 29.73 分,排名在末 1/3 的城市(三区)平均得分为 6.66 分。

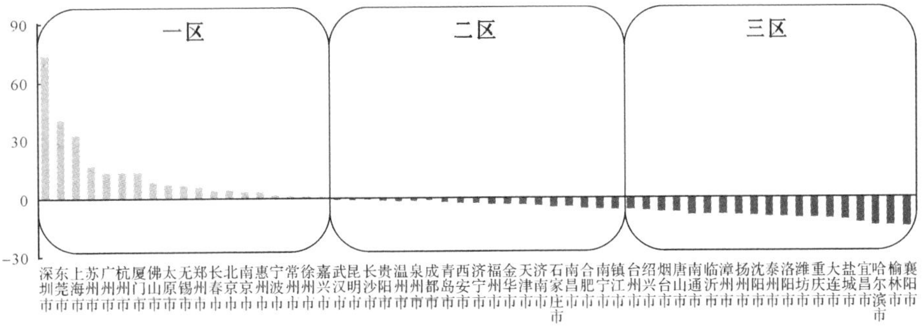

图 6-8　数字基础设施维度得分排名分布

注:图中各城市得分为其原始得分与平均得分之差(即以平均得分为基准的相对得分)。

3.数字创新活力水平

在数字创新活力维度得分上,排名位列前 1/3(前 19 位)的城市分别为杭州(77.89 分)、深圳(69.36 分)、北京(58.18 分)、上海(56.43 分)、厦门(46.07 分)、东莞(44.89 分)、广州(42.03 分)、金华(39.48 分)、宁波(37.89 分)、苏州(37.77分)、福州(37.15 分)、南京市(35.44 分)、嘉兴(34.71 分)、无锡(34.68 分)、绍兴(34.58 分)、郑州(31.92 分)、温州(30.53 分)、台州(29.39 分)和泉州(29.00分)。其中,杭州在该维度上的表现遥遥领先。如果以本书收录的城市的数字创新活力指标的平均值(23.53 分)为基准,排名靠前和靠后的城市间极差相对较大(如图 6-9 所示)。排名位列前 1/3 的城市(一区)平均得分为 42.50 分,排名在末 1/3 的城市(三区)平均得分为 7.67 分。

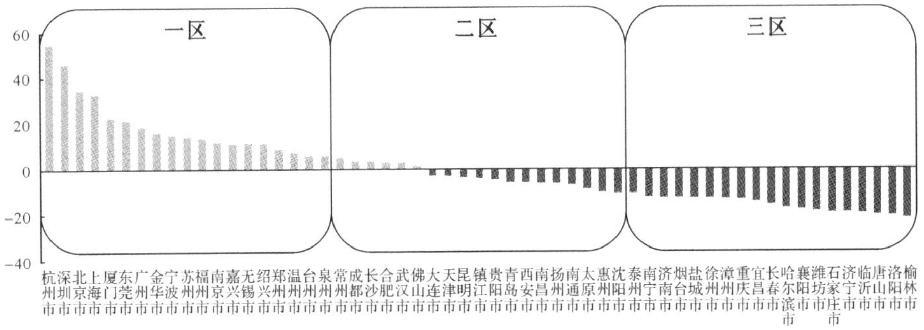

图 6-9　数字创新活力维度得分排名分布

注:图中各城市得分为其原始得分与平均得分之差(即以平均得分为基准的相对得分)。

　　本蓝皮书选取两个维度均位列一区的城市,对数字创新活力维度下的"数字产业活力""数字消费活力""数字政务活力"和"数字文化活力"进行进一步分析,得分如图 6-10 所示。

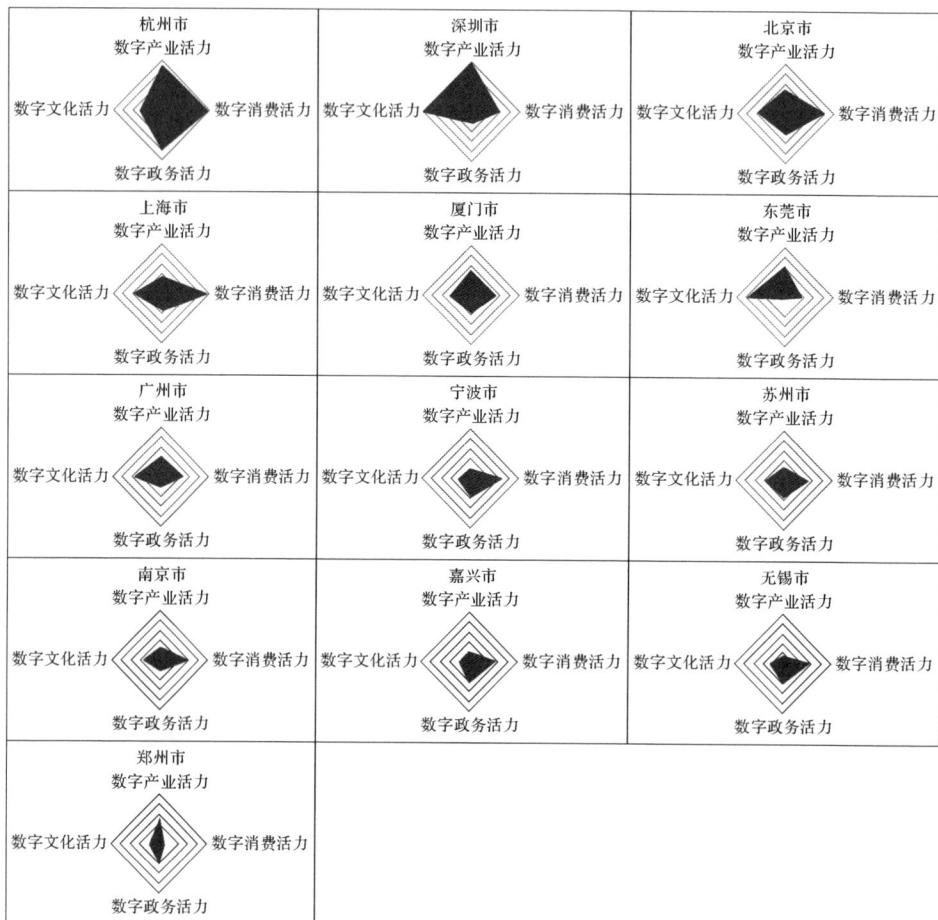

图 6-10　数字经济两个维度得分处于一区的城市得分分布

　　在数字产业活力方面,深圳(100.00 分)和杭州(89.28 分)得分超过 80 分,反映了这两个城市在数字产业化和产业数字化方面表现相对较好。在数字消费活力方面,杭州(100.00 分)、上海(96.49 分)和北京(84.09 分)得分超过 80 分,反映了这些城市具有很强的数字化市场基础与消费潜力。在数字政务活力方面,近九成的城市表现不足,得分低于 50 分。相比之下,杭州(78.30 分)表现突出,这反映了其政务领域的数字化已进入较高水平,居民可以享受到数字化政务的便利。在数字文化活力方面,只有近四成的城市得分超过 50 分,其中,深圳(100.00 分)在该指标得分上尤为领先,反映数字文化已经成为深圳大众文化消费和信息消费的主流形态,深刻渗透着大众的生活方式、社交方式和表达方式。

6.2.3　杭州:新一代超融合数字智能城市①

数字经济成为推动城市产业发展的重要引擎,数字智能城市亦成为智慧城市未来十年的发展趋势。2016 年,杭州在全国首创城市大脑,短短几年间,先后推出了城市大脑 1.0、城市大脑 2.0。2020 年在云栖大会杭州正式推出城市大脑 3.0(如表 6-1 所示)。城市大脑并非以强调集中控制为中心,而是具备自学习、自组织特征的未来城市治理能力现代化的科技支撑,是引领城市数字经济发展的核心引擎。在城市大脑推动下,杭州探索城市数字化建设数字治理经验的步伐不断加快。

表 6-1　杭州城市大脑发展阶段及特征

发展阶段	主要特征	具体说明
1.0	局部智能	以交通行业为切入点,利用云计算、大数据和智能化手段,解决城市发展的局部问题。该阶段尚未实现城市级的数据打通和数据的资源化
2.0	跨领域的数据共享和智能场景的衍生应用	随着算力的极大提升,城市大脑开始探索跨行业、跨部门数据共享与利用的智能化场景应用,也开始逐步地主动探知城市运行状态
3.0	数据的多维多元深度融合和智能化的全面介入	具备了数字智能城市的典型特征,数据多维多元、业务跨部门跨场景,智慧应用也从单一领域向城市整体迈进,是数字智能城市的重要创新实践

杭州城市大脑历经 5 年多的建设,在国内外受到了广泛的认可。2018 年 7 月,由 IDC 组织评选的 2018 年度亚太区智慧城市大奖中,杭州荣获"IDC 2018

---

① 阿里云.新一代超融合数字智能城市[R].2021.

年度亚太区智慧城市大奖"——交通领域大奖。2019 年 4 月,由赛迪组织评选的 2018 智慧城市十大样板工程中,杭州荣获"2018 智慧城市十大样板工程——杭州方案"。2020 年 10 月,在第三届数字中国建设峰会上,"杭州城市大脑生态环境局数字驾驶舱及便民车检应用场景"被评选为全国 20 个优秀数字生态应用案例之一。

1. 理念创新

党的十九大站在历史和全局的战略高度,对推进新时代"五位一体"总体布局作了全面部署,从经济、政治、文化、社会、生态文明五个方面,制定了新时代统筹推进"五位一体"总体布局的战略目标。

2020 年 3 月 31 日,习近平总书记在杭州城市大脑运营指挥中心视察时指出:"推进国家治理体系和治理能力现代化,必须抓好城市治理体系和治理能力现代化。运用大数据、云计算、区块链、人工智能等前沿技术推动城市管理手段、管理模式、管理理念创新,从数字化到智能化再到智慧化,让城市更聪明一些、更智慧一些,是推动城市治理体系和治理能力现代化的必由之路,前景广阔。"

杭州城市大脑起步于 2016 年 4 月,以融合为理念,以交通领域为突破口,开启了利用大数据改善城市交通的探索。杭州城市大脑以经济、政治、文化、社会、生态五大领域为根目录,进行顶层设计,每个根目录又派生出二级目录、三级目录和四级目录等。如社会领域的二级目录为公共服务、社会管理和应急管理等;三级目录为城市管理、平安建设、市场监管等,构建了一张脉络清晰的树状图。

杭州与阿里巴巴四年多的城市大脑实践,为未来城市大脑的普及建设探索形成了理论基础,总结出来就是三个关键词"在线""网络协同""数据智能"。没有在线就没有数据的规模化生产与汇聚,就形成不了网络协同与数据智能的自闭环。

2. 应用场景创新

杭州城市大脑从惠民利民的一些小事切入,打造了丰富多彩的应用场景。

（1）数字政务

在政府数字化转型和智慧城市建设过程中,杭州市建设城市大脑,将城市中台作为城市大脑的核心部分,其核心价值是利用数字智能工具化和产品化的方式,推动政府各部门业务融合、数据融合和技术融合,相应地建设了业务中台、数据中台和技术中台,有效地支撑了城市的整体治理和智慧治理。

2017 年,浙江省委办公厅、省政府办公厅联合阿里巴巴集团,合力打造了"云钉一体"政务协同平台——"浙政钉"(见图 6-11),实现浙江省、市、县、乡、村、小组(网格)六级全覆盖,激活用户 140 万人,创建 51 万个内部工作群,上线各类办公、决策辅助应用 1000 余个。打造出一个全天候在线的数字政府,切实减少了文山会海,提升了工作效能,促进了政务公开。

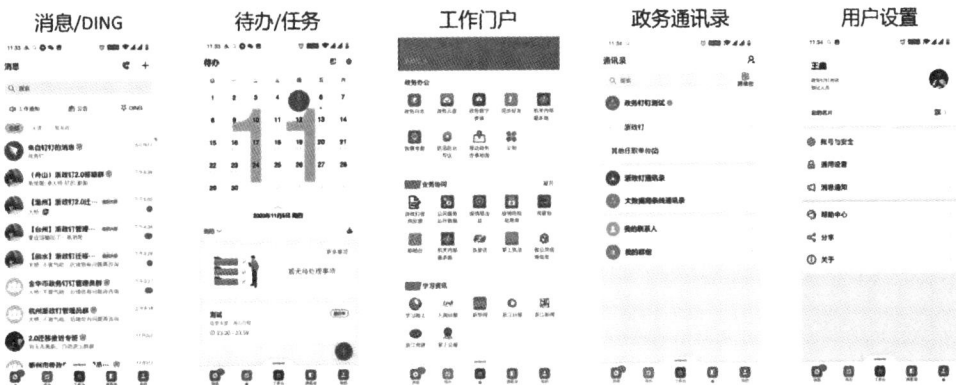

图 6-11　"云钉一体"政务协同平台——"浙政钉"

2020 年突发的新冠肺炎疫情,是对"云钉一体"助力政府数字化转型的一次检验。疫情严控期间,基于政务钉钉的政务通讯录功能,可按单位、业务条线,实现高效找人、快速建群。浙江在 24 小时内迅速建立近 1.2 万人的省、市、县三级的疫情防控组织专属通讯录,为科学决策、精密部署打下基础。在复工复产的重要时机,不少地市通过配备"浙政钉"的工作指挥室,进行企业复工复产的卫生安全、优惠政策的学习培训,杭州市余杭区采用"浙政钉"音视频会议、直播等方式招商引资,利用"浙政钉"上的多群联播功能,持续跟进洽谈,让一场场"云招商""云旅游推广""云土地挂拍"顺利落地。除了浙江,"云钉一体"正赋能更多省份进行数字化转型。

此外,新冠肺炎疫情发生以来,杭州依托"城市大脑",在全国率先建立"亲清在线"新型政商关系数字平台,引入材料"零提交"、政府"零审批"、申请"秒兑现"的运行模式,推动政策向公平覆盖、普遍受惠转变。在"亲清在线"平台框架下,将"无感智慧审批"纳入城市智慧管理体系中,打造"线上行政服务中心"。杭州在新冠疫情发生后快速搭建各类应用场景落实,48个小时"杭州健康码"实现从零到有,杭州健康码上线的首日申请量就突破130万;"亲清在线"上线惠企、惠民直达政策330条,累计兑付资金77.3亿元、惠及企业27万家、员工80.5万人。通过背后政府部门的联动服务和数据交互,市民在城市的任何角落都能享受更普惠、更便利、更快捷、更精准的城市服务。

(2)数字文旅

杭州聚焦"旅游智慧化"和"旅游品质化",以"城市大脑"为载体,推出了"10秒找空房""20秒景点入园""30秒酒店入住""数字旅游专线"四大便民服务,实现公众服务的精准高效和便捷,让游客在杭州逗留时间不增加的情况下,多游一小时,提升游客的旅游体验,驱动文旅产业的提质增效。

这些看似快捷的线上服务,背后却涉及基于物联网即时采集等尖端科技和数据融合等先进理念,是由一个庞大的体系在支撑。以30秒入住为例,一台简单的自助入住机,背后有8家自助机厂商、4大人脸识别企业、超过20个PMS(power production management system,工程生产管理系统)和门禁服务商通力协助,实现了住宿、客流、游客等数据的实时沉淀,从根本上解决文旅数据资源碎片化的问题。再通过城市大脑的算力支撑,与交通、城管、环保等部门系统的数据对接,动态监测交通运行、空气质量、停车泊位、酒店入住等综合态势,全面推动相关部门的数据加速向文旅系统汇聚。数据整合打破了"数据藩篱",实现了跨层级、跨地域、跨系统、跨部门的协同管理和服务,解决产业治理中的突出问题,为应用层面的快速响应、高效协同奠定坚实基础。

(3)数字医疗

杭州市城市大脑"舒心就医·最多付一次"创新应用场景,将原来就医环节中多次排队简化成一次排队,把原来的医生诊问、自助机多次付费减少到一次就诊只需付一次费。同时,通过政府内部信息融合共享让患者在不同医院就诊时可减少重复检查,让医生通过信息融合更全面地掌握患者的病情,快速进行诊断和治疗。

杭州"最多付一次"服务是医院就医流程的大变革,在杭州城市大脑协同融合下,通过将发改委、医保等部门的信息协同与融合,创新性地引入城市信用体系,通过"钱江分"给市民授予一定的信用额度;同时改造结算流程,把既定模式中医院就诊挂号、检查、化验、配药等每个需要付费的环节,简化成本市参加医保且信用良好的患者,看病无须先付费,在就诊流程结束后通过自助机、手机支付宝等方式一次性支付,在全国率先做到看一次病只需付一次费。

杭州"最多付一次"服务改革是一次城市数据融合和业务融合的有益探索,在全国具有非常强的示范和标杆作用。据统计,2019 年杭州市 11 家市属医院、3 家省级医院、43 家区级医院、196 家社区卫生服务中心等共计 253 家医疗机构全部上线,并开展"最多付一次"信用就医服务,累计服务人次 2488 万,使用费用总额 4.3 亿元,患者在医院就诊时间平均缩短了 1 个小时。这样的变革不仅方便了患者,也让医生可以更专注于诊断和治疗,利用节省的时间可以与患者有更多的沟通交流,促进了医患关系的改善。这样的变革也让医疗环节变得更有序,11 家市属医院从开展"舒心就医"前的 127 个收费窗口,减少到目前的 57 个窗口,让收费人员从台后走到台前,做引导"舒心就医"的志愿者。

除了"最多付一次"场景外,杭州还在刷码、刷脸就医方面开展了应用与推广。11 家市级医院和在杭省级医院作为浙江省试点在全省率先上线"健康医保卡",杭州市二、三级医院和基层医疗卫生机构已全部能受理电子健康卡和市电子社保卡,覆盖率达 100%。还有近 2000 家药店也能通过刷市电子社保卡购药。提供基于"两卡融合"的刷脸就医应用,已覆盖全市 50 家公立医院和 149 家社区卫生服务中心。

(4)数字交通

杭州推出便捷泊车,扫码一次,终身绑定,全城通停,并实现"先离场后付费"。已开通的场库 1857 个,开通泊位总数 30.3 万余个。此项服务注册用户总数已达 22 万,平均每天新开通用户 4000 个,日均支付笔数 1 万多笔。采用"无杆停车+无感支付"的云栖小镇有 22 个停车场 6459 个停车位数据全部接入城市大脑,通过数据分析和智能引导,可实现自动识别、自由进出、无人收费、无杆停车。效率由拆杆之前平均停车用时 23.4 秒到拆杆后只需要 2.6 秒,得到了显著提升。

此外,目前城市大脑停车系统已实现杭州所有区县市全覆盖,接入了全部公共停车场库,以及包括嘉里中心、湖滨银泰、杭州大厦在内的商业停车场。系统共开通场库 2100 多个,覆盖 26 万余个泊位,注册用户已达 46.6 万余人,只要支付宝芝麻信用为 650 分以上即可以使用。车辆进出场时间从原来的 23.4 秒降为现在的 2.6 秒,降幅 89%,实现零等待、零拥堵。

6.2.4 佛山:制造之都的数字大脑[①]

作为粤港澳大湾区的重要节点城市,国务院确定的中国重要的制造业基地、珠三角地区西翼经贸中心和综合交通枢纽,佛山锚定"科技创新＋先进制造"两大方向,强化企业创新主体地位,以产业数字化、数字产业化为重点,不断壮大先进制造体系,从而持续激发产业内生创造力,构筑自身独特的创新优势。其中,南海区"城市大脑"是近年来在智慧城市建设领域中最为亮眼的成果。

南海区位于广东珠江三角洲的腹地,毗邻香港、澳门两个特别行政区。这里不仅是千年文化名城,也因经济发达连续多年位列全国中小城市百强区第 2 名、获评"中国最具幸福感城市"。然而,城乡之间的统筹规划和管理没有跟上飞速发展的经济,带来了不少"后遗症"——城市和乡村混杂、住宅和工业区穿插、城乡发展不均衡等。2019 年,南海区成为广东省城乡融合发展改革创新实验区,开始为粤港澳大湾区世界级城市群城乡高质量融合发展探索新模式,为新时代广东城乡高质量融合发展积累新经验。

南海区与阿里云于 2021 年年初展开合作,共同探索区县级城市大脑基层社会治理的全国样板,加快推动政府数字化转型和城乡数字化融合发展。鉴于此,南海城市大脑二期在顶层设计之初就将"城乡融合"作为重点应用场景。2021 年 12 月 23 日,经过近一年的建设,南海城市大脑已形成统一的数据管理标准,形成了横向打通各行业业务数据,纵向联通省、市、区、镇、村五级业务数据体系。数据底座支撑的村级工业园区升级改造综合管理系统、宅基地阳光监管系统、渔业种植业资源管理系统、动物诊疗机构管理系统等系统也陆续上线。通过系统互通、数据融合,南海区创建了首个"城乡数字共同体",提升了城乡治理水平,也促进了城乡空间布局优化和城乡高质量融合发展。

---

① 南海城市大脑:25 个核心系统上线,创建首个"城乡数字共同体"[EB/OL]. https://baijiahao.baidu.com/s? id=1719918910545134671&wfr=spider&for=pc.

以宅基地阳光监管系统为例。在南海区,林立的高楼大厦中仍分散着大量城中村、城乡接合部。要实现城乡融合,管理好农村宅基地并保障广大农民的居住权益至关重要。在宅基地阳光监管系统建设前,南海区的宅基地资格权益申请、审批、公示、设计、建设、施工和验收等过程涉及多个部门,且大部分业务流转采用纸质收件和审批,办理效率不高。新系统上线后,利用城市大脑的能力,将宅基地涉及的农业农村、自然资源、住建等部门的数据融合、流程打通,实现了宅基地业务的电子审批。群众无须跑腿,只需一部手机即可完成宅基地业务申办,实现了数据多跑路、群众少跑腿。此外,通过"宅基地一张图"将宅基地可建、限建、禁建等控规数据、权属数据与地理空间信息有机结合,实现用地智能审查,以图管地,提升宅基地管理和权益审批的数字化、智能化。

数字技术也提高了南海区的行政管理效率。在过去,由于人口众多、结构复杂、利益多元,城乡接合部是城市治理的一大难题。为了提高城市运行管理和基层治理效率,南海区在广东省"一网通管"的大框架下,成立了区、镇(街道)、村(居)三级智慧城市运行中心,构建起"大事区级决策、要事镇街处置、小事村内解决"的城市运行和基层治理新格局。智慧城市运行平台还打造了全区统一的超级工单中心,工单智能融合、智能分拨等 AI 能力,减轻基层的处置负担。例如,南海区城市运行中心能够通过紧急工单模式,系统迅速通知应急管理办、经济发展办等相关部门,并派遣工作人员迅速抵达现场,组成联合执法组完成紧急事项处理。通过城市大脑,政府部门能第一时间掌握基层反映的问题,快速响应办理,及时回应群众诉求,真正实现为群众办实事。

此外,南海城市大脑在数据、技术、业务三个方面还建设了多个公共能力赋能平台。例如,城市数据管理平台实现了全区数据资源、文件资源、设备资源、第三方服务资源等资源的统一注册、接入、治理、配置标签、管理及共享的全流程管理;GIS 平台已发布了 130 多类地图资源,共计超过 500 个地图服务,为社会治理、政务服务、经济发展等各方面提供时空地理信息数据支撑;智能交互服务平台为南海民声热线、南海通 APP、智运平台等多个系统提供智能语音导航、智能外呼系统、智能问答系统等智能辅助功能;建设的空天地一体化平台,综合运用卫星遥感、无人机巡航等感知技术并集合 AI 算法,为城市事件精细化感知和智能化管理提供全方位能力。

6.3 绿色发展

"双碳"目标为中国经济社会高质量发展提供了方向指引,是一场广泛而深刻的经济社会系统性变革。2021 年 10 月 24 日,中共中央、国务院印发《关于完整准确全面贯彻新发展理念做好碳达峰碳中和工作的意见》(以下简称《意见》)。作为碳达峰碳中和"1+N"政策体系中的"1",《意见》为碳达峰碳中和这项重大工作进行系统谋划、总体部署。根据《意见》,到 2030 年,经济社会发展全面绿色转型取得显著成效,重点耗能行业能源利用效率达到国际先进水平。到 2060 年,绿色低碳循环发展的经济体系和清洁低碳安全高效的能源体系全面建立,能源利用效率达到国际先进水平,非化石能源消费比重达到 80% 以上。

中国推进碳达峰、碳中和,应放在推动高质量发展和全面实现现代化的战略大局和全局中综合考虑,按照源头防治、产业调整、技术创新、新兴培育、绿色生活的路径,加快实现生产生活方式绿色变革,推动如期实现"双碳"目标。基于这一认识,本蓝皮书结合已有创新型经济指标评价体系,选取代表性指标,考察本书收录的城市推进减污降碳,进行"绿色发展"方面的表现情况。

6.3.1 内涵与构成

绿色发展是以人与自然和谐为价值取向,以绿色低碳循环为主要原则,以生态文明建设为基本抓手,建立在生态环境容量和资源承载力的约束条件下,将环境保护作为实现可持续发展重要支柱的一种新型发展模式[①]。本蓝皮书以城市平衡污染源头防治和末端污染治理的水平为考察目标,以客观性、可量化性、可获得性为标准,确立源头治理和末端治理为评价维度。

源头治理反映了严控高耗能、高污染"两高"项目,严把新建、改建、扩建高耗能、高排放项目的环境准入关,从源头削减污染物的水平。该维度包含 2 项三级

---

① 人民日报.坚持绿色发展(深入学习贯彻习近平同志系列重要讲话精神)[N/OL]. http://opinion. people.com.cn/n1/2015/1222/c1003−27958390.html.

指标。具体地,以"单位 GDP 工业废水、废气、废物排放量"作为当地产业发展中污染物源头控制情况的衡量依据;以"货运碳排放量"作为当地交通运输过程中污染物源头控制情况的衡量依据。

末端治理反映了采用创新工艺流程、改进现有设备等方式,精准、科学、依法、系统治污,长效改善环境质量,提升资源循环利用效率,节能减排的水平。该维度包含 3 项三级指标。具体地,以"废水、废物处理能力"衡量城市污水集中收集处理、生活垃圾无害化处理设施的配套程度和处理能力;以"园林绿化覆盖率"衡量城市生态环境良性循环的能力;碳中和的目标和空气质量改善的目标高度一致,以"可吸入细颗粒物年平均浓度"衡量城市整体减污降碳能力。

6.3.2 评价比较

1. 总体水平

本蓝皮书依据源头治理和末端治理两个维度的得分情况,分别对本书收录的 57 个城市进行排名。图 6-12 刻画了各个城市在绿色发展两个重要维度上的表现,即各个城市在两个维度的排名情况。其中,横轴反映了源头治理水平,纵轴反映了末端治理水平。

具体来看,在 57 个收录城市中,仅有厦门、台州、大连这 3 个城市综合表现出色,在源头治理和末端治理维度的排名均位列前 1/3(前 19 位)。这些城市在严把新建、改建、扩建高耗能、高排放项目的环境准入关的同时,能够精准、科学、依法、系统治污,全面推动创新经济可持续发展。

此外,襄阳、泰州、镇江、长沙、南通、扬州、西安、温州市洛阳、盐城、合肥市、南宁、成都、南昌、长春和宜昌这 16 个城市在源头治理维度取得了出色的表现,但对末端治理维度兼顾不足。北京、福州、深圳、惠州、广州、泉州、漳州、佛山、宁波、昆明、南京、绍兴、无锡、东莞、金华和贵阳这 16 个城市在末端治理维度取得了出色的表现,但对源头治理维度兼顾不足。唐山、潍坊、上海、榆林、临沂、天津这 6 个城市综合表现有待提高,在源头治理和末端治理维度均位列末 1/3(末 19 位)。

2. 源头治理

在源头治理维度得分上,排名位列前 1/3(前 19 位)的城市分别为襄阳(97.1

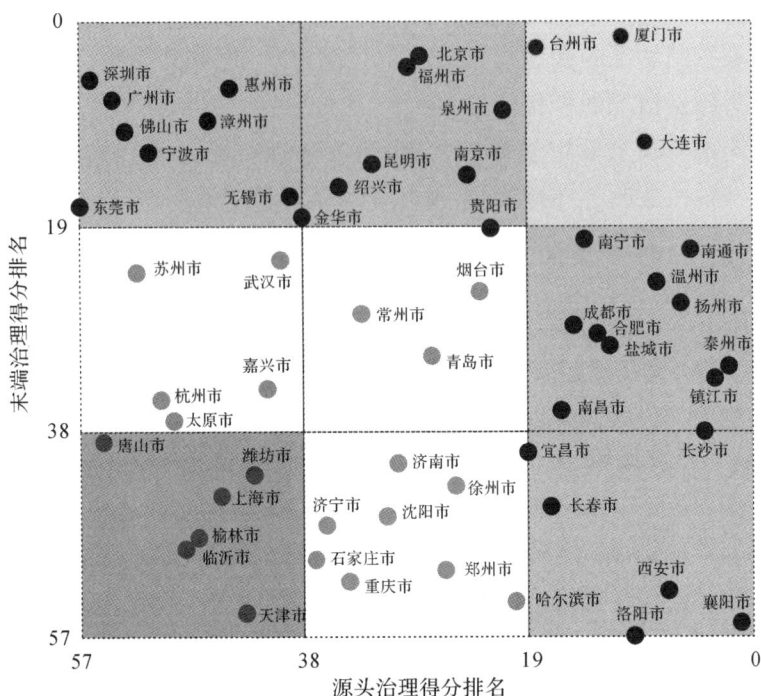

图 6-12　城市源头治理和末端治理得分排名分布

分)、泰州(94.6 分)、镇江(94.5 分)、长沙(94.3 分)、南通(94.1 分)、扬州(94.1 分)、西安市(94.0 分)、温州(93.7 分)、大连(93.6 分)、洛阳(93.4 分)、厦门 (92.8 分)、盐城(92.7 分)、合肥(92.5 分)、南宁(92.3 分)、成都(92.1 分)、南昌 (92.0 分)、长春(91.7 分)、台州(91.6 分)和宜昌(91.0 分)。这些城市在该维度 上均取得了出色的表现。但从该指标的靠后城市来看,广州(64.8 分)、唐山 (58.7 分)、深圳(49.9 分)和东莞(47.9 分)表现不佳,有较大提升空间。如果以 本书收录的城市的源头治理指标的平均值(84.84 分)为基准,排名靠前和靠后 的城市间极差相对较大(如图 6-13 所示)。排名位列前 1/3 的城市(一区)平均 得分为 93.31,排名在末 1/3 的城市(三区)平均得分为 73.12。

3. 末端治理

在末端治理维度得分上,排名位列前 1/3(前 19 位)的城市分别为厦门(79.3 分)、台州(78.8 分)、北京(78.5 分)、福州(78.4 分)、深圳(76.9 分)、惠州(76.8

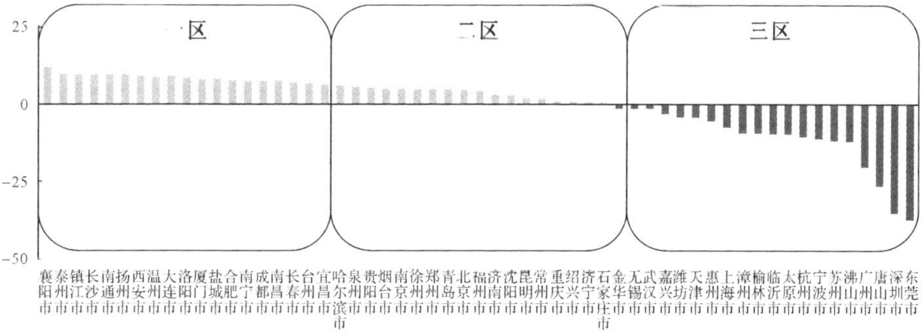

襄泰镇长南扬西温大洛厦盐合南成南长台宜哈泉贵烟南徐郑青北福济沈常重绍石金无武嘉潍天惠上漳榆临太杭宁芳沸广唐深东
阳州江沙通州安州连阳门城肥宁都昌泰州昌尔州阳台京州州岛京州州南京州南明州庆兴家华锡兴州津州海州林沂原州波州山州山圳莞
市市市市市市市市市市市市市市市市滨市市市市市市市市市市市市市市市市市市庄市市市市市市市市市市市市市市市市市市市
　　　　　　　　　　　　　　　　　市

图 6-13　城市源头治理得分分布

注:图中各城市得分为其原始得分与平均得分之差(即以平均得分为基准的相对得分)。

分)、广州(76.6 分)、泉州市(75.7 分)、漳州(75.4 分)、佛山(73.7 分)、大连
(73.3 分)、宁波(70.2 分)、昆明市(69.7 分)、南京(68.6 分)、绍兴(67.7 分)、无
锡(66.0 分)、东莞(65.8 分)、金华(64.7 分)和贵阳(64.4 分)。如果以本书收录
的城市的末端治理指标的平均值(59.13 分)为基准,排名靠前和靠后的城市间
极差相对较大(如图 6-14 所示)。排名位列前 1/3 的城市(一区)平均得分为
72.71,排名在末 1/3 的城市(三区)平均得分为 45.51。

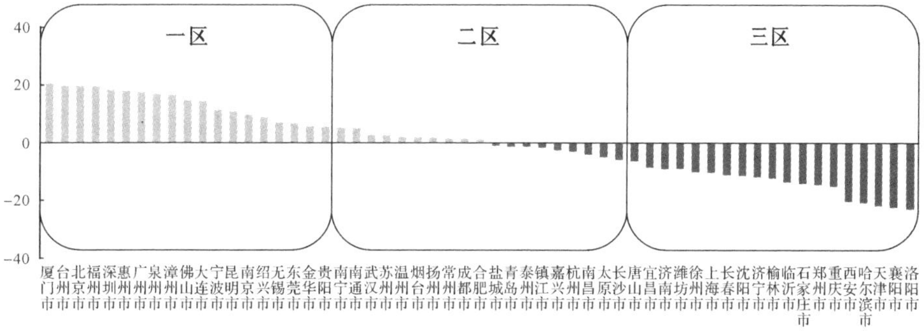

厦台北福惠广泉漳佛大宁昆南绍无东金贵南南武温烟常成合盐青泰镇嘉杭南太长唐宜济潍徐上长沈济榆石郑重哈天襄洛
门州京州州州州州山连波明京兴锡莞华阳宁汉州州州州都肥城岛州江兴州昌原沙山昌原坊州海春阳宁林沂家州庆安尔津滨阳阳
市市市市市市市市市市市市市市市市市市市市市市市市市市市市江市市市市市市市市市市市市市市市市市市市市市市市市市
　　　　　　　　　　　　　　　　　　　　　　　　　　　　　市　　　市

图 6-14　城市末端治理得分分布

注:图中各城市得分为其原始得分与平均得分之差(即以平均得分为基准的相对得分)

6.3.3　厦门:搭建智慧环保平台,创新生态治理模式

党的十八大以来,习近平同志为核心的党中央把生态文明建设摆在全局

工作的突出位置,全面加强生态文明建设,一体治理山水林田湖草沙,开展了一系列根本性、开创性、长远性工作,决心之大、力度之大、成效之大前所未有,生态文明建设从认识到实践都发生了历史性、转折性、全局性的变化。

2021 年 4 月 30 日,习近平总书记在主持十九届中共中央政治局第二十九次集体学习时强调,生态环境保护和经济发展是辩证统一、相辅相成的,建设生态文明、推动绿色低碳循环发展,不仅可以满足人民日益增长的优美生态环境需要,而且可以推动实现更高质量、更有效率、更加公平、更可持续、更为安全的发展,走出一条生产发展、生活富裕、生态良好的文明发展道路。作为习近平生态文明思想坚定的践行者,厦门市一直将双碳治理工作摆在最重要的位置,并时刻以总书记的指示为引领,不断开拓创新、不断攻坚克难、不断将最新的科技融入生态环保工作中,创新打造具有厦门特色的治理模式①。

早在 2004 年,厦门便凭借其人居环境建设上的创新和理念,得到了联合国人居署、国家建设部及出席论坛的各城市市长们的好评,荣获人居环境桂冠——"联合国人居奖"。此后,厦门先后获得了"中国人居环境奖""中国人居环境奖"等全国性大奖。"十三五"以来,厦门市全力推进"美丽厦门"和"智慧厦门"融合建设,将最新科技融入生态环保工作中,夯实智慧生态数字基座,创新打造独具厦门特色的智慧化环保模式,以大数据技术和信息化手段指挥调度污染防治攻坚战。

智慧环保平台是厦门对新技术在生态环境业务的跨域融合应用的重要探索。在厦门市委市政府统一部署下,市生态环境局先行先试,深入推进智慧环保平台建设,基于"一朵云、一张网、一中心、一平台、一张图"的总原则,建设"1＋1＋1＋3＋N"的成果应用,持续在福建省生态云建设应用上走在前列作示范,助力打好污染防治攻坚战,推动生态文明建设领域治理体系和治理能力现代化。其中,一中心,即一个环境数据资源中心;一平台,即一个基础服务支撑平台;一张图,则是生态环境一张图;三门户,分别为环保管理门户、企业应用门户、公众应用门户;N 则代表多应用,包含空气质量应急指挥调度、水环境质量分析管理、

---

① 创新生态治理模式 厦门市一系统一应用皆获全省第一[EB/OL]. https://www.sohu.com/a/304348545_100253941.

机动车监管、海洋环境监管、排污权总量管理、固（危）废管理、环境信用评价、项目库储备、环境信用信息、涉重金属企业监管、"三线一单"、东部固废园区监管、环保税涉税信息共享等 32 个应用模块[①]。

1.厚植一棵"智慧树"

坚持创新引领,运用前沿科技。早在 2015 年,厦门市环境管理信息化建设就拉开序幕。市生态环境局在全国率先开展生态环境大数据研究及建设,开始建设厦门智慧环保平台。基于"一朵云、一张网、一中心、一平台、一张图"的建设原则,建成 30 项业务应用,成为全国较早启动智慧环保建设的地市之一。由于各行业数据散乱,模块分隔,形成"信息孤岛",这对于生态环境管理来说,犹如"无源之水""无本之木"。为了改变这一现状,市生态环境局在全国率先试水,运用前沿技术,创新打造数据资源中心和信息服务共享空间。

数据资源中心,犹如智慧环保平台的基座和智库,通过信息资源规划,建立数据标准、共享基础能力,厚植一棵"智慧树",源源不断为智慧管理输送活水。

首先是扎深"智慧树根",以国家、省和地方生态环境政策和标准为依据,结合生态环境业务实际情况,规划生态环境信息资源顶层设计,健全生态环境信息化建设标准规范,梳理形成数据资源目录。

其次是立强"智慧树干",即在数据标准化基础上,建设厦门市生态环境信息服务共享空间,将数据统一汇聚在共享空间,形成数据资产"水库",并建立数据资源共享机制,做到数据查询、审批、调取全程线上办理。"数据像水资源一样,在不同部门、不同单位之间快速交换和流动。"市生态环境局相关负责人介绍说,以"大气环境质量应急指挥调度模块"为例,模块纵向融合国家、省、市、区四级大气环境各类数据,横向打通厦门市 9 个部门 8 个管理平台数据,真正打破部门数据壁垒。

盘活"智慧树枝"也是重中之重。除数据为模块建设提供源源不断的"水源"外,还将通用能力封装成公共功能组件,通过共享空间注册成服务,其中包括 200 多个专题图层和 13 个功能插件。在新建业务应用模块时,部门申请成功后

---

① 厦门日报. 应用科技利器 实现智慧环保[N/OL]. http://www.xm.gov.cn/tpxw/202104/t20210423_2538695.htm.

即可实行插件式模块建设,由原先的耗时耗力猛进到一朝即可搭建成功,实现业务模块搭建短、平、快。

2. 开出五朵"金色花"

坚持建用结合,紧贴管理需求。2018 年以来,厦门借力省生态云建设和"数字中国"建设峰会在福建省举办的契机,坚持以用促建、建用结合,高位推进生态云和智慧环保应用典型案例建设,建用成绩全省领先。

为营造全员使用氛围,生态环保系统主要领导亲自抓,建立定期汇报机制、通报制度和总结提炼制度这"三项机制",在全系统营造人人重视、参与、推进生态云和智慧环保平台应用的氛围。同时,为推进项目建设,厦门市按照"深化一批、对接一批、新建一批、谋划一批"滚动推进环境信息化项目建设,加快应用模块完善、打通、建设和常态化使用。针对新模块,建立"分管领导＋业务处室＋技术团队"的建设机制,全力协调打通各级各部门自然资源和生态环境数据。数据统计,应用模块从 2018 年年初的 15 个,增加到如今的 30 个,汇聚的数据翻了近 3 倍,真正实现"全面开花"。

更为关键的是,随着智慧环保平台建设的深入推进,厦门在全国生态环境领域实现五个创新应用——五朵"金色花"模块全省领先推广。厦门市紧贴污染防治攻坚战的业务需求,在 11 个月时间内,就陆续建成完善了大气、水、机动车、涉重金属、"三线一单"等 5 个生态云应用模块,做到了监管对象全要素覆盖。其中,4 个案例在全省生态云应用典型案例比武中荣获 3 个第一名、1 个第二名,连续两年在"数字生态"分论坛向全国展示、推广,在全省生态云建设和应用工作中走前列、作示范。

3. 结出一串"生态果"

坚持靶向治理,指挥攻坚实战。污染源判断模糊、排污取证困难、指挥联动乏力,运用信息化手段前,生态环保执法要耗费大量人力物力,往往收效不佳。为了解决人力所不逮,厦门市生态环境局以智慧环保平台作为推进生态环保工作的总抓手,实现污染从模糊判断向精准溯源转变,深入打好"蓝天、碧水、净土"保卫战。

联动出击,精心守护"厦门蓝"。"大气环境质量应急指挥调度模块"成为有力助手。模块融合了国家、省、市、区四级大气环境各类数据,建成以超级站、空气自动站、大气微站、污染源在线监控为主的空气质量全覆盖监测网络。预警模型自动识别并发起预警,指挥中心启动应急响应,生态环境部门与建设、执法等17 个部门和 26 家大型企业、基层组织开展指挥联动,实现空气质量应急指挥从预警模型智能告警到多维分析研判,再到各部门落实反馈,直至响应降级或终止的全过程闭环运作。借助这一模块,全市空气质量持续保持在全国前列,2020年在全国 168 个重点城市中排名第 4。

守护碧水,也有专门的"利器",用以达到精准治污。水环境质量综合管理模块,便是典型力作。模块创新性地将遥感影像水环境污染指标解译算法写入遥感软件,集成到智慧环保平台,通过人工智能算法,从宏观、微观两个维度,找出污染物浓度较高的区域和位置,并通过精准排查,生成污染源清单和精准治理措施,从快速发现问题到智能分析问题,再到精准解决问题,实现水环境管理的闭环。依托这一模块,厦门市水环境质量显著改善,饮用水源水质达标率 100%,国控断面水质优良率 100%,省控断面水质达标率 100%。

从末端执法到前端管理,保卫净土,更加事半功倍。涉重金属企业监管模块,就担起此重任。通过在智慧环保平台接入物联设备,将涉重金属排放监管从末端前推,创新性地从生产环节启动监管,实现管控工作全流程信息化。同时,它还能将司法鉴定取证规范与标准前置到取证工具中,破解以往取证手段有限、证据能力不高、传统出证不够便捷的问题。模块接入物联网设备 1502 个,将企业生产的关键点位和末端排放的信息都纳入监管。

附　录

附录1 三级指标意义及选用说明

1.创新基础设施

1.1 数字基础设施

1.1.1 固网宽带应用渗透率

固网宽带应用渗透率是指一个城市或地区互联网宽带接入用户数占年末总户数的比重。指标反映了该地区在信息传播扩散方面的基础设施投入能力。在创新型经济社会中,有效的信息获取渠道建设将带来极大的竞争优势。

1.1.2 移动网络应用渗透率

移动网络应用渗透率是指移动电话年末用户数占年末总户数的比重。指标反映了该城市或地区信息交流的即时性、互动性。移动互联网技术可以有效打破时间和空间上的间隔,能够有效促进信息共享平台的进一步发展,带动各行各业发展,为建设创新型经济奠定重要基础。

1.1.3 车联网车辆接入数量

车联网车辆接入数量反映了一个城市或地区数字技术渗透融合的程度。车联网技术向着智能化、网联化方向演进,需要更低延时和更高可靠性的通信网络。这意味着5G的大带宽、移动边缘计算、边云协同技术不断提升,以满足车联网在高速传输、高可靠性、低延时方面的可靠要求。

1.2 物流基础设施

1.2.1 货运量

货运量包括公路货运量、水运货运量和民用航空货运量。

公路、水路、民用航空货运量分别是指一个地区按公路、水路、民用航空方式运输的货运量。指标反映了该城市或地区的货运能力。货运量持续稳定增长并保持高位运行,为创新型经济社会发展的供应链畅通提供了重要支撑。

1.2.2　人均快递业务量

人均快递业务量反映了该城市或地区快递需求和供给能力。快递业已成为转变经济发展方式的助推器和经济增长的新引擎,为中国创新型经济社会带来深刻变化。

1.2.3　城市物流仓储用地面积占城市建设用地总面积比重

城市物流仓储用地面积占城市建设用地总面积比重反映了该城市或地区对转运仓库的需求和供给能力。完备的物流仓储基础设施为促进活跃的创新型经济发展提供了支持条件。

1.2.4　物流从业人员数占总人口比重

物流从业人员数占总人口比重通过交通运输、仓储和邮政业城镇单位从业人员总数与总人口的比值衡量。指标反映了一个城市或地区运输、仓储的运营和管理能力。充分的运力和管理能力为创新型经济的持续健康发展提供了有力支撑。

1.3　金融基础设施

1.3.1　年末金融机构人民币各项存款余额

年末金融机构人民币各项存款余额反映一个城市或地区对资金的吸附能力。存、贷款是金融市场组织为经济发展提供资金支持的最重要的来源和方式,是激发创新经济活力的重要支撑。

1.3.2　年末金融机构人民币各项贷款余额

年末金融机构人民币各项贷款余额反映了一个城市或地区地方金融对实体经济的支持力度。存、贷款是金融市场组织为经济发展提供资金支持的最重要的来源和方式,是激发创新经济活力的重要支撑。

1.3.3　金融业年末城镇单位就业人数占总人口比重

金融业年末城镇单位就业人数占总人口比重反映了一个城市或地区金融市场的活跃程度和稳健高效运行的能力。金融基础设施建设能够促进找准金融支持创新基础设施的着力点,更好地发挥银行等金融机构对创新基础经济发展的支持作用。

1.3.4　数字金融

数字金融通过数字普惠金融指数,即数字金融覆盖广度、数字金融使用深度和普惠金融数字化程度来综合衡量。指标反映了地区金融服务的广度、深度和数字化程度。受益于数字金融科技发展,金融服务得以持续下沉,从而与数字经济形成内在合力,共同推动产业高速健康发展。

1.4　政策基础设施

1.4.1　地方一般公共预算收入占 GDP 比重

地方一般公共预算收入占 GDP 比重反映了一个城市或地区的产业结构、所有制结构和经济运行质量。总的来说,在经济运行质量高,第一产业比重低,新兴产业、资源型产业和高附加值产业比重大的地区,一般公共预算收入占 GDP 的比重也相对较高。

1.4.2　地方一般公共预算支出占 GDP 比重

地方一般公共预算支出占 GDP 比重反映了一个城市或地区在当地一般公共服务、公共安全、地方统筹的各项社会事业等方面投入情况。合理的公共预算收支对保障和改善民生、推动经济社会发展等方面具有重要支撑作用。

1.4.3　政府和社会资本合作环境

政府和社会资本合作(public-private partnership,PPP)环境通过 PPP 入库项目数衡量。作为公共基础设施的一种项目合作模式,PPP 能够促进社会效益最大化,建设公共基础设施建设,促进地方创新型经济发展。

2. 创新资源

2.1　人力资源

2.1.1　普通高等学校教育数量与质量

2.1.1.1　每万人口普通高等学校在校学生数量

每万人口普通高等学校在校学生数量反映了一个城市或地区教育水平的高低,以及为未来发展提供高技术人才的潜力。普通高等学校在校学生数量也反映了该地区的教育吸引力。高等教育可以吸引潜在的在该地区就业的高级人才。对于大中城市来说,在校学生一般倾向于在他们受教育的地方工作。这为创新型经济发展提供了重要的高水平人才储备。

2.1.1.2 普通高等学校师生比

普通高等学校师生比是通过普通高等学校专任教师数与在校学生数的比值来衡量的。指标反映了对高等教育教师资源的投入程度。师生比在很大程度上决定了师生互动程度,是教育质量的重要体现。

2.1.2 中等职业学校教育数量与质量

2.1.2.1 每万人口中等职业学校在校学生数量

每万人口中等职业学校在校学生数量反映了一个城市或地区工业人才水平。中等职业教育不仅能够为地区经济发展提供大量的熟练技术工人,而且能够缓解当前就业压力,对以教育扶贫实现社会综合治理有重大作用,为推进创新型经济建设有重要促进作用。

2.1.2.2 中等职业学校师生比

中等职业学校师生比是通过中等职业学校专任教师数与在校学生数的比值来衡量的。指标反映了该城市或地区对中等职业教育教师资源的投入程度。师生比一定程度上会影响每位学生获得的教育资源的多少,是教育质量的重要体现。

2.1.3 教育支出占 GDP 比重

教育支出占 GDP 比重反映了该城市或地区政府对教育的重视程度以及未来人才培养的潜力。对教育的持续投入,是支撑地区长远发展的基础性、战略性投资,并日益成为评价一个地区教育事业是否优先发展的一项重要指标。教育是提高人民综合素质、促进人的全面发展的重要途径,是民族振兴、社会进步的重要基石。教育经费投入增加,能够助推教育事业稳健发展。有了充足的资金才能升级硬件设施、提高师资水准、更新办学理念、与国际教育水平接轨,从根本上提供办好教育、提高教育质量的保障。

2.1.4 人才引进比重

人才引进比重是通过在该地区就业的本科毕业生中非本省(市)毕业生的比重来衡量的,反映了一个城市或地区对人才的吸引力。人才是创新之源,我国经济的发展模式正在从投资拉动向创新驱动转型,地区之间的竞争也在从引资竞争向引才竞争转变。随着各地对人才重视程度的不断提高,对人才的界定也发生了很大改变,原来只把具有很高专业水平的院士、专家、海归作为人才,现在接受过高等教育的大学毕业生也成为许多地区的引才对象。引进创新型人才来发展创新型经济,是最快捷、最经济、最有效的一个途径。营造创新型人才引进的体制机制,有利于充分发挥人才在产业发展中的引领作用,加快推进产业结构调整和经济转型升级。

2.1.5 每万人中 R&D 人员数

每万人中 R&D 人员数反映了该城市或地区 R&D 人力投入的强度。R&D 人员主要包括在研究机构、大中型工业企业、高校中的科技人员,是创新领域的重要群体,他们活跃于生产活动和创新活动的第一线,是许多创新成果的直接创造者,或者在研究机构中从事基础创新研究,他们是创新的基础资源之一。

2.2　研发投入

2.2.1　R&D 内部经费支出占 GDP 比重

R&D 内部经费占 GDP 比重反映了一个城市或地区对研发投入的重视程度,对区域的创新能力有着重要影响,为支持加强基础研究和前沿技术研究提供了保障。

2.2.2 科学技术支出占 GDP 比重

科学技术支出占 GDP 比重是通过地方一般公共预算中科学技术支出占地区生产总值的比重来衡量的,反映了该城市或地区地方政府对当地的科技发展与创新的重视程度。这种宏观的指导一方面鼓励了企业的研发行为,另外一方面支持了研究机构的科研创新,地方财政科研拨款是大学、科研机构以及企业研发活动重要的资金来源。

2.3.3 规模以上工业企业 R&D 经费占主营业务收入比重

规模以上工业企业 R&D 经费占主营业务收入比重反映了该城市或地区企业对于研发活动的投资强度。工业企业 R&D 经费的主要来源还是企业内部的销售收入,研发活动使得企业可以开发新产品和服务,从而始终保持竞争的优势。企业的研发活动对创新型经济发展起着关键的作用。

2.3 创新机构

2.3.1 文化机构

2.3.1.1 博物馆数量

博物馆数量反映了该城市或地区的文化事业和社会发展程度。博物馆既是经济社会发展的外在成果,也是展示不同时期文化建设的一个重要特征,更是提高文化自信的具体表现。通过发展博物馆,打造文化普及高地,有利于促进该地区人才培养,反哺教育,建设创新型经济。

3.3.1.2 图书馆数量

图书馆数量反映了该城市或地区馆藏资源建设程度。公共图书馆是各个年龄层学习的重要资源。建设公共图书馆,有利于打造文化共享新模式,推动文化事业和文化产业发展,从而为创新型经济建设提供丰沃的文化土壤。

2.3.2 国家重点实验室数量

国家重点实验室数量反映了一个城市或地区聚集优秀科学家、开展高层次学术交流的情况。国家重点实验室是国家科技创新体系的重要组成部分,是相关研究领域的国内研究中心,对学科领域的发展具有辐射带动作用。

2.3.2 国家创新中心

国家创新中心包括制造业创新中心、国家级企业技术中心等,反映了该城市或地区创新组织的技术水平和竞争力。

2.3.2.1 国家制造业创新中心数量

国家制造业创新中心是国家级创新平台的一种形式,用协同创新机制为手段,以需求为导向,打造贯通创新链、产业链、资本链的制造业创新生态系统,提供从前沿共性技术研发到转移扩散,再到首次商业化应用的跨界型、协同型新型创新载体。中心以前沿技术、共性关键技术的研发供给、转移扩散和首次商业化为重点。因此国家制造业创新中心数量可以反映一个地区创新组织的影响力与赋能作用。

2.3.2.2 国家企业技术中心数量

国家企业技术中心由国家发展和改革委员会、科技部、财政部、国家海关总署和国家税务总局等五部委联合认定,其建立旨在提高企业技术开发与创新能力,增强企业竞争力,是建立现代企业制度的内在要求。这一认定要求企业的研究开发能力、企业专职研究开发人员水平、仪器设备先进度、目前的产品结构和未来发展方向等方面都达到国家相关规定的指标。企业技术中心获得国家级认定后可享受政府财政补贴、进口设备减免税等方面的优惠政策。

3. 创新过程

3.1　知识创造

3.1.1　每十万人专利申请数

专利申请量指专利机构受理技术发明申请专利的数量,是发明专利申请量、实用新型专利申请量和外观设计专利申请量之和。专利反映了原创性的创造发明及对创新的保护,反映技术发展活动是否活跃,以及发明人是否有谋求专利保护的积极性。专利申请数量越多,表示一个城市的发明和创造活动越活跃。

3.1.2　每十万人发明专利数

发明专利作为三种专利中最重要的一种,其数量反映了具有商业意义的发明强度。一个国家、地区人均拥有的发明专利数量集中体现了这个国家、地区的自主创新的能力,被认为是区域创新发展的航标[①]。

3.1.3　每十万人科技论文数

论文常用来指进行各个学术领域的研究和描述学术研究成果的文章,它既是探讨问题进行学术研究的一种手段,又是描述学术研究成果进行学术交流的一种工具。Web of Science是世界上有影响的多学科的学术文献文摘索引数据库,是衡量高质量论文的重要依据。因而,Web of Science中论文发表数量可以反映该地区原创性、高质量知识的创造能力。

3.1.4　每万元研究开发投入所取得的授权专利数

专利数可以反映一个地区创新过程中的科技发明强度,考虑到过程的效率,不仅仅应考虑人均指标,而且应该考虑一定的研发投入下所产生的科技发明强度,这个指标对过程效率具有十分重要的指示作用。

---

① 人民网. 发明专利:区域创新发展的航标[N/OL]. http://ip.people.com.cn/n/2015/0213/c136655
-26560786.html

3.2 知识扩散

3.2.1 输出技术成交额

技术市场成交情况反映了知识产权（如专利、发明等）流动、转移和利用的过程，以及技术成果的市场化程度。成交金额反映了这些知识产权的市场价值。输出技术成交额是衡量科技成果转化的重要指标，反映了区域科技成果转化的辐射带动作用。

3.2.2 吸纳技术成交额

技术吸纳是区域克服研发基础与研发能力局限的重要手段，是满足区域技术需求、优化产业生产方式、提升区域竞争力的重要手段。吸纳技术成交额反映了区域技术消化吸收能力及科技创新工作活跃度。

3.2.3 国家技术转移机构数

技术转移机构是促进科技成果持续产生，推动科技成果扩散、流动、共享、应用并实现经济与社会价值的组织。区域内国家技术转移机构数量反映了科技成果资本化和产业化能力、创新创业活力。

4. 创新产出

4.1 创新经济效益

4.1.1 人均地区生产总值

一个地区的生产总值是该地区所有常住单位在一定时期内生产活动的最终成果。从价值形态看，它是所有常住单位在一定时期内所生产的全部货物和服务价值超过同期投入的全部非固定资产货物和服务价值的差额，即所有常住单位增加值之和。人均地区生产总值是反映该区域经济活力的最重要指标之一。

4.1.2 贸易顺差（逆差）

贸易顺差就是在一定的单位时间里（通常按年度计算），贸易的双方互相买卖各种货物，互相进口与出口，甲方的出口金额大过乙方的出口金额，或甲方的进口金额少于乙方的进口金额，其中的差额，对甲方来说，就称为贸易顺差。适当的贸易顺差，有利于刺激经济增长。这一方面是由于净出口增加使区域内总需求扩张，进而促进了国民经济增长；另一方面，净出口的乘数效应扩大了经济增长的规模。

4.1.3 规模以上工业企业人均工业总产值

规模以上工业企业指年主营业务收入达到 2000 万元及以上的工业法人单位,其是区域内实体经济发展的主要力量。规模以上工业企业人均工业总产值能反映区域内企业经营实质性项目的创造能力,是反映该区域经济产出的重要指标之一。

4.2　数字创新活力

4.2.1 数字产业活力

产业数字化是继消费互联网之后数字经济发展的另一高地,其是指在新一代数字科技支撑和引领下,以数据为关键要素,以价值释放为核心,以数据赋能为主线,对产业链上下游的全要素数字化升级、转型和再造的过程,是企业有效加速提升创新能力的关键。区域内钉钉软件的使用率是区域内产业数字化发展的重要指标之一。

4.2.2 数字消费活力

消费互联网是以个人为用户,以日常生活为应用场景的应用形式,是数字经济发展较早且已相对成熟的维度。作为年度消费大戏,"双十一"电商购物节已经成为消费者、电商巨头、品牌、实体店等各行各业积极参与的消费嘉年华。淘宝作为国内电商巨头以及"双十一"的开创者和引领者,其成交额能有效反映区域内数字消费的活跃程度。

4.2.3 数字政务活力

在数字化浪潮下,政府的数字化转型驶入快车道。地方政府的数字化水平一方面反映了政府推进现代化治理能力变革、提高人民群众对政府满意度的决心;另一方面也反映了地方政府普惠化、便捷化、智能化服务的能力。区域内官方政务软件的下载量、区域内政府机构钉钉软件使用的日活跃用户量是该区域数字政府建设成熟度、服务能力以及活跃程度的重要体现。

4.2.4 数字文化活力

文化产业是满足人民群众精神文化需要的重要载体,是衡量人民幸福指数的重要尺度。同时,创意资本理论已指出,文化创意产业的发展对城市和地区经济发展有重大意义,是区域竞争力的重要组成,是创新型经济的重要维度。电影行业作为数字文化产业的重要组成,其活跃程度能有效反映区域数字文化活力。

4.3 创新包容性

4.3.1 城镇登记失业率

城镇登记失业率指城镇登记失业人员与城镇单位就业人员(扣除使用的农村劳动力、聘用的离退休人员、港澳台人员及外方人员)、城镇单位中的不在岗职工、城镇私营业主、个体户主、城镇私营企业和个体就业人员、城镇登记失业人员之和的比值。在经济运行良好、保持不断增长的情况时,失业率也会维持在较低的水平,失业率反映了某一地区整体的就业情况,低失业率有助于社会的和谐发展,是衡量政府执政水平的重要指标。

4.3.2 城乡居民人均可支配收入比

城镇居民人均可支配收入指被调查城镇居民家庭在支付个人所得税之后,所余下的实际收入;农村居民可支配收入是指农村住户获得的经过初次分配与再分配后的收入。在经济运行良好,保持不断增长的情况,人均可支配收入也会随之提高,人均可支配收入高低反映了购买力的高低,进而反映了生活质量的高低。城乡居民的人均可支配收入比例反映了区域内城乡居民生活质量的差距,该比例越接近于1,说明城乡差距越小。

4.3.3 平均房价与职工平均工资比

职工平均工资是一项反映工资总体水平的指标,指企业、事业、机关单位的职工在一定时期内平均每人所得的货币工资额。平均房价反映了区域内住宅价格的平均水平。平均房价与职工平均工资比衡量了区域内百姓购买住宅的能力和平均生活成本。

4.4 创新可持续性

4.4.1 单位 GDP 工业废水、废气、废物排放量

单位 GDP 工业废水、废气、废物排放(产生)量即以工业废水、废气、废物排放(产生)分别除以当年当地 GDP 总量。计算单位 GDP 工业废水、废气、废物排放量是为了间接地衡量当地经济发展所付出的环境代价,数值越高则说明经济发展对环境产生的潜在破坏越大。可持续发展的根本保证是创新,若对环境产

生了破坏性影响则表明创新的质量较低。

4.4.2 废水废物处理能力

废水废物处理能力通过污水处理厂集中处理率、生活垃圾无害化处理率反映。污水处理厂集中处理率指报告期内通过污水处理厂处理的污水量与污水排放总量的比率。生活垃圾无害化处理率指报告期生活垃圾无害化处理量与生活垃圾产生量的比率。该指标体现了一个城市污水集中收集处理、生活垃圾无害化处理设施的配套程度和处理能力。

4.4.3 可吸入细颗粒物年平均浓度

细颗粒物（PM 2.5）年平均浓度是指环境空气中空气动力学当量直径小于等于 2.5 微米的颗粒物年平均浓度。细颗粒物能较长时间悬浮于空气中，其在空气中含量浓度越高，就代表空气污染越严重。与较粗的大气颗粒物相比，PM 2.5 粒径小，面积大，活性强，易附带有毒、有害物质（例如，重金属、微生物等），且在大气中的停留时间长、输送距离远，因而对人体健康和大气环境质量的影响更大。在发展经济过程中有效控制对环境的破坏、实现经济与环境的和谐是创新型经济的重要特征，对于一个地区可持续发展的实现有着重大的影响。

4.4.4 园林绿化覆盖率

绿化覆盖率是城市各类型绿地绿化垂直投影面积占城市总面积的比率。生态环境是城市发展的立根之本，而园林绿化是实现城市生态环境良性循环的重要保证，并在改善城市生态环境、满足居民休闲娱乐要求、组织城市景观、美化环境和防灾避灾等方面具有重要作用。城市植被覆盖率高，则更适宜居民居住，可提高居民的生活质量和幸福指数。因此，其高低是衡量城市环境质量及居民生活福利水平的重要指标之一。

4.4.5 货运碳排放量

在经济社会发展全面绿色转型阶段，"碳达峰"和"碳中和"是实现高质量发展的内在要求，同时降低碳排放对我国的能源安全具有重要意义。而公路运输是中国交通运输领域碳排放的重要领域，碳排放占交通运输行业排放总量的80%以上。在公路运输中，公路货运是碳排放的重点领域，碳排放占比超过60%，其中重型货车占公路货运碳排放总量超过85%。因而，货运碳排放量是城市低碳发展的重要指标之一。

附录 2　基于专家评分的层次分析法的权重设置说明

1. AHP 方法介绍

AHP(analytic hierarchy process)层次分析法是美国运筹学家 T. L. Saaty 教授于 20 世纪 70 年代提出的一种定性与定量相结合的决策分析方法,其利用专家或决策者的经验判断各衡量目标之间能否实现的标准之间的相对重要程度,并合理地给出每个决策方案的每个标准的权数,利用权数求出各方案的优劣次序。

本蓝皮书在应用 AHP 层次分析法时各指标权重系数计算流程如下。

(1)针对"科学、准确测量中国城市创新型经济发展水平"这一核心目标,本蓝皮书设置 1 个核心目标、4 个一级指标、13 个二级指标的三级相关关系体系;

(2)标度确定和判断矩阵构造:在建立层次结构之后,需要通过各因素之间的两两比较确定合适的标度,实现定性评价向定量标度转化,此过程邀请来自浙江大学管理学院及浙江大学创新管理基地的 6 位教授组成专家组参与指标权重系数评估工作并填写专家评分判断矩阵表格。

专家打分法标度如附表 2-1 所示,教授专家组成员分别对同一层次的两个不同变量之间用 1~9 打分。

附表 2-1　专家打分法标度

标度	相对比较(就某一标度而言)
1	同样重要
3	稍微重要
5	明显重要

续表

标度	相对比较(就某一标度而言)
7	重要得多
9	绝对重要
2、4、6、8	作为上述相邻判断的插值
上述各数的倒数	另一因素对原因素的反比

附表 2-2 所示为专家打分法判断矩阵之例。创新基础设施(纵向因素)与创新资源(横向因素)相比,相同重要,则打分为 1;若绝对重要则打分为 9;反之创新资源与创新基础设施相比绝对重要,则打分为 1/9。

附表 2-2　专家打分法判断矩阵

一级指标权重系数意见	创新基础设施	创新资源	创新过程	创新产出
创新基础设施	—			
创新资源	—	—		
创新过程	—	—	—	
创新产出	—	—	—	—

(3)层次单排序及一致性检验:利用 SPSS 计算可得。

(4)层次总排序及其一致性检验:计算某一层次所有因素对于最高层(总目标)相对重要性的权值。

2. 中国城市创新型经济蓝皮书 AHP 层次分析过程及一致性检验结果

中国城市创新型经济评价体系 AHP 层次分析模型如附图 2-1 所示,包括目标体系 A、一级指标 B、二级指标 C 三个层次。目标体系 A 即中国城市创新型经济评价体系。一级指标 B 包括 4 个一级指标,即 B1 创新基础设施、B2 创新资源、B3 创新过程、B4 创新产出;二级指标 C 包括 13 个二级指标,即 C1 数字基础设施、C2 物流基础设施、C3 金融基础设施、C4 政策基础设施、C5 人力资源、C6 研发投入、C7 创新机构、C8 知识创造、C9 知识扩散、C10 创新经济效益、C11 数字创新活力、C12 创新包容性、C13 创新可持续性。

目标体系A   一级指标B   二级指标C

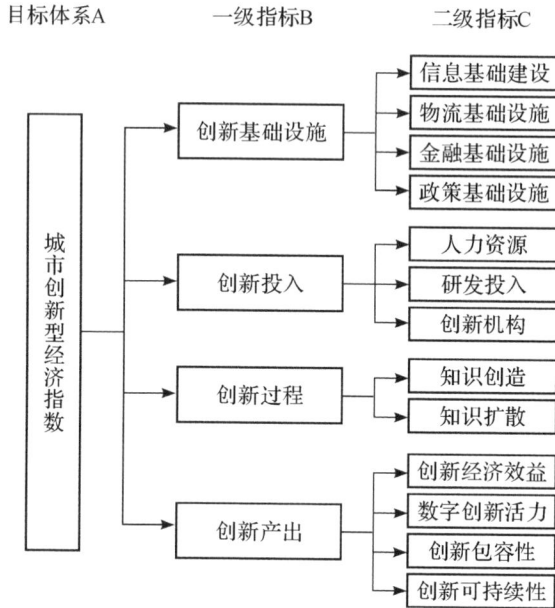

附图 2-1 中国城市创新型经济评价体系

结合 6 位专家对 4 个一级指标重要度的看法,利用 SPSS 数值计算软件构建目标体系 A 的群组判断矩阵(如附表 2-3 所示)得到权重和向量等结果,并通过一次性检验,一次性检验结果如附表 2-4 所示。并以同样方式获得各二级指标层次分析结果和一致性检验结果,如附表 2-5 至附表 2-12 所示。各指标权重结果得分详见正文。

附表 2-3 一级指标 B 对目标体系 A 层次分析结果

项	特征向量	权重值	最大特征根	CI 值
创新基础设施	1.013	25.59%		
创新资源	0.949	24.51%		
创新过程	0.936	24.31%	4	0
创新产出	1.013	25.59%		

附表 2-4　一级指标 B 对目标体系 A 一致性检验结果

最大特征根	CI 值	RI 值	CR 值	一致性检验结果
4	0	1.26	0	通过

附表 2-5　创新基础设施二级指标层次分析结果

项	特征向量	权重值	最大特征值	CI 值
数字基础设施	1.049	26.23%		
物流基础设施	1.01	25.25%		
金融基础设施	0.984	24.59%	4	0
政策基础设施	0.957	23.93%		

附表 2-6　创新基础设施二级指标一致性检验结果

最大特征根	CI 值	RI 值	CR 值	一致性检验结果
4	0	0.52	0	通过

附表 2-7　创新资源二级指标层次分析结果

项	特征向量	权重值	最大特征值	CI 值
人力资源	0.883	29.44%		
研发投入	1.066	35.53%	3	0
创新机构	1.051	35.03%		

附表 2-8　创新资源二级指标一致性检验结果

最大特征根	CI 值	RI 值	CR 值	一致性检验结果
3	0	0.52	0	通过

附表 2-9　创新过程二级指标层次分析结果

项	特征向量	权重值	最大特征值	CI 值
知识创造	0.973	49.55%		
知识扩散	1	50.45%	2	0

附表 2-10　创新过程二级指标一致性检验结果

最大特征根	CI 值	RI 值	CR 值	一致性检验结果
2	0	0.52	0	通过

附表 2-11　创新产出二级指标层次分析结果

项	特征向量	权重值	最大特征值	CI 值
创新经济效益	0.978	24.44%		
数字创新活力	1.022	25.56%	4	0
创新包容性	0.948	23.70%		
创新可持续性	1.052	26.30%		

附表 2-12　创新产出二级指标一致性检验结果

	CI 值	RI 值	CR 值	一致性检验结果
4	0	0.89	0	通过

附录 3　经济圈划分

一般认为,城市经济圈是若干密集城市构成的经济区域,是一国经济的重心区和增长极。在中国这样的经济圈主要有三个:长江三角洲、珠江三角洲和环渤海城市经济圈。上述三大经济圈是我国人口集聚最多、创新能力最强、综合实力最强的三大区域。2020 年 1 月 3 日,习近平总书记在中央财经委员会第六次会议上提出,大力推动成渝地区双城经济圈建设。[①] 继长三角、粤港澳大湾区和京津冀三大增长极之后,中国西部正式启动建设新增长极。综合现有的规划文件,我国四个主要城市经济圈的划分及相应功能定位如附表 3-1 所示。

附表 3-1　四大主要经济圈的划分与功能定位

名称	范围	功能定位
长三角经济圈	以上海为中心,南京、杭州为副中心,包括江苏的苏州、无锡、徐州、扬州、泰州、南通、镇江、常州、盐城、淮安、连云港、宿迁,浙江的宁波、温州、嘉兴、湖州、绍兴、舟山、台州、金华、衢州、丽水,安徽的合肥、马鞍山,芜湖、滁州、淮南共 30 个城市[②]	长江流域对外开放的门户,我国参与经济全球化的主体区域,有全球影响力的先进制造业基地和现代服务业基地,世界级大城市群,全国科技创新与技术研发基地,全国经济发展的重要引擎,辐射带动长江流域发展的龙头

---

① 新华社. 中共中央国务院印发《成渝地区双城经济圈建设规划纲要》[EB/OL]. http://www.gov.cn/zhengce/2021-10/21/content_5643875.htm.

② 国家发展改革委. 长江三角洲地区区域规划. 2010.

续表

名称	范围	功能定位
粤港澳大湾区	包括香港特别行政区、澳门特别行政区和广东省广州市、深圳市、珠海市、佛山市、惠州市、东莞市、中山市、江门市、肇庆市(以下称珠三角九市)[①]	通过粤港澳的经济融合和经济一体化发展,共同构建有全球影响力的先进制造业基地和现代服务业基地,南方地区对外开放的门户,我国参与经济全球化的主体区域,全国科技创新与技术研发基地,全国经济发展的重要引擎,辐射带动华南、中南和西南地区发展的龙头。依托香港、澳门作为自由开放经济体和广东作为改革开放排头兵的优势,继续深化改革、扩大开放,在构建经济高质量发展的体制机制方面走在全国前列,发挥示范引领作用,加快制度创新和先行先试,建设现代化经济体系,更好融入全球市场体系,建成世界新兴产业、先进制造业和现代服务业基地,建设世界级城市群
环渤海经济圈	划分方式较多,一般认为该区域包括京津冀、辽中南和山东半岛地区的主要城市	北方地区对外开放的门户,我国参与经济全球化的主体区域,有全球影响力的先进制造业基地和现代服务业基地,全国科技创新与技术研发基地,全国经济发展的重要引擎,辐射带动"三北"地区发展的龙头
成渝经济圈	含重庆市 31 个区县和四川省 15 个市,以成都和重庆主城两市为双核,以遂宁为成渝北弧中心城市,以内江为成渝南弧中心城市,以安岳为成渝直线中心城市和成渝几何中心城市;以成遂渝、成安渝和成内渝等交通线为纽带,包括四川的成都、遂宁、内江、资阳和重庆主城等不同规模等级的城市集合体[②]	联手打造内陆改革开放高地,共同建设高标准市场体系,营造一流营商环境,以共建"一带一路"为引领,建设好西部陆海新通道,积极参与国内国际经济双循环。坚持不懈抓好生态环境保护,走出一条生态优先、绿色发展的新路子,推进人与自然和谐共生。处理好中心和区域的关系,着力提升重庆主城和成都的发展能级和综合竞争力,推动城市发展由外延扩张向内涵提升转变,以点带面、均衡发展,同周边市县形成一体化发展的都市圈

① 中共中央、国务院.粤港澳大湾区发展规划纲要.2019.
② 中共中央、国务院.成渝地区双城经济圈建设规划纲要.2020.

附录 4　数据处理

1. 无量纲处理

课题组对本研究中基础指标采用直接获取的数据,无量纲处理采取效用值法,值域为 0~100,即所有指标的最劣值为 0,最优值为 100。

正效指标(指标值越高则效用越高,如固网宽带应用渗透率)的计算方法为:X_{ij} 代表在第 i 项指标上第 j 个城市的获取值,Y_{ij} 代表在第 i 项指标上第 j 个城市的效用值,$X_{i\max}$ 代表在第 i 项指标上各城市获取值中的最大值,$X_{i\min}$ 代表在第 i 项指标上各城市获取值中的最小值,则

$$Y_{ij} = \frac{(X_{ij} - X_{i\min})}{(X_{i\max} - X_{i\min})} \times 100$$

负效指标(指标值越高则效用越低,如城镇登记失业率)的计算方法为:X_{ij} 代表在第 i 项指标上第 j 个城市的获取值,Y_{ij} 代表在第 i 项指标上第 j 个城市的效用值,$X_{i\max}$ 代表在第 i 项指标上各城市获取值中的最大值,$X_{i\min}$ 代表在第 i 项指标上各城市获取值中的最小值,则

$$Y_{ij} = \frac{(X_{i\max} - X_{ij})}{(X_{i\max} - X_{i\min})} \times 100$$

2. 数据可得性

在数据来源方面,本文大多数数据来自公开渠道,主要包括国家及各地方统计局、统计公报、统计年鉴、政府公开资料等;同时,本文部分数据(如城市数字消费活力)由阿里云提供。数据的可获得性一直是类似的指标评价体系面临的挑战。依赖于过去 10 年编撰《浙江省创新型经济蓝皮书》的经验,在设计本评价体系时课题组已经参考了主要的统计年鉴及其他相关数据来源,但在数据搜集过

程中仍然不可避免地发现部分城市的部分指标无法获得。为了保证报告的完整性与可比性,我们对缺失的数据进行了估计(具体估计方式见下一节)。附表 4-1 列出了三级指标的数据来源及可得性,附表 4-2 列出了各个城市的数据可得性。

附表 4-1　三级指标的数据来源与可得性

指标类型		数据来源	数据可得性/%
数字基础设施	固网宽带应用渗透率	《中国城市统计年鉴 2020》	100
	移动网络应用渗透率	《中国城市统计年鉴 2020》	100
	车联网车辆接入数量	阿里云提供	100
物流基础设施	货运量	《中国城市统计年鉴 2020》	100
	人均快递业务量	本书收录的 57 个城市 2020 年统计年鉴、国民经济和社会发展统计公报以及 57 个城市的统计局(统计信息网)	73.68
	城市物流仓储用地面积占城市建设用地总面积比重	《中国城市建设统计年鉴 2020》	100
	物流从业人员数占总人口比重	《中国城市统计年鉴 2020》	100
金融基础设施	年末金融机构人民币各项存款余额	《中国城市统计年鉴 2020》	100
	年末金融机构人民币各项贷款余额	《中国城市统计年鉴 2020》	100
	金融业年末城镇单位就业人数占总人口比重	《中国城市统计年鉴 2020》	100
	数字金融	北京大学数字普惠金融指数(PKU－DFIIC)	100
政策基础设施	地方一般公共预算收入占 GDP 比重	《中国城市统计年鉴 2020》	100
	地方一般公共预算支出占 GDP 比重	《中国城市统计年鉴 2020》	100
	政府和社会资本合作环境	本书收录的 57 个城市 2020 年统计年鉴、国民经济和社会发展统计公报以及 57 个城市的统计局(统计信息网)	100

续表

指标类型		数据来源	数据可得性/%
人力资源	普通高等学校教育数量与质量	《中国城市统计年鉴 2020》	100
	中等职业学校教育数量与质量	《中国城市统计年鉴 2020》	100
	教育支出占 GDP 比重	《中国城市统计年鉴 2020》	100
	人才引进比重	任泽平团队（"泽平宏观"课题组）和智联招聘联合发布的《中国城市人才吸引力排名：2020》	100
	每万人中 R&D 人员数	《中国城市统计年鉴 2020》	100
研发投入	R&D 内部经费占 GDP 比重	《中国城市统计年鉴 2020》	94.74
	科学技术支出占 GDP 比重	《中国城市统计年鉴 2020》	100
	规模以上工业企业 R&D 经费占主营业务收入比重	本书收录的 57 个城市 2020 年统计年鉴、国民经济和社会发展统计公报以及 57 个城市的统计局（统计信息网）	52.63
创新机构	文化机构	《中国城市统计年鉴 2020》	100
	国家重点实验室	中国教育部官方网站	100
	国家创新中心	中国工信部与发改委官方网站	100
知识创造	每十万人专利申请数	《中国城市统计年鉴 2020》	98.25
	每十万人发明专利数	《中国城市统计年鉴 2020》	98.25
	每十万人科技论文数	《中国城市统计年鉴 2020》和 Web of Science 官方网站	100
	每万元研究开发投入所取得的授权申请数	《中国科技统计年鉴 2020》	66.67
知识扩散	输出技术成交额	《全国技术市场统计年报 2020》	36.84
	吸纳技术成交额	《全国技术市场统计年报 2020》	36.84
	国家技术转移机构数	《全国技术市场统计年报 2020》	100
创新经济效益	人均地区生产总值	《中国城市统计年鉴 2020》	100
	贸易顺差（逆差）	《中国城市统计年鉴 2020》	100
	规模以上工业企业人均工业总产值	本书收录的 57 个城市 2020 年统计年鉴、国民经济和社会发展统计公报以及 57 个城市的统计局（统计信息网）	61.40

续表

指标类型		数据来源	数据可得性/%
数字创新活力	数字产业活力	阿里云提供	100
	数字消费活力	阿里云提供	100
	数字政务活力	阿里云提供	100
	数字文化活力	阿里影业"灯塔专业版"	100
创新包容性	城镇登记失业率	《中国城市统计年鉴2020》	100
	城乡居民人均可支配收入比	本书收录的57个城市2020年统计年鉴、国民经济和社会发展统计公报以及57个城市的统计局（统计信息网）	100
	平均房价与职工平均工资比	《中国城市统计年鉴2020》、全国房价行情网	100
创新可持续性	单位GDP工业废水、废气、废物排放量	《中国城市统计年鉴2020》	84.21
	废水废物处理能力	《中国城市统计年鉴2020》	100
	可吸入细颗粒物年平均浓度	《中国城市统计年鉴2020》	98.25
	园林绿化覆盖率	《中国城市统计年鉴2020》	100
	货运碳排放量	《中国城市统计年鉴2020》	100

附表 4-2 三级指标的数据来源与可得性
单位：%

城市	数据可得性	城市	数据可得性	城市	数据可得性
上海	100.00	济南	95.74	潍坊	91.49
北京	100.00	合肥	91.49	南昌	87.23
深圳	95.74	福州	93.62	嘉兴	93.62
广州	97.87	南通	89.36	哈尔滨	91.49
重庆	97.87	西安	100.00	台州	91.49
苏州	93.62	烟台	91.49	泰州	87.23
成都	93.62	常州	89.36	洛阳	89.36
武汉	95.74	徐州	87.23	襄阳	95.74
杭州	97.87	大连	93.62	漳州	89.36

续表

城市	数据可得性	城市	数据可得性	城市	数据可得性
天津	95.74	唐山	93.62	临沂	87.23
南京	91.49	温州	95.74	金华	89.36
宁波	97.87	昆明	93.62	南宁	89.36
无锡	93.62	沈阳	91.49	宜昌	91.49
青岛	97.87	厦门	95.74	济宁	91.49
郑州	93.62	长春	87.23	惠州	89.36
长沙	93.62	扬州	85.11	榆林	85.11
佛山	91.49	石家庄	91.49	镇江	87.23
泉州	95.74	绍兴	93.62	贵阳	87.23
东莞	95.74	盐城	87.23	太原	89.36

3.缺失数据的估计

如果某一指标的数据有些无法获得,我们采用两种方法对缺失的数据进行估计。

(1)利用省级数据估算,即利用下列估算公式:

某城市的某一指标数据＝换算系数(CF1)×对应省份该指标的数据

该方法针对的是全国输出技术成交额、全国输出技术成交合同数和国家技术转移机构数这三个指标数据缺失严重的情况(《全国技术市场统计年报 2020》中只提供省份以及部分代表城市的数据)。我们通过年报中省份的数据与该城市占所在省份 GDP 的比值进行估计,换算系数为 2019 年该城市的 GDP 与所在省份 GDP 的比值。

(2)利用增长率法估算,即利用下列估算公式:

某城市的某一指标数据＝增长率(CF2)×对应城市该指标的当年数据

该方法针对的是某指标 2019 年数据少量缺失的情况,如 R&D 经费内部支出、规模以上工业企业主营业务收入、工业总产值等利用该方法进行估算。具体地,用 2018 年的城市指标数据乘上该城市对应指标 2018 年对 2017 年的增长率进行估算。

附录 5　各城市得分

北京	得分	排名
城市创新指数	64.74	1
1 创新基础设施	53.45	3
2 创新资源	73.17	1
3 创新过程	77.72	1
4 创新产出	55.61	20
1.1 数字基础设施	20.44	13
1.1.1 固网宽带应用渗透率	17.31	
1.1.2 移动网络应用渗透率	22.04	
1.1.3 车联网车辆接入数量	21.95	
1.2 物流基础设施	47.54	4
1.2.1 货运量	12.15	
1.2.2 人均快递业务量	20.31	
1.2.3 城市物流仓储用地面积占城市建设用地总面积比重	57.69	
1.2.4 物流从业人员数占总人口比重	100.00	
1.3 金融基础设施	94.20	1
1.3.1 年末金融机构人民币各项存款余额	100.00	
1.3.2 年末金融机构人民币各项贷款余额	99.65	
1.3.3 金融业年末城镇单位就业人数占总人口比重	100.00	
1.3.4 数字金融	77.14	
1.4 政策基础设施	54.00	5
1.4.1 地方一般公共预算收入占 GDP 比重	83.55	

续表

北京	得分	排名
1.4.2 地方一般公共预算支出占 GDP 比重	78.46	
1.4.3 政府和社会资本合作环境	0.00	
2.1 人力资源	63.41	2
2.1.1 普通高等学校教育数量与质量	64.73	
2.1.2 中等职业学校教育数量与质量	46.91	
2.1.3 教育支出占 GDP 比重	78.27	
2.1.4 人才引进比重	78.70	
2.1.5 每万人中 R&D 人员数	48.44	
2.2 研发投入	56.92	1
2.2.1 R&D 内部经费占 GDP 比重	100.00	
2.2.2 科学技术支出占 GDP 比重	58.17	
2.2.3 规模以上工业企业 R&D 经费占主营业务收入比重	12.59	
2.3 创新机构	97.86	1
2.3.1 文化机构	93.58	
2.3.2 国家重点实验室	100.00	
2.3.3 国家创新中心	100.00	
3.1 知识创造	55.03	3
3.1.1 每十万人专利申请数	33.13	
3.1.2 每十万人发明专利数	80.27	
3.1.3 每十万人科技论文数	100.00	
3.1.4 每万元研究开发投入所取得的授权专利数	6.71	
3.2 知识扩散	100.00	1
3.2.1 输出技术成交额	100.00	
3.2.2 吸纳技术成交额	100.00	
3.2.3 国家技术转移机构数	100.00	
4.1 创新经济效益	30.48	56

续表

北京	得分	排名
4.1.1 人均地区生产总值	75.50	
4.1.2 贸易顺差(逆差)	0.00	
4.1.3 规模以上(工业企业)人均工业总产值	15.93	
4.2 数字创新活力	58.18	3
4.2.1 数字产业活力	45.50	
4.2.2 数字消费活力	84.09	
4.2.3 数字政务活力	44.89	
4.2.4 数字文化活力	58.25	
4.3 创新包容性	48.41	52
4.3.1 城镇登记失业率	92.81	
4.3.2 城乡居民人均可支配收入比	22.27	
4.3.3 平均房价与职工平均工资比	30.15	
4.4 创新可持续性	82.95	3
4.4.1 单位 GDP 工业废水、废气、废物排放量	99.75	
4.4.2 废水废物处理能力	77.53	
4.4.3 可吸入细颗粒物年平均浓度	58.14	
4.4.4 园林绿化覆盖率	100.00	
4.4.5 货运碳排放量	79.31	
长春	得分	排名
城市创新指数	23.68	37
1 创新基础设施	20.34	33
2 创新资源	13.77	51
3 创新过程	16.99	11
4 创新产出	42.87	49
1.1 数字基础设施	20.78	12
1.1.1 固网宽带应用渗透率	36.40	

长春	得分	排名
1.1.2 移动网络应用渗透率	6.61	
1.1.3 车联网车辆接入数量	19.33	
1.2 物流基础设施	18.96	35
1.2.1 货运量	3.54	
1.2.2 人均快递业务量	1.35	
1.2.3 城市物流仓储用地面积占城市建设用地总面积比重	55.58	
1.2.4 物流从业人员数占总人口比重	15.35	
1.3 金融基础设施	14.73	44
1.3.1 年末金融机构人民币各项存款余额	5.86	
1.3.2 年末金融机构人民币各项贷款余额	15.28	
1.3.3 金融业年末城镇单位就业人数占总人口比重	17.23	
1.3.4 数字金融	20.56	
1.4 政策基础设施	27.09	30
1.4.1 地方一般公共预算收入占 GDP 比重	17.72	
1.4.2 地方一般公共预算支出占 GDP 比重	46.87	
1.4.3 政府和社会资本合作环境	16.67	
2.1 人力资源	28.26	40
2.1.1 普通高等学校教育数量与质量	56.57	
2.1.2 中等职业学校教育数量与质量	44.88	
2.1.3 教育支出占 GDP 比重	37.06	
2.1.4 人才引进比重	0.00	
2.1.5 每万人中 R&D 人员数	2.80	
2.2 研发投入	7.63	55
2.2.1 R&D 内部经费占 GDP 的比重	11.95	
2.2.2 科学技术支出占 GDP 比重	4.85	
2.2.3 规模以上工业企业 R&D 经费占主营业务收入比重	6.08	

续表

长春	得分	排名
2.3 创新机构	7.81	27
2.3.1 文化机构	7.98	
2.3.2 国家重点实验室	12.66	
2.3.3 国家创新中心	2.78	
3.1 知识创造	21.97	15
3.1.1 每十万人专利申请数	5.08	
3.1.2 每十万人发明专利数	6.50	
3.1.3 每十万人科技论文数	17.91	
3.1.4 每万元研究开发投入所取得的授权专利数	58.38	
3.2 知识扩散	12.09	10
3.2.1 输出技术成交额	7.96	
3.2.2 吸纳技术成交额	11.38	
3.2.3 国家技术转移机构数	16.95	
4.1 创新经济效益	35.74	48
4.1.1 人均地区生产总值	21.99	
4.1.2 贸易顺差(逆差)	77.31	
4.1.3 规模以上工业企业人均工业总产值	7.92	
4.2 数字创新活力	7.94	48
4.2.1 数字产业活力	4.29	
4.2.2 数字消费活力	12.98	
4.2.3 数字政务活力	2.28	
4.2.4 数字文化活力	12.21	
4.3 创新包容性	62.48	38
4.3.1 城镇登记失业率	65.43	
4.3.2 城乡居民人均可支配收入比	29.62	
4.3.3 平均房价与职工平均工资比	92.39	

长春	得分	排名
4.4 创新可持续性	65.78	37
4.4.1 单位 GDP 工业废水、废气、废物排放量	86.52	
4.4.2 废水废物处理能力	37.79	
4.4.3 可吸入细颗粒物年平均浓度	67.44	
4.4.4 园林绿化覆盖率	40.20	
4.4.5 货运碳排放量	96.96	

长沙	得分	排名
城市创新指数	28.75	19
1 创新基础设施	21.98	28
2 创新资源	22.35	22
3 创新过程	12.22	19
4 创新产出	57.37	16
1.1 数字基础设施	16.09	22
1.1.1 固网宽带应用渗透率	26.18	
1.1.2 移动网络应用渗透率	13.56	
1.1.3 车联网车辆接入数量	8.53	
1.2 物流基础设施	23.36	27
1.2.1 货运量	31.95	
1.2.2 人均快递业务量	10.14	
1.2.3 城市物流仓储用地面积占城市建设用地总面积比重	34.02	
1.2.4 物流从业人员数占总人口比重	17.34	
1.3 金融基础设施	29.84	14
1.3.1 年末金融机构人民币各项存款余额	10.96	
1.3.2 年末金融机构人民币各项贷款余额	26.41	
1.3.3 金融业年末城镇单位就业人数占总人口比重	26.67	
1.3.4 数字金融	55.33	

续表

长沙	得分	排名
1.4 政策基础设施	18.89	42
1.4.1 地方一般公共预算收入占 GDP 比重	25.45	
1.4.2 地方一般公共预算支出占 GDP 比重	31.23	
1.4.3 政府和社会资本合作环境	0.00	
2.1 人力资源	35.63	20
2.1.1 普通高等学校教育数量与质量	65.39	
2.1.2 中等职业学校教育数量与质量	50.13	
2.1.3 教育支出占 GDP 比重	16.92	
2.1.4 人才引进比重	24.80	
2.1.5 每万人中 R&D 人员数	20.90	
2.2 研发投入	24.43	20
2.2.1 R&D 内部经费占 GDP 比重	42.51	
2.2.2 科学技术支出占 GDP 比重	16.93	
2.2.3 规模以上工业企业 R&D 经费占主营业务收入比重	13.84	
2.3 创新机构	9.08	23
2.3.1 文化机构	10.34	
2.3.2 国家重点实验室	6.33	
2.3.3 国家创新中心	10.56	
3.1 知识创造	18.04	23
3.1.1 每十万人专利申请数	10.71	
3.1.2 每十万人发明专利数	14.25	
3.1.3 每十万人科技论文数	29.25	
3.1.4 每万元研究开发投入所取得的授权专利数	17.96	
3.2 知识扩散	6.51	19
3.2.1 输出技术成交额	2.29	
3.2.2 吸纳技术成交额	1.98	

续表

长沙	得分	排名
3.2.3 国家技术转移机构数	15.25	
4.1 创新经济效益	54.84	14
4.1.1 人均地区生产总值	60.31	
4.1.2 贸易顺差(逆差)	83.83	
4.1.3 规模以上工业企业人均工业总产值	20.39	
4.2 数字创新活力	26.32	22
4.2.1 数字产业活力	22.25	
4.2.2 数字消费活力	27.63	
4.2.3 数字政务活力	27.74	
4.2.4 数字文化活力	27.69	
4.3 创新包容性	79.62	5
4.3.1 城镇登记失业率	65.37	
4.3.2 城乡居民人均可支配收入比	81.84	
4.3.3 平均房价与职工平均工资比	91.65	
4.4 创新可持续性	69.84	32
4.4.1 单位 GDP 工业废水、废气、废物排放量	98.44	
4.4.2 废水废物处理能力	69.65	
4.4.3 可吸入细颗粒物年平均浓度	46.51	
4.4.4 园林绿化覆盖率	44.36	
4.4.5 货运碳排放量	90.25	
常州	得分	排名
城市创新指数	25.24	32
1 创新基础设施	17.01	42
2 创新资源	11.28	54
3 创新过程	13.60	16
4 创新产出	57.91	15

续表

常州	得分	排名
1.1 数字基础设施	17.36	17
1.1.1 固网宽带应用渗透率	36.23	
1.1.2 移动网络应用渗透率	11.17	
1.1.3 车联网车辆接入数量	4.68	
1.2 物流基础设施	14.15	46
1.2.1 货运量	4.57	
1.2.2 人均快递业务量	7.86	
1.2.3 城市物流仓储用地面积占城市建设用地总面积比重	37.61	
1.2.4 物流从业人员数占总人口比重	6.55	
1.3 金融基础设施	24.46	23
1.3.1 年末金融机构人民币各项存款余额	4.98	
1.3.2 年末金融机构人民币各项贷款余额	9.02	
1.3.3 金融业年末城镇单位就业人数占总人口比重	15.53	
1.3.4 数字金融	68.31	
1.4 政策基础设施	11.98	52
1.4.1 地方一般公共预算收入占 GDP 比重	23.77	
1.4.2 地方一般公共预算支出占 GDP 比重	12.17	
1.4.3 政府和社会资本合作环境	0.00	
2.1 人力资源	23.10	49
2.1.1 普通高等学校教育数量与质量	40.64	
2.1.2 中等职业学校教育数量与质量	54.69	
2.1.3 教育支出占 GDP 比重	0.00	
2.1.4 人才引进比重	14.20	
2.1.5 每万人中 R&D 人员数	5.97	
2.2 研发投入	7.43	56
2.2.1 R&D 内部经费占 GDP 比重	0.00	

续表

常州	得分	排名
2.2.2 科学技术支出占 GDP 比重	13.61	
2.2.3 规模以上工业企业 R&D 经费占主营业务收入比重	8.68	
2.3 创新机构	5.25	40
2.3.1 文化机构	9.08	
2.3.2 国家重点实验室	0.00	
2.3.3 国家创新中心	6.67	
3.1 知识创造	23.57	13
3.1.1 每十万人专利申请数	25.09	
3.1.2 每十万人发明专利数	13.44	
3.1.3 每十万人科技论文数	6.16	
3.1.4 每万元研究开发投入所取得的授权专利数	49.59	
3.2 知识扩散	3.81	28
3.2.1 输出技术成交额	1.70	
3.2.2 吸纳技术成交额	2.94	
3.2.3 国家技术转移机构数	6.78	
4.1 创新经济效益	62.36	7
4.1.1 人均地区生产总值	70.61	
4.1.2 贸易顺差(逆差)	85.39	
4.1.3 规模以上工业企业人均工业总产值	31.08	
4.2 数字创新活力	28.38	20
4.2.1 数字产业活力	12.63	
4.2.2 数字消费活力	63.55	
4.2.3 数字政务活力	11.26	
4.2.4 数字文化活力	26.07	
4.3 创新包容性	70.72	25
4.3.1 城镇登记失业率	60.35	

续表

常州	得分	排名
4.3.2 城乡居民人均可支配收入比	67.34	
4.3.3 平均房价与职工平均工资比	84.46	
4.4 创新可持续性	70.92	28
4.4.1 单位GDP工业废水、废气、废物排放量	82.57	
4.4.2 废水废物处理能力	68.93	
4.4.3 可吸入细颗粒物年平均浓度	53.49	
4.4.4 园林绿化覆盖率	59.17	
4.4.5 货运碳排放量	90.46	

成都	得分	排名
城市创新指数	32.21	13
1 创新基础设施	24.12	21
2 创新资源	29.99	12
3 创新过程	18.26	10
4 创新产出	55.68	19
1.1 数字基础设施	15.29	26
1.1.1 固网宽带应用渗透率	20.60	
1.1.2 移动网络应用渗透率	9.84	
1.1.3 车联网车辆接入数量	15.43	
1.2 物流基础设施	28.35	16
1.2.1 货运量	18.60	
1.2.2 人均快递业务量	9.76	
1.2.3 城市物流仓储用地面积占城市建设用地总面积比重	26.34	
1.2.4 物流从业人员数占总人口比重	58.68	
1.3 金融基础设施	34.04	9
1.3.1 年末金融机构人民币各项存款余额	21.99	
1.3.2 年末金融机构人民币各项贷款余额	46.04	

续表

成都	得分	排名
1.3.3 金融业年末城镇单位就业人数占总人口比重	13.75	
1.3.4 数字金融	54.38	
1.4 政策基础设施	19.13	41
1.4.1 地方一般公共预算收入占 GDP 比重	29.02	
1.4.2 地方一般公共预算支出占 GDP 比重	28.36	
1.4.3 政府和社会资本合作环境	0.00	
2.1 人力资源	34.01	26
2.1.1 普通高等学校教育数量与质量	53.81	
2.1.2 中等职业学校教育数量与质量	43.95	
2.1.3 教育支出占 GDP 比重	11.20	
2.1.4 人才引进比重	46.90	
2.1.5 每万人中 R&D 人员数	14.19	
2.2 研发投入	24.31	21
2.2.1 R&D 内部经费占 GDP 比重	41.36	
2.2.2 科学技术支出占 GDP 比重	27.04	
2.2.3 规模以上工业企业 R&D 经费占主营业务收入比重	4.54	
2.3 创新机构	32.38	4
2.3.1 文化机构	61.31	
2.3.2 国家重点实验室	11.39	
2.3.3 国家创新中心	24.44	
3.1 知识创造	14.17	33
3.1.1 每十万人专利申请数	10.04	
3.1.2 每十万人发明专利数	12.19	
3.1.3 每十万人科技论文数	19.56	
3.1.4 每万元研究开发投入所取得的授权专利数	14.90	
3.2 知识扩散	22.28	5

续表

成都	得分	排名
3.2.1 输出技术成交额	20.06	
3.2.2 吸纳技术成交额	14.58	
3.2.3 国家技术转移机构数	32.20	
4.1 创新经济效益	48.91	24
4.1.1 人均地区生产总值	37.54	
4.1.2 贸易顺差（逆差）	83.86	
4.1.3 规模以上工业企业人均工业总产值	25.32	
4.2 数字创新活力	26.46	21
4.2.1 数字产业活力	21.78	
4.2.2 数字消费活力	47.79	
4.2.3 数字政务活力	7.46	
4.2.4 数字文化活力	28.83	
4.3 创新包容性	74.82	14
4.3.1 城镇登记失业率	75.70	
4.3.2 城乡居民人均可支配收入比	69.45	
4.3.3 平均房价与职工平均工资比	79.30	
4.4 创新可持续性	73.12	19
4.4.1 单位 GDP 工业废水、废气、废物排放量	97.71	
4.4.2 废水废物处理能力	64.79	
4.4.3 可吸入细颗粒物年平均浓度	55.81	
4.4.4 园林绿化覆盖率	60.82	
4.4.5 货运碳排放量	86.50	
重庆	得分	排名
城市创新指数	25.62	30
1 创新基础设施	24.74	18
2 创新资源	24.72	16

续表

重庆	得分	排名
3 创新过程	7.10	40
4 创新产出	44.96	43
1.1 数字基础设施	5.95	51
1.1.1 固网宽带应用渗透率	12.63	
1.1.2 移动网络应用渗透率	2.25	
1.1.3 车联网车辆接入数量	2.98	
1.2 物流基础设施	32.78	13
1.2.1 货运量	82.53	
1.2.2 人均快递业务量	0.79	
1.2.3 城市物流仓储用地面积占城市建设用地总面积比重	35.82	
1.2.4 物流从业人员数占总人口比重	11.97	
1.3 金融基础设施	25.70	20
1.3.1 年末金融机构人民币各项存款余额	21.59	
1.3.2 年末金融机构人民币各项贷款余额	47.57	
1.3.3 金融业年末城镇单位就业人数占总人口比重	9.07	
1.3.4 数字金融	24.56	
1.4 政策基础设施	35.85	15
1.4.1 地方一般公共预算收入占 GDP 比重	31.33	
1.4.2 地方一般公共预算支出占 GDP 比重	76.22	
1.4.3 政府和社会资本合作环境	0.00	
2.1 人力资源	38.18	15
2.1.1 普通高等学校教育数量与质量	38.66	
2.1.2 中等职业学校教育数量与质量	42.01	
2.1.3 教育支出占 GDP 比重	72.67	
2.1.4 人才引进比重	33.40	
2.1.5 每万人中 R&D 人员数	4.17	

续表

重庆	得分	排名
2.2 研发投入	16.64	46
2.2.1 R&D 内部经费占 GDP 比重	26.56	
2.2.2 科学技术支出占 GDP 比重	12.29	
2.2.3 规模以上工业企业 R&D 经费占主营业务收入比重	11.07	
2.3 创新机构	21.61	9
2.3.1 文化机构	39.61	
2.3.2 国家重点实验室	6.33	
2.3.3 国家创新中心	18.89	
3.1 知识创造	7.17	51
3.1.1 每十万人专利申请数	2.73	
3.1.2 每十万人发明专利数	3.50	
3.1.3 每十万人科技论文数	4.68	
3.1.4 每万元研究开发投入所取得的授权专利数	17.77	
3.2 知识扩散	7.03	17
3.2.1 输出技术成交额	0.78	
3.2.2 吸纳技术成交额	6.76	
3.2.3 国家技术转移机构数	13.56	
4.1 创新经济效益	38.11	43
4.1.1 人均地区生产总值	20.35	
4.1.2 贸易顺差(逆差)	87.53	
4.1.3 规模以上工业企业人均工业总产值	6.45	
4.2 数字创新活力	10.31	46
4.2.1 数字产业活力	4.81	
4.2.2 数字消费活力	21.82	
4.2.3 数字政务活力	6.69	
4.2.4 数字文化活力	7.90	

续表

重庆	得分	排名
4.3 创新包容性	71.58	23
4.3.1 城镇登记失业率	61.75	
4.3.2 城乡居民人均可支配收入比	67.51	
4.3.3 平均房价与职工平均工资比	85.48	
4.4 创新可持续性	61.02	49
4.4.1 单位 GDP 工业废水、废气、废物排放量	85.48	
4.4.2 废水废物处理能力	17.97	
4.4.3 可吸入细颗粒物年平均浓度	67.44	
4.4.4 园林绿化覆盖率	47.96	
4.4.5 货运碳排放量	86.22	
大连	得分	排名
城市创新指数	26.21	26
1 创新基础设施	25.59	17
2 创新资源	18.28	36
3 创新过程	9.64	32
4 创新产出	50.16	33
1.1 数字基础设施	5.84	52
1.1.1 固网宽带应用渗透率	8.28	
1.1.2 移动网络应用渗透率	7.66	
1.1.3 车联网车辆接入数量	1.56	
1.2 物流基础设施	28.15	17
1.2.1 货运量	27.46	
1.2.2 人均快递业务量	3.58	
1.2.3 城市物流仓储用地面积占城市建设用地总面积比重	61.59	
1.2.4 物流从业人员数占总人口比重	19.97	
1.3 金融基础设施	21.18	30

续表

大连	得分	排名
1.3.1 年末金融机构人民币各项存款余额	6.83	
1.3.2 年末金融机构人民币各项贷款余额	13.77	
1.3.3 金融业年末城镇单位就业人数占总人口比重	26.55	
1.3.4 数字金融	37.55	
1.4 政策基础设施	49.08	6
1.4.1 地方一般公共预算收入占 GDP 比重	37.34	
1.4.2 地方一般公共预算支出占 GDP 比重	43.25	
1.4.3 政府和社会资本合作环境	66.67	
2.1 人力资源	27.44	42
2.1.1 普通高等学校教育数量与质量	52.73	
2.1.2 中等职业学校教育数量与质量	44.59	
2.1.3 教育支出占 GDP 比重	9.45	
2.1.4 人才引进比重	13.90	
2.1.5 每万人中 R&D 人员数	16.51	
2.2 研发投入	20.46	37
2.2.1 R&D 内部经费占 GDP 比重	44.45	
2.2.2 科学技术支出占 GDP 比重	15.23	
2.2.3 规模以上工业企业 R&D 经费占主营业务收入比重	1.70	
2.3 创新机构	8.36	25
2.3.1 文化机构	12.09	
2.3.2 国家重点实验室	6.33	
2.3.3 国家创新中心	6.67	
3.1 知识创造	14.68	31
3.1.1 每十万人专利申请数	6.08	
3.1.2 每十万人发明专利数	9.15	
3.1.3 每十万人科技论文数	28.36	

续表

大连	得分	排名
3.1.4 每万元研究开发投入所取得的授权专利数	15.12	
3.2 知识扩散	4.69	23
3.2.1 输出技术成交额	3.25	
3.2.2 吸纳技术成交额	2.35	
3.2.3 国家技术转移机构数	8.47	
4.1 创新经济效益	42.30	35
4.1.1 人均地区生产总值	35.43	
4.1.2 贸易顺差（逆差）	78.26	
4.1.3 规模以上工业企业人均工业总产值	13.23	
4.2 数字创新活力	21.02	26
4.2.1 数字产业活力	6.44	
4.2.2 数字消费活力	31.93	
4.2.3 数字政务活力	26.48	
4.2.4 数字文化活力	19.23	
4.3 创新包容性	54.97	45
4.3.1 城镇登记失业率	46.87	
4.3.2 城乡居民人均可支配收入比	38.23	
4.3.3 平均房价与职工平均工资比	79.79	
4.4 创新可持续性	81.45	6
4.4.1 单位 GDP 工业废水、废气、废物排放量	89.61	
4.4.2 废水废物处理能力	64.79	
4.4.3 可吸入细颗粒物年平均浓度	74.42	
4.4.4 园林绿化覆盖率	80.80	
4.4.5 货运碳排放量	97.66	

续表

东莞	得分	排名
城市创新指数	39.18	6
1 创新基础设施	32.09	9
2 创新资源	24.69	17
3 创新过程	32.60	3
4 创新产出	66.41	3
1.1 数字基础设施	57.16	2
1.1.1 固网宽带应用渗透率	51.53	
1.1.2 移动网络应用渗透率	100.00	
1.1.3 车联网车辆接入数量	19.96	
1.2 物流基础设施	35.16	9
1.2.1 货运量	8.31	
1.2.2 人均快递业务量	84.59	
1.2.3 城市物流仓储用地面积占城市建设用地总面积比重	17.55	
1.2.4 物流从业人员数占总人口比重	30.18	
1.3 金融基础设施	23.30	27
1.3.1 年末金融机构人民币各项存款余额	7.61	
1.3.2 年末金融机构人民币各项贷款余额	10.43	
1.3.3 金融业年末城镇单位就业人数占总人口比重	20.39	
1.3.4 数字金融	54.77	
1.4 政策基础设施	10.41	54
1.4.1 地方一般公共预算收入占 GDP 比重	17.62	
1.4.2 地方一般公共预算支出占 GDP 比重	13.60	
1.4.3 政府和社会资本合作环境	0.00	
2.1 人力资源	49.37	6
2.1.1 普通高等学校教育数量与质量	41.90	
2.1.2 中等职业学校教育数量与质量	75.15	

续表

东莞	得分	排名
2.1.3 教育支出占 GDP 比重	22.70	
2.1.4 人才引进比重	29.60	
2.1.5 每万人中 R&D 人员数	77.48	
2.2 研发投入	21.55	32
2.2.1 R&D 内部经费占 GDP 比重	47.75	
2.2.2 科学技术支出占 GDP 比重	8.78	
2.2.3 规模以上工业企业 R&D 经费占主营业务收入比重	8.11	
2.3 创新机构	7.14	32
2.3.1 文化机构	20.30	
2.3.2 国家重点实验室	0.00	
2.3.3 国家创新中心	1.11	
3.1 知识创造	61.00	1
3.1.1 每十万人专利申请数	69.41	
3.1.2 每十万人发明专利数	67.18	
3.1.3 每十万人科技论文数	7.43	
3.1.4 每万元研究开发投入所取得的授权专利数	100.00	
3.2 知识扩散	4.70	22
3.2.1 输出技术成交额	3.23	
3.2.2 吸纳技术成交额	7.48	
3.2.3 国家技术转移机构数	3.39	
4.1 创新经济效益	79.58	3
4.1.1 人均地区生产总值	43.23	
4.1.2 贸易顺差（逆差）	95.52	
4.1.3 规模以上工业企业人均工业总产值	100.00	
4.2 数字创新活力	44.90	6
4.2.1 数字产业活力	61.89	

续表

东莞	得分	排名
4.2.2 数字消费活力	37.57	
4.2.3 数字政务活力	3.18	
4.2.4 数字文化活力	76.96	
4.3 创新包容性	84.55	1
4.3.1 城镇登记失业率	100.00	
4.3.2 城乡居民人均可支配收入比	93.94	
4.3.3 平均房价与职工平均工资比	59.70	
4.4 创新可持续性	58.72	53
4.4.1 单位 GDP 工业废水、废气、废物排放量	92.43	
4.4.2 废水废物处理能力	60.37	
4.4.3 可吸入细颗粒物年平均浓度	74.42	
4.4.4 园林绿化覆盖率	62.85	
4.4.5 货运碳排放量	3.54	
佛山	得分	排名
城市创新指数	29.57	18
1 创新基础设施	24.14	20
2 创新资源	19.12	34
3 创新过程	11.76	22
4 创新产出	61.95	6
1.1 数字基础设施	25.04	8
1.1.1 固网宽带应用渗透率	43.16	
1.1.2 移动网络应用渗透率	30.54	
1.1.3 车联网车辆接入数量	1.43	
1.2 物流基础设施	32.90	11
1.2.1 货运量	20.75	
1.2.2 人均快递业务量	18.48	

佛山	得分	排名
1.2.3 城市物流仓储用地面积占城市建设用地总面积比重	72.71	
1.2.4 物流从业人员数占总人口比重	19.67	
1.3 金融基础设施	28.82	16
1.3.1 年末金融机构人民币各项存款余额	8.38	
1.3.2 年末金融机构人民币各项贷款余额	13.86	
1.3.3 金融业年末城镇单位就业人数占总人口比重	38.37	
1.3.4 数字金融	54.66	
1.4 政策基础设施	9.08	55
1.4.1 地方一般公共预算收入占 GDP 比重	15.54	
1.4.2 地方一般公共预算支出占 GDP 比重	11.71	
1.4.3 政府和社会资本合作环境	0.00	
2.1 人力资源	19.90	52
2.1.1 普通高等学校教育数量与质量	9.18	
2.1.2 中等职业学校教育数量与质量	56.75	
2.1.3 教育支出占 GDP 比重	1.93	
2.1.4 人才引进比重	0.00	
2.1.5 每万人中 R&D 人员数	31.65	
2.2 研发投入	30.40	16
2.2.1 R&D 内部经费占 GDP 比重	41.57	
2.2.2 科学技术支出占 GDP 比重	42.06	
2.2.3 规模以上工业企业 R&D 经费占主营业务收入比重	7.55	
2.3 创新机构	7.04	33
2.3.1 文化机构	11.66	
2.3.2 国家重点实验室	0.00	
2.3.3 国家创新中心	9.44	
3.1 知识创造	19.01	21

续表

佛山	得分	排名
3.1.1 每十万人专利申请数	36.09	
3.1.2 每十万人发明专利数	20.34	
3.1.3 每十万人科技论文数	2.63	
3.1.4 每万元研究开发投入所取得的授权专利数	16.97	
3.2 知识扩散	4.63	25
3.2.1 输出技术成交额	3.66	
3.2.2 吸纳技术成交额	8.55	
3.2.3 国家技术转移机构数	1.69	
4.1 创新经济效益	67.52	5
4.1.1 人均地区生产总值	56.55	
4.1.2 贸易顺差(逆差)	91.89	
4.1.3 规模以上工业企业人均工业总产值	54.13	
4.2 数字创新活力	24.57	25
4.2.1 数字产业活力	23.91	
4.2.2 数字消费活力	34.82	
4.2.3 数字政务活力	3.18	
4.2.4 数字文化活力	36.35	
4.3 创新包容性	83.67	2
4.3.1 城镇登记失业率	88.59	
4.3.2 城乡居民人均可支配收入比	78.64	
4.3.3 平均房价与职工平均工资比	83.77	
4.4 创新可持续性	73.53	17
4.4.1 单位 GDP 工业废水、废气、废物排放量	92.56	
4.4.2 废水废物处理能力	61.69	
4.4.3 可吸入细颗粒物年平均浓度	86.05	
4.4.4 园林绿化覆盖率	73.59	
4.4.5 货运碳排放量	53.77	

福州	得分	排名
城市创新指数	25.59	31
1 创新基础设施	16.27	43
2 创新资源	17.39	40
3 创新过程	8.81	35
4 创新产出	58.70	9
1.1 数字基础设施	13.52	30
1.1.1 固网宽带应用渗透率	29.23	
1.1.2 移动网络应用渗透率	9.56	
1.1.3 车联网车辆接入数量	1.77	
1.2 物流基础设施	13.31	47
1.2.1 货运量	18.69	
1.2.2 人均快递业务量	7.52	
1.2.3 城市物流仓储用地面积占城市建设用地总面积比重	15.20	
1.2.4 物流从业人员数占总人口比重	11.82	
1.3 金融基础设施	26.11	19
1.3.1 年末金融机构人民币各项存款余额	7.58	
1.3.2 年末金融机构人民币各项贷款余额	20.94	
1.3.3 金融业年末城镇单位就业人数占总人口比重	17.02	
1.3.4 数字金融	58.91	
1.4 政策基础设施	12.28	51
1.4.1 地方一般公共预算收入占 GDP 比重	17.71	
1.4.2 地方一般公共预算支出占 GDP 比重	19.14	
1.4.3 政府和社会资本合作环境	0.00	
2.1 人力资源	29.77	34
2.1.1 普通高等学校教育数量与质量	52.60	
2.1.2 中等职业学校教育数量与质量	44.08	

续表

福州	得分	排名
2.1.3 教育支出占 GDP 比重	21.91	
2.1.4 人才引进比重	15.20	
2.1.5 每万人中 R&D 人员数	15.04	
2.2 研发投入	16.81	44
2.2.1 R&D 内部经费占 GDP 的比重	33.14	
2.2.2 地方一般公共预算科学技术支出占 GDP 的比重	10.79	
2.2.3 规模以上工业企业 R&D 经费占主营业务收入比重	6.50	
2.3 创新机构	7.59	28
2.3.1 文化机构	15.94	
2.3.2 国家重点实验室	1.27	
2.3.3 国家创新中心	5.56	
3.1 知识创造	13.18	35
3.1.1 每十万人专利申请数	7.40	
3.1.2 每十万人发明专利数	9.32	
3.1.3 每十万人科技论文数	12.31	
3.1.4 每万元研究开发投入所取得的授权专利数	23.70	
3.2 知识扩散	4.52	26
3.2.1 输出技术成交额	0.00	
3.2.2 吸纳技术成交额	0.00	
3.2.3 国家技术转移机构数	13.56	
4.1 创新经济效益	56.97	12
4.1.1 人均地区生产总值	48.46	
4.1.2 贸易顺差（逆差）	85.01	
4.1.3 规模以上工业企业人均工业总产值	37.45	
4.2 数字创新活力	37.15	11
4.2.1 数字产业活力	16.94	

福州	得分	排名
4.2.2 数字消费活力	58.75	
4.2.3 数字政务活力	55.69	
4.2.4 数字文化活力	17.22	
4.3 创新包容性	57.06	43
4.3.1 城镇登记失业率	85.06	
4.3.2 城乡居民人均可支配收入比	43.79	
4.3.3 平均房价与职工平均工资比	42.34	
4.4 创新可持续性	82.74	4
4.4.1 单位 GDP 工业废水、废气、废物排放量	83.14	
4.4.2 废水废物处理能力	59.51	
4.4.3 可吸入细颗粒物年平均浓度	100.00	
4.4.4 园林绿化覆盖率	75.94	
4.4.5 货运碳排放量	95.11	
广州	得分	排名
城市创新指数	41.95	4
1 创新基础设施	43.97	4
2 创新资源	35.88	6
3 创新过程	27.75	6
4 创新产出	59.23	8
1.1 数字基础设施	30.33	5
1.1.1 固网宽带应用渗透率	32.79	
1.1.2 移动网络应用渗透率	41.72	
1.1.3 车联网车辆接入数量	16.48	
1.2 物流基础设施	76.49	1
1.2.1 货运量	100.00	
1.2.2 人均快递业务量	86.69	

续表

广州	得分	排名
1.2.3 城市物流仓储用地面积占城市建设用地总面积比重	46.70	
1.2.4 物流从业人员数占总人口比重	72.56	
1.3 金融基础设施	52.22	5
1.3.1 年末金融机构人民币各项存款余额	33.22	
1.3.2 年末金融机构人民币各项贷款余额	61.41	
1.3.3 金融业年末城镇单位就业人数占总人口比重	38.68	
1.3.4 数字金融	75.57	
1.4 政策基础设施	16.14	45
1.4.1 地方一般公共预算收入占 GDP 比重	18.26	
1.4.2 地方一般公共预算支出占 GDP 比重	30.17	
1.4.3 政府和社会资本合作环境	0.00	
2.1 人力资源	50.32	4
2.1.1 普通高等学校教育数量与质量	79.15	
2.1.2 中等职业学校教育数量与质量	50.15	
2.1.3 教育支出占 GDP 比重	34.30	
2.1.4 人才引进比重	75.10	
2.1.5 每万人中 R&D 人员数	12.91	
2.2 研发投入	34.25	10
2.2.1 R&D 内部经费占 GDP 比重	44.72	
2.2.2 科学技术支出占 GDP 比重	48.22	
2.2.3 规模以上工业企业 R&D 经费占主营业务收入比重	9.83	
2.3 创新机构	25.38	6
2.3.1 文化机构	28.88	
2.3.2 国家重点实验室	13.92	
2.3.3 国家创新中心	33.33	
3.1 知识创造	29.84	7

广州	得分	排名
3.1.1 每十万人专利申请数	38.24	
3.1.2 每十万人发明专利数	26.47	
3.1.3 每十万人科技论文数	41.00	
3.1.4 每万元研究开发投入所取得的授权专利数	13.63	
3.2 知识扩散	25.70	4
3.2.1 输出技术成交额	21.34	
3.2.2 吸纳技术成交额	26.94	
3.2.3 国家技术转移机构数	28.81	
4.1 创新经济效益	58.76	9
4.1.1 人均地区生产总值	70.64	
4.1.2 贸易顺差(逆差)	82.63	
4.1.3 规模以上工业企业人均工业总产值	23.02	
4.2 数字创新活力	42.03	7
4.2.1 数字产业活力	42.93	
4.2.2 数字消费活力	48.24	
4.2.3 数字政务活力	20.73	
4.2.4 数字文化活力	56.24	
4.3 创新包容性	64.18	35
4.3.1 城镇登记失业率	95.57	
4.3.2 城乡居民人均可支配收入比	43.38	
4.3.3 平均房价与职工平均工资比	53.60	
4.4 创新可持续性	71.93	26
4.4.1 单位 GDP 工业废水、废气、废物排放量	98.22	
4.4.2 废水废物处理能力	67.11	
4.4.3 可吸入细颗粒物年平均浓度	86.05	
4.4.4 园林绿化覆盖率	76.80	
4.4.5 货运碳排放量	31.45	

续表

贵阳	得分	排名
城市创新指数	27.10	22
1 创新基础设施	28.26	14
2 创新资源	22.27	23
3 创新过程	5.92	46
4 创新产出	50.68	31
1.1 数字基础设施	15.43	23
1.1.1 固网宽带应用渗透率	22.67	
1.1.2 移动网络应用渗透率	16.66	
1.1.3 车联网车辆接入数量	6.97	
1.2 物流基础设施	34.96	10
1.2.1 货运量	42.04	
1.2.2 人均快递业务量	6.36	
1.2.3 城市物流仓储用地面积占城市建设用地总面积比重	43.41	
1.2.4 物流从业人员数占总人口比重	48.02	
1.3 金融基础设施	18.78	36
1.3.1 年末金融机构人民币各项存款余额	5.45	
1.3.2 年末金融机构人民币各项贷款余额	16.65	
1.3.3 金融业年末城镇单位就业人数占总人口比重	13.89	
1.3.4 数字金融	39.15	
1.4 政策基础设施	44.98	7
1.4.1 地方一般公共预算收入占 GDP 比重	40.39	
1.4.2 地方一般公共预算支出占 GDP 比重	61.20	
1.4.3 政府和社会资本合作环境	33.33	
2.1 人力资源	44.82	10
2.1.1 普通高等学校教育数量与质量	64.10	
2.1.2 中等职业学校教育数量与质量	62.78	

续表

贵阳	得分	排名
2.1.3 教育支出占 GDP 比重	75.07	
2.1.4 人才引进比重	11.20	
2.1.5 每万人中 R&D 人员数	10.95	
2.2 研发投入	20.25	40
2.2.1 R&D 内部经费占 GDP 比重	26.96	
2.2.2 科学技术支出占 GDP 比重	31.31	
2.2.3 规模以上工业企业 R&D 经费占主营业务收入比重	2.49	
2.3 创新机构	5.37	39
2.3.1 文化机构	4.68	
2.3.2 国家重点实验室	2.53	
2.3.3 国家创新中心	8.89	
3.1 知识创造	9.50	46
3.1.1 每十万人专利申请数	8.98	
3.1.2 每十万人发明专利数	3.98	
3.1.3 每十万人科技论文数	11.12	
3.1.4 每万元研究开发投入所取得的授权专利数	13.94	
3.2 知识扩散	2.40	34
3.2.1 输出技术成交额	1.04	
3.2.2 吸纳技术成交额	2.77	
3.2.3 国家技术转移机构数	3.39	
4.1 创新经济效益	37.68	45
4.1.1 人均地区生产总值	24.20	
4.1.2 贸易顺差（逆差）	80.95	
4.1.3 规模以上工业企业人均工业总产值	7.90	
4.2 数字创新活力	19.22	30
4.2.1 数字产业活力	16.84	

续表

贵阳	得分	排名
4.2.2 数字消费活力	13.83	
4.2.3 数字政务活力	26.77	
4.2.4 数字文化活力	19.43	
4.3 创新包容性	71.37	24
4.3.1 城镇登记失业率	74.20	
4.3.2 城乡居民人均可支配收入比	46.19	
4.3.3 平均房价与职工平均工资比	93.71	
4.4 创新可持续性	74.70	14
4.4.1 单位 GDP 工业废水、废气、废物排放量	85.57	
4.4.2 废水废物处理能力	63.53	
4.4.3 可吸入细颗粒物年平均浓度	93.02	
4.4.4 园林绿化覆盖率	36.76	
4.4.5 货运碳排放量	94.60	
哈尔滨	**得分**	**排名**
城市创新指数	22.53	42
1 创新基础设施	22.48	26
2 创新资源	17.46	39
3 创新过程	11.62	24
4 创新产出	37.79	54
1.1 数字基础设施	2.71	55
1.1.1 固网宽带应用渗透率	0.00	
1.1.2 移动网络应用渗透率	4.01	
1.1.3 车联网车辆接入数量	4.12	
1.2 物流基础设施	16.80	40
1.2.1 货运量	0.56	
1.2.2 人均快递业务量	2.04	

哈尔滨	得分	排名
1.2.3 城市物流仓储用地面积占城市建设用地总面积比重	40.70	
1.2.4 物流从业人员数占总人口比重	23.91	
1.3 金融基础设施	13.10	46
1.3.1 年末金融机构人民币各项存款余额	5.65	
1.3.2 年末金融机构人民币各项贷款余额	13.85	
1.3.3 金融业年末城镇单位就业人数占总人口比重	10.83	
1.3.4 数字金融	22.06	
1.4 政策基础设施	59.79	3
1.4.1 地方一般公共预算收入占 GDP 比重	17.38	
1.4.2 地方一般公共预算支出占 GDP 比重	78.65	
1.4.3 政府和社会资本合作环境	83.33	
2.1 人力资源	28.99	38
2.1.1 普通高等学校教育数量与质量	54.18	
2.1.2 中等职业学校教育数量与质量	46.81	
2.1.3 教育支出占 GDP 比重	36.84	
2.1.4 人才引进比重	0.00	
2.1.5 每万人中 R&D 人员数	7.14	
2.2 研发投入	13.32	48
2.2.1 R&D 内部经费占 GDP 比重	27.09	
2.2.2 科学技术支出占 GDP 比重	10.34	
2.2.3 规模以上工业企业 R&D 经费占主营业务收入比重	2.54	
2.3 创新机构	11.96	18
2.3.1 文化机构	24.70	
2.3.2 国家重点实验室	5.06	
2.3.3 国家创新中心	6.11	
3.1 知识创造	17.30	24

续表

哈尔滨	得分	排名
3.1.1 每十万人专利申请数	3.80	
3.1.2 每十万人发明专利数	6.83	
3.1.3 每十万人科技论文数	18.69	
3.1.4 每万元研究开发投入所取得的授权专利数	39.88	
3.2 知识扩散	6.05	20
3.2.1 输出技术成交额	3.37	
3.2.2 吸纳技术成交额	1.23	
3.2.3 国家技术转移机构数	13.56	
4.1 创新经济效益	31.88	52
4.1.1 人均地区生产总值	7.46	
4.1.2 贸易顺差(逆差)	80.31	
4.1.3 规模以上工业企业人均工业总产值	7.85	
4.2 数字创新活力	6.45	49
4.2.1 数字产业活力	3.53	
4.2.2 数字消费活力	9.37	
4.2.3 数字政务活力	3.11	
4.2.4 数字文化活力	9.79	
4.3 创新包容性	53.50	48
4.3.1 城镇登记失业率	25.37	
4.3.2 城乡居民人均可支配收入比	47.60	
4.3.3 平均房价与职工平均工资比	87.54	
4.4 创新可持续性	59.57	51
4.4.1 单位 GDP 工业废水、废气、废物排放量	85.78	
4.4.2 废水废物处理能力	58.05	
4.4.3 可吸入细颗粒物年平均浓度	58.14	
4.4.4 园林绿化覆盖率	0.00	
4.4.5 货运碳排放量	95.87	

杭州	得分	排名
城市创新指数	39.89	5
1 创新基础设施	34.58	6
2 创新资源	36.64	4
3 创新过程	19.13	9
4 创新产出	68.03	2
1.1 数字基础设施	30.19	6
1.1.1 固网宽带应用渗透率	41.38	
1.1.2 移动网络应用渗透率	22.36	
1.1.3 车联网车辆接入数量	26.83	
1.2 物流基础设施	25.39	23
1.2.1 货运量	22.78	
1.2.2 人均快递业务量	42.87	
1.2.3 城市物流仓储用地面积占城市建设用地总面积比重	8.19	
1.2.4 物流从业人员数占总人口比重	27.72	
1.3 金融基础设施	52.81	4
1.3.1 年末金融机构人民币各项存款余额	25.12	
1.3.2 年末金融机构人民币各项贷款余额	54.55	
1.3.3 金融业年末城镇单位就业人数占总人口比重	31.55	
1.3.4 数字金融	100.00	
1.4 政策基础设施	30.36	24
1.4.1 地方一般公共预算收入占 GDP 比重	57.75	
1.4.2 地方一般公共预算支出占 GDP 比重	33.33	
1.4.3 政府和社会资本合作环境	0.00	
2.1 人力资源	49.43	5
2.1.1 普通高等学校教育数量与质量	59.29	
2.1.2 中等职业学校教育数量与质量	46.74	

续表

杭州	得分	排名
2.1.3 教育支出占 GDP 比重	40.82	
2.1.4 人才引进比重	69.50	
2.1.5 每万人中 R&D 人员数	30.82	
2.2 研发投入	38.72	7
2.2.1 R&D 内部经费占 GDP 比重	54.04	
2.2.2 科学技术支出占 GDP 比重	44.69	
2.2.3 规模以上工业企业 R&D 经费占主营业务收入比重	17.44	
2.3 创新机构	23.78	8
2.3.1 文化机构	36.62	
2.3.2 国家重点实验室	11.39	
2.3.3 国家创新中心	23.33	
3.1 知识创造	27.23	9
3.1.1 每十万人专利申请数	29.06	
3.1.2 每十万人发明专利数	30.66	
3.1.3 每十万人科技论文数	34.21	
3.1.4 每万元研究开发投入所取得的授权专利数	14.98	
3.2 知识扩散	11.17	11
3.2.1 输出技术成交额	4.49	
3.2.2 吸纳技术成交额	10.36	
3.2.3 国家技术转移机构数	18.64	
4.1 创新经济效益	58.48	10
4.1.1 人均地区生产总值	68.16	
4.1.2 贸易顺差（逆差）	87.00	
4.1.3 规模以上工业企业人均工业总产值	20.27	
4.2 数字创新活力	77.89	1
4.2.1 数字产业活力	89.28	

杭州	得分	排名
4.2.2 数字消费活力	100.00	
4.2.3 数字政务活力	78.30	
4.2.4 数字文化活力	44.00	
4.3 创新包容性	72.25	20
4.3.1 城镇登记失业率	86.63	
4.3.2 城乡居民人均可支配收入比	73.77	
4.3.3 平均房价与职工平均工资比	56.36	
4.4 创新可持续性	63.52	41
4.4.1 单位 GDP 工业废水、废气、废物排放量	95.40	
4.4.2 废水废物处理能力	62.65	
4.4.3 可吸入细颗粒物年平均浓度	67.44	
4.4.4 园林绿化覆盖率	38.24	
4.4.5 货运碳排放量	53.87	
合肥	**得分**	**排名**
城市创新指数	27.20	21
1 创新基础设施	17.16	39
2 创新资源	30.62	11
3 创新过程	8.68	36
4 创新产出	51.57	28
1.1 数字基础设施	11.80	36
1.1.1 固网宽带应用渗透率	20.66	
1.1.2 移动网络应用渗透率	7.75	
1.1.3 车联网车辆接入数量	6.99	
1.2 物流基础设施	15.65	42
1.2.1 货运量	29.27	
1.2.2 人均快递业务量	9.85	

续表

合肥	得分	排名
1.2.3 城市物流仓储用地面积占城市建设用地总面积比重	9.45	
1.2.4 物流从业人员数占总人口比重	14.02	
1.3 金融基础设施	24.09	24
1.3.1 年末金融机构人民币各项存款余额	8.07	
1.3.2 年末金融机构人民币各项贷款余额	18.39	
1.3.3 金融业年末城镇单位就业人数占总人口比重	7.64	
1.3.4 数字金融	62.25	
1.4 政策基础设施	17.52	44
1.4.1 地方一般公共预算收入占 GDP 比重	23.47	
1.4.2 地方一般公共预算支出占 GDP 比重	29.10	
1.4.3 政府和社会资本合作环境	0.00	
2.1 人力资源	31.50	32
2.1.1 普通高等学校教育数量与质量	54.16	
2.1.2 中等职业学校教育数量与质量	35.36	
2.1.3 教育支出占 GDP 比重	27.44	
2.1.4 人才引进比重	22.10	
2.1.5 每万人中 R&D 人员数	18.43	
2.2 研发投入	47.10	4
2.2.1 R&D 内部经费占 GDP 比重	48.43	
2.2.2 科学技术支出占 GDP 比重	66.40	
2.2.3 规模以上工业企业 R&D 经费占主营业务收入比重	26.45	
2.3 创新机构	13.17	16
2.3.1 文化机构	12.68	
2.3.2 国家重点实验室	1.27	
2.3.3 国家创新中心	25.56	
3.1 知识创造	9.91	44

合肥	得分	排名
3.1.1 每十万人专利申请数	15.52	
3.1.2 每十万人发明专利数	15.71	
3.1.3 每十万人科技论文数	3.45	
3.1.4 每万元研究开发投入所取得的授权专利数	4.95	
3.2 知识扩散	7.48	16
3.2.1 输出技术成交额	1.79	
3.2.2 吸纳技术成交额	3.69	
3.2.3 国家技术转移机构数	16.95	
4.1 创新经济效益	45.61	26
4.1.1 人均地区生产总值	45.18	
4.1.2 贸易顺差(逆差)	82.84	
4.1.3 规模以上工业企业人均工业总产值	8.81	
4.2 数字创新活力	26.15	23
4.2.1 数字产业活力	16.24	
4.2.2 数字消费活力	34.40	
4.2.3 数字政务活力	34.87	
4.2.4 数字文化活力	19.11	
4.3 创新包容性	61.33	40
4.3.1 城镇登记失业率	46.19	
4.3.2 城乡居民人均可支配收入比	59.74	
4.3.3 平均房价与职工平均工资比	78.07	
4.4 创新可持续性	73.02	20
4.4.1 单位 GDP 工业废水、废气、废物排放量	94.81	
4.4.2 废水废物处理能力	68.74	
4.4.3 可吸入细颗粒物年平均浓度	53.49	
4.4.4 园林绿化覆盖率	57.84	
4.4.5 货运碳排放量	90.22	

续表

惠州	得分	排名
城市创新指数	25.17	33
1 创新基础设施	20.95	32
2 创新资源	19.26	33
3 创新过程	5.41	48
4 创新产出	53.82	26
1.1 数字基础设施	19.82	15
1.1.1 固网宽带应用渗透率	38.76	
1.1.2 移动网络应用渗透率	19.80	
1.1.3 车联网车辆接入数量	0.90	
1.2 物流基础设施	20.04	32
1.2.1 货运量	16.41	
1.2.2 人均快递业务量	20.77	
1.2.3 城市物流仓储用地面积占城市建设用地总面积比重	33.32	
1.2.4 物流从业人员数占总人口比重	9.69	
1.3 金融基础设施	17.63	38
1.3.1 年末金融机构人民币各项存款余额	1.86	
1.3.2 年末金融机构人民币各项贷款余额	4.83	
1.3.3 金融业年末城镇单位就业人数占总人口比重	19.59	
1.3.4 数字金融	44.25	
1.4 政策基础设施	26.54	32
1.4.1 地方一般公共预算收入占 GDP 比重	35.23	
1.4.2 地方一般公共预算支出占 GDP 比重	44.38	
1.4.3 政府和社会资本合作环境	0.00	
2.1 人力资源	34.78	23
2.1.1 普通高等学校教育数量与质量	28.92	
2.1.2 中等职业学校教育数量与质量	48.69	

惠州	得分	排名
2.1.3 教育支出占 GDP 比重	62.66	
2.1.4 人才引进比重	12.60	
2.1.5 每万人中 R&D 人员数	21.04	
2.2 研发投入	24.08	22
2.2.1 R&D 内部经费占 GDP 比重	37.01	
2.2.2 科学技术支出占 GDP 比重	26.08	
2.2.3 规模以上工业企业 R&D 经费占主营业务收入比重	9.16	
2.3 创新机构	1.32	57
2.3.1 文化机构	2.30	
2.3.2 国家重点实验室	0.00	
2.3.3 国家创新中心	1.67	
3.1 知识创造	9.59	45
3.1.1 每十万人专利申请数	10.97	
3.1.2 每十万人发明专利数	7.85	
3.1.3 每十万人科技论文数	0.00	
3.1.4 每万元研究开发投入所取得的授权专利数	19.54	
3.2 知识扩散	1.32	52
3.2.1 输出技术成交额	1.30	
3.2.2 吸纳技术成交额	2.64	
3.2.3 国家技术转移机构数	0.00	
4.1 创新经济效益	44.23	29
4.1.1 人均地区生产总值	26.72	
4.1.2 贸易顺差(逆差)	84.46	
4.1.3 规模以上工业企业人均工业总产值	21.51	
4.2 数字创新活力	13.45	37
4.2.1 数字产业活力	8.60	

续表

惠州	得分	排名
4.2.2 数字消费活力	22.95	
4.2.3 数字政务活力	3.08	
4.2.4 数字文化活力	19.15	
4.3 创新包容性	80.36	4
4.3.1 城镇登记失业率	81.76	
4.3.2 城乡居民人均可支配收入比	70.60	
4.3.3 平均房价与职工平均工资比	88.72	
4.4 创新可持续性	78.04	7
4.4.1 单位 GDP 工业废水、废气、废物排放量	84.39	
4.4.2 废水废物处理能力	70.66	
4.4.3 可吸入细颗粒物年平均浓度	97.67	
4.4.4 园林绿化覆盖率	62.23	
4.4.5 货运碳排放量	75.26	
济南	得分	排名
城市创新指数	25.93	28
1 创新基础设施	21.47	31
2 创新资源	23.69	20
3 创新过程	13.86	15
4 创新产出	43.99	45
1.1 数字基础设施	12.71	33
1.1.1 固网宽带应用渗透率	23.49	
1.1.2 移动网络应用渗透率	8.28	
1.1.3 车联网车辆接入数量	6.35	
1.2 物流基础设施	16.24	41
1.2.1 货运量	21.70	
1.2.2 人均快递业务量	7.21	

续表

济南	得分	排名
1.2.3 城市物流仓储用地面积占城市建设用地总面积比重	21.23	
1.2.4 物流从业人员数占总人口比重	14.80	
1.3 金融基础设施	24.84	22
1.3.1 年末金融机构人民币各项存款余额	9.40	
1.3.2 年末金融机构人民币各项贷款余额	21.62	
1.3.3 金融业年末城镇单位就业人数占总人口比重	18.39	
1.3.4 数字金融	49.94	
1.4 政策基础设施	33.12	19
1.4.1 地方一般公共预算收入占 GDP 比重	32.84	
1.4.2 地方一般公共预算支出占 GDP 比重	33.20	
1.4.3 政府和社会资本合作环境	33.33	
2.1 人力资源	38.95	14
2.1.1 普通高等学校教育数量与质量	65.53	
2.1.2 中等职业学校教育数量与质量	51.54	
2.1.3 教育支出占 GDP 比重	23.26	
2.1.4 人才引进比重	39.40	
2.1.5 每万人中 R&D 人员数	15.00	
2.2 研发投入	21.53	33
2.2.1 R&D 内部经费占 GDP 比重	37.00	
2.2.2 科学技术支出占 GDP 比重	18.56	
2.2.3 规模以上工业企业 R&D 经费占主营业务收入比重	9.02	
2.3 创新机构	13.07	17
2.3.1 文化机构	21.14	
2.3.2 国家重点实验室	2.53	
2.3.3 国家创新中心	15.56	
3.1 知识创造	17.18	25

续表

济南	得分	排名
3.1.1 每十万人专利申请数	11.01	
3.1.2 每十万人发明专利数	12.10	
3.1.3 每十万人科技论文数	20.06	
3.1.4 每万元研究开发投入所取得的授权专利数	25.53	
3.2 知识扩散	10.61	12
3.2.1 输出技术成交额	4.53	
3.2.2 吸纳技术成交额	8.65	
3.2.3 国家技术转移机构数	18.64	
4.1 创新经济效益	42.75	34
4.1.1 人均地区生产总值	39.43	
4.1.2 贸易顺差（逆差）	81.08	
4.1.3 规模以上工业企业人均工业总产值	7.74	
4.2 数字创新活力	11.31	41
4.2.1 数字产业活力	16.63	
4.2.2 数字消费活力	9.22	
4.2.3 数字政务活力	7.87	
4.2.4 数字文化活力	11.51	
4.3 创新包容性	56.78	44
4.3.1 城镇登记失业率	81.62	
4.3.2 城乡居民人均可支配收入比	14.12	
4.3.3 平均房价与职工平均工资比	74.60	
4.4 创新可持续性	65.36	39
4.4.1 单位 GDP 工业废水、废气、废物排放量	89.24	
4.4.2 废水废物处理能力	74.07	
4.4.3 可吸入细颗粒物年平均浓度	32.56	
4.4.4 园林绿化覆盖率	44.51	
4.4.5 货运碳排放量	86.41	

嘉兴	得分	排名
城市创新指数	30.75	15
1 创新基础设施	24.07	22
2 创新资源	30.64	10
3 创新过程	8.82	34
4 创新产出	58.37	12
1.1 数字基础设施	16.71	19
1.1.1 固网宽带应用渗透率	28.70	
1.1.2 移动网络应用渗透率	17.44	
1.1.3 车联网车辆接入数量	3.99	
1.2 物流基础设施	26.00	22
1.2.1 货运量	14.14	
1.2.2 人均快递业务量	24.78	
1.2.3 城市物流仓储用地面积占城市建设用地总面积比重	57.81	
1.2.4 物流从业人员数占总人口比重	7.28	
1.3 金融基础设施	20.75	33
1.3.1 年末金融机构人民币各项存款余额	3.83	
1.3.2 年末金融机构人民币各项贷款余额	8.20	
1.3.3 金融业年末城镇单位就业人数占总人口比重	9.55	
1.3.4 数字金融	61.41	
1.4 政策基础设施	33.49	18
1.4.1 地方一般公共预算收入占 GDP 比重	41.85	
1.4.2 地方一般公共预算支出占 GDP 比重	41.97	
1.4.3 政府和社会资本合作环境	16.67	
2.1 人力资源	33.93	27
2.1.1 普通高等学校教育数量与质量	36.84	
2.1.2 中等职业学校教育数量与质量	52.03	

续表

嘉兴	得分	排名
2.1.3 教育支出占 GDP 比重	44.14	
2.1.4 人才引进比重	10.60	
2.1.5 每万人中 R&D 人员数	26.03	
2.2 研发投入	52.40	3
2.2.1 R&D 内部经费占 GDP 比重	47.88	
2.2.2 科学技术支出占 GDP 比重	26.71	
2.2.3 规模以上工业企业 R&D 经费占主营业务收入比重	82.60	
2.3 创新机构	5.82	38
2.3.1 文化机构	14.69	
2.3.2 国家重点实验室	0.00	
2.3.3 国家创新中心	2.78	
3.1 知识创造	16.18	29
3.1.1 每十万人专利申请数	21.58	
3.1.2 每十万人发明专利数	12.70	
3.1.3 每十万人科技论文数	1.21	
3.1.4 每万元研究开发投入所取得的授权专利数	29.23	
3.2 知识扩散	1.59	46
3.2.1 输出技术成交额	1.16	
3.2.2 吸纳技术成交额	1.92	
3.2.3 国家技术转移机构数	1.69	
4.1 创新经济效益	54.12	16
4.1.1 人均地区生产总值	43.39	
4.1.2 贸易顺差(逆差)	86.42	
4.1.3 规模以上工业企业人均工业总产值	32.55	
4.2 数字创新活力	34.72	13
4.2.1 数字产业活力	18.54	

续表

嘉兴	得分	排名
4.2.2 数字消费活力	53.63	
4.2.3 数字政务活力	45.16	
4.2.4 数字文化活力	21.56	
4.3 创新包容性	78.80	7
4.3.1 城镇登记失业率	66.70	
4.3.2 城乡居民人均可支配收入比	85.52	
4.3.3 平均房价与职工平均工资比	84.17	
4.4 创新可持续性	66.88	34
4.4.1 单位 GDP 工业废水、废气、废物排放量	86.08	
4.4.2 废水废物处理能力	69.34	
4.4.3 可吸入细颗粒物年平均浓度	74.42	
4.4.4 园林绿化覆盖率	26.49	
4.4.5 货运碳排放量	78.08	
金华	**得分**	**排名**
城市创新指数	26.32	25
1 创新基础设施	17.84	37
2 创新资源	19.80	32
3 创新过程	10.22	29
4 创新产出	56.34	18
1.1 数字基础设施	13.23	31
1.1.1 固网宽带应用渗透率	26.86	
1.1.2 移动网络应用渗透率	11.62	
1.1.3 车联网车辆接入数量	1.20	
1.2 物流基础设施	9.99	54
1.2.1 货运量	2.96	
1.2.2 人均快递业务量	24.73	

续表

金华	得分	排名
1.2.3 城市物流仓储用地面积占城市建设用地总面积比重	6.31	
1.2.4 物流从业人员数占总人口比重	5.95	
1.3 金融基础设施	23.93	26
1.3.1 年末金融机构人民币各项存款余额	4.08	
1.3.2 年末金融机构人民币各项贷款余额	8.73	
1.3.3 金融业年末城镇单位就业人数占总人口比重	12.94	
1.3.4 数字金融	69.97	
1.4 政策基础设施	24.90	36
1.4.1 地方一般公共预算收入占 GDP 比重	31.16	
1.4.2 地方一般公共预算支出占 GDP 比重	43.54	
1.4.3 政府和社会资本合作环境	0.00	
2.1 人力资源	34.99	22
2.1.1 普通高等学校教育数量与质量	39.36	
2.1.2 中等职业学校教育数量与质量	53.31	
2.1.3 教育支出占 GDP 比重	59.10	
2.1.4 人才引进比重	7.10	
2.1.5 每万人中 R&D 人员数	16.06	
2.2 研发投入	22.59	30
2.2.1 R&D 内部经费占 GDP 比重	28.28	
2.2.2 科学技术支出占 GDP 比重	23.02	
2.2.3 规模以上工业企业 R&D 经费占主营业务收入比重	16.46	
2.3 创新机构	4.20	42
2.3.1 文化机构	10.37	
2.3.2 国家重点实验室	0.00	
2.3.3 国家创新中心	2.22	
3.1 知识创造	18.66	22

续表

金华	得分	排名
3.1.1 每十万人专利申请数	17.32	
3.1.2 每十万人发明专利数	7.36	
3.1.3 每十万人科技论文数	1.90	
3.1.4 每万元研究开发投入所取得的授权专利数	48.05	
3.2 知识扩散	1.93	39
3.2.1 输出技术成交额	0.95	
3.2.2 吸纳技术成交额	1.46	
3.2.3 国家技术转移机构数	3.39	
4.1 创新经济效益	43.29	32
4.1.1 人均地区生产总值	23.72	
4.1.2 贸易顺差（逆差）	97.24	
4.1.3 规模以上工业企业人均工业总产值	8.91	
4.2 数字创新活力	39.48	8
4.2.1 数字产业活力	29.92	
4.2.2 数字消费活力	59.71	
4.2.3 数字政务活力	49.50	
4.2.4 数字文化活力	18.80	
4.3 创新包容性	70.10	27
4.3.1 城镇登记失业率	81.35	
4.3.2 城乡居民人均可支配收入比	55.49	
4.3.3 平均房价与职工平均工资比	73.45	
4.4 创新可持续性	72.44	24
4.4.1 单位 GDP 工业废水、废气、废物排放量	89.81	
4.4.2 废水废物处理能力	67.79	
4.4.3 可吸入细颗粒物年平均浓度	83.72	
4.4.4 园林绿化覆盖率	42.63	
4.4.5 货运碳排放量	78.27	

续表

济宁	得分	排名
城市创新指数	20.74	51
1 创新基础设施	18.18	35
2 创新资源	15.18	47
3 创新过程	6.81	43
4 创新产出	41.86	50
1.1 数字基础设施	13.85	29
1.1.1 固网宽带应用渗透率	5.95	
1.1.2 移动网络应用渗透率	2.74	
1.1.3 车联网车辆接入数量	32.87	
1.2 物流基础设施	15.08	43
1.2.1 货运量	18.17	
1.2.2 人均快递业务量	0.61	
1.2.3 城市物流仓储用地面积占城市建设用地总面积比重	39.67	
1.2.4 物流从业人员数占总人口比重	1.87	
1.3 金融基础设施	6.80	54
1.3.1 年末金融机构人民币各项存款余额	1.68	
1.3.2 年末金融机构人民币各项贷款余额	2.72	
1.3.3 金融业年末城镇单位就业人数占总人口比重	5.88	
1.3.4 数字金融	16.89	
1.4 政策基础设施	37.88	12
1.4.1 地方一般公共预算收入占 GDP 比重	32.91	
1.4.2 地方一般公共预算支出占 GDP 比重	47.39	
1.4.3 政府和社会资本合作环境	33.33	
2.1 人力资源	31.34	33
2.1.1 普通高等学校教育数量与质量	27.65	
2.1.2 中等职业学校教育数量与质量	38.11	

续表

济宁	得分	排名
2.1.3 教育支出占 GDP 比重	87.67	
2.1.4 人才引进比重	0.00	
2.1.5 每万人中 R&D 人员数	3.26	
2.2 研发投入	10.27	51
2.2.1 R&D 内部经费占 GDP 比重	18.60	
2.2.2 科学技术支出占 GDP 比重	5.24	
2.2.3 规模以上工业企业 R&D 经费占主营业务收入比重	6.97	
2.3 创新机构	6.59	35
2.3.1 文化机构	14.77	
2.3.2 国家重点实验室	0.00	
2.3.3 国家创新中心	5.00	
3.1 知识创造	11.91	38
3.1.1 每十万人专利申请数	1.95	
3.1.2 每十万人发明专利数	0.44	
3.1.3 每十万人科技论文数	0.47	
3.1.4 每万元研究开发投入所取得的授权专利数	44.80	
3.2 知识扩散	1.79	40
3.2.1 输出技术成交额	0.99	
3.2.2 吸纳技术成交额	1.00	
3.2.3 国家技术转移机构数	3.39	
4.1 创新经济效益	31.01	54
4.1.1 人均地区生产总值	5.69	
4.1.2 贸易顺差(逆差)	80.84	
4.1.3 规模以上工业企业人均工业总产值	6.50	
4.2 数字创新活力	4.47	53
4.2.1 数字产业活力	4.38	

续表

济宁	得分	排名
4.2.2 数字消费活力	3.28	
4.2.3 数字政务活力	8.93	
4.2.4 数字文化活力	1.28	
4.3 创新包容性	70.17	26
4.3.1 城镇登记失业率	63.53	
4.3.2 城乡居民人均可支配收入比	53.85	
4.3.3 平均房价与职工平均工资比	93.14	
4.4 创新可持续性	62.76	44
4.4.1 单位 GDP 工业废水、废气、废物排放量	82.66	
4.4.2 废水废物处理能力	71.66	
4.4.3 可吸入细颗粒物年平均浓度	30.23	
4.4.4 园林绿化覆盖率	40.99	
4.4.5 货运碳排放量	88.27	
昆明	**得分**	**排名**
城市创新指数	26.90	23
1 创新基础设施	23.64	23
2 创新资源	28.44	14
3 创新过程	9.49	33
4 创新产出	45.24	42
1.1 数字基础设施	16.34	21
1.1.1 固网宽带应用渗透率	19.49	
1.1.2 移动网络应用渗透率	14.44	
1.1.3 车联网车辆接入数量	15.09	
1.2 物流基础设施	22.90	28
1.2.1 货运量	20.84	
1.2.2 人均快递业务量	5.04	

昆明	得分	排名
1.2.3 城市物流仓储用地面积占城市建设用地总面积比重	38.80	
1.2.4 物流从业人员数占总人口比重	26.94	
1.3 金融基础设施	21.87	29
1.3.1 年末金融机构人民币各项存款余额	7.30	
1.3.2 年末金融机构人民币各项贷款余额	21.94	
1.3.3 金融业年末城镇单位就业人数占总人口比重	13.44	
1.3.4 数字金融	44.81	
1.4 政策基础设施	34.22	17
1.4.1 地方一般公共预算收入占 GDP 比重	36.16	
1.4.2 地方一般公共预算支出占 GDP 比重	33.18	
1.4.3 政府和社会资本合作环境	33.33	
2.1 人力资源	32.74	28
2.1.1 普通高等学校教育数量与质量	67.67	
2.1.2 中等职业学校教育数量与质量	41.24	
2.1.3 教育支出占 GDP 比重	28.90	
2.1.4 人才引进比重	13.50	
2.1.5 每万人中 R&D 人员数	12.39	
2.2 研发投入	45.48	5
2.2.1 R&D 内部经费占 GDP 比重	26.44	
2.2.2 科学技术支出占 GDP 比重	10.01	
2.2.3 规模以上工业企业 R&D 经费占主营业务收入比重	100.00	
2.3 创新机构	7.55	29
2.3.1 文化机构	11.24	
2.3.2 国家重点实验室	2.53	
2.3.3 国家创新中心	8.89	
3.1 知识创造	14.41	32

续表

昆明	得分	排名
3.1.1 每十万人专利申请数	7.06	
3.1.2 每十万人发明专利数	5.65	
3.1.3 每十万人科技论文数	14.48	
3.1.4 每万元研究开发投入所取得的授权专利数	30.46	
3.2 知识扩散	4.65	24
3.2.1 输出技术成交额	0.40	
3.2.2 吸纳技术成交额	1.69	
3.2.3 国家技术转移机构数	11.86	
4.1 创新经济效益	39.22	41
4.1.1 人均地区生产总值	31.60	
4.1.2 贸易顺差（逆差）	78.56	
4.1.3 规模以上工业企业人均工业总产值	7.52	
4.2 数字创新活力	19.94	28
4.2.1 数字产业活力	18.28	
4.2.2 数字消费活力	17.02	
4.2.3 数字政务活力	22.77	
4.2.4 数字文化活力	21.68	
4.3 创新包容性	43.95	55
4.3.1 城镇登记失业率	43.51	
4.3.2 城乡居民人均可支配收入比	2.73	
4.3.3 平均房价与职工平均工资比	85.62	
4.4 创新可持续性	76.57	9
4.4.1 单位 GDP 工业废水、废气、废物排放量	81.01	
4.4.2 废水废物处理能力	64.92	
4.4.3 可吸入细颗粒物年平均浓度	95.35	
4.4.4 园林绿化覆盖率	48.98	
4.4.5 货运碳排放量	92.61	

临沂	得分	排名
城市创新指数	21.11	48
1 创新基础设施	22.56	25
2 创新资源	15.54	44
3 创新过程	8.52	37
4 创新产出	36.94	56
1.1 数字基础设施	8.12	44
1.1.1 固网宽带应用渗透率	3.14	
1.1.2 移动网络应用渗透率	1.48	
1.1.3 车联网车辆接入数量	19.74	
1.2 物流基础设施	21.80	29
1.2.1 货运量	20.72	
1.2.2 人均快递业务量	0.72	
1.2.3 城市物流仓储用地面积占城市建设用地总面积比重	65.76	
1.2.4 物流从业人员数占总人口比重	0.00	
1.3 金融基础设施	6.68	56
1.3.1 年末金融机构人民币各项存款余额	2.43	
1.3.2 年末金融机构人民币各项贷款余额	5.29	
1.3.3 金融业年末城镇单位就业人数占总人口比重	0.34	
1.3.4 数字金融	18.66	
1.4 政策基础设施	55.51	4
1.4.1 地方一般公共预算收入占 GDP 比重	18.14	
1.4.2 地方一般公共预算支出占 GDP 比重	48.38	
1.4.3 政府和社会资本合作环境	100.00	
2.1 人力资源	31.66	31
2.1.1 普通高等学校教育数量与质量	14.70	
2.1.2 中等职业学校教育数量与质量	34.15	

续表

临沂	得分	排名
2.1.3 教育支出占 GDP 比重	100.00	
2.1.4 人才引进比重	7.10	
2.1.5 每万人中 R&D 人员数	2.36	
2.2 研发投入	11.02	50
2.2.1 R&D 内部经费占 GDP 比重	25.96	
2.2.2 科学技术支出占 GDP 比重	1.55	
2.2.3 规模以上工业企业 R&D 经费占主营业务收入比重	5.54	
2.3 创新机构	6.58	36
2.3.1 文化机构	14.18	
2.3.2 国家重点实验室	0.00	
2.3.3 国家创新中心	5.56	
3.1 知识创造	16.47	26
3.1.1 每十万人专利申请数	0.88	
3.1.2 每十万人发明专利数	0.00	
3.1.3 每十万人科技论文数	0.09	
3.1.4 每万元研究开发投入所取得的授权专利数	64.90	
3.2 知识扩散	0.72	55
3.2.1 输出技术成交额	1.06	
3.2.2 吸纳技术成交额	1.12	
3.2.3 国家技术转移机构数	0.00	
4.1 创新经济效益	27.94	57
4.1.1 人均地区生产总值	0.00	
4.1.2 贸易顺差(逆差)	82.66	
4.1.3 规模以上工业企业人均工业总产值	1.16	
4.2 数字创新活力	3.62	54
4.2.1 数字产业活力	3.39	

续表

临沂	得分	排名
4.2.2 数字消费活力	3.37	
4.2.3 数字政务活力	6.60	
4.2.4 数字文化活力	1.11	
4.3 创新包容性	59.07	41
4.3.1 城镇登记失业率	65.30	
4.3.2 城乡居民人均可支配收入比	23.81	
4.3.3 平均房价与职工平均工资比	88.09	
4.4 创新可持续性	57.76	55
4.4.1 单位 GDP 工业废水、废气、废物排放量	60.17	
4.4.2 废水废物处理能力	68.38	
4.4.3 可吸入细颗粒物年平均浓度	23.26	
4.4.4 园林绿化覆盖率	45.85	
4.4.5 货运碳排放量	91.15	
洛阳	得分	排名
城市创新指数	17.10	57
1 创新基础设施	11.37	55
2 创新资源	20.86	28
3 创新过程	2.05	56
4 创新产出	33.51	57
1.1 数字基础设施	6.54	49
1.1.1 固网宽带应用渗透率	12.99	
1.1.2 移动网络应用渗透率	4.64	
1.1.3 车联网车辆接入数量	1.99	
1.2 物流基础设施	12.21	48
1.2.1 货运量	15.59	
1.2.2 人均快递业务量	1.47	

续表

洛阳	得分	排名
1.2.3 城市物流仓储用地面积占城市建设用地总面积比重	29.42	
1.2.4 物流从业人员数占总人口比重	2.36	
1.3 金融基础设施	9.38	50
1.3.1 年末金融机构人民币各项存款余额	1.86	
1.3.2 年末金融机构人民币各项贷款余额	3.81	
1.3.3 金融业年末城镇单位就业人数占总人口比重	0.75	
1.3.4 数字金融	31.09	
1.4 政策基础设施	17.85	43
1.4.1 地方一般公共预算收入占 GDP 比重	19.34	
1.4.2 地方一般公共预算支出占 GDP 比重	34.19	
1.4.3 政府和社会资本合作环境	0.00	
2.1 人力资源	25.04	47
2.1.1 普通高等学校教育数量与质量	38.09	
2.1.2 中等职业学校教育数量与质量	38.23	
2.1.3 教育支出占 GDP 比重	35.35	
2.1.4 人才引进比重	6.30	
2.1.5 每万人中 R&D 人员数	7.23	
2.2 研发投入	22.85	28
2.2.1 R&D 内部经费占 GDP 比重	36.68	
2.2.2 科学技术支出占 GDP 比重	21.60	
2.2.3 规模以上工业企业 R&D 经费占主营业务收入比重	10.29	
2.3 创新机构	15.33	13
2.3.1 文化机构	22.65	
2.3.2 国家重点实验室	0.00	
2.3.3 国家创新中心	23.33	
3.1 知识创造	3.49	55

续表

洛阳	得分	排名
3.1.1 每十万人专利申请数	2.43	
3.1.2 每十万人发明专利数	2.28	
3.1.3 每十万人科技论文数	2.45	
3.1.4 每万元研究开发投入所取得的授权专利数	6.80	
3.2 知识扩散	0.65	56
3.2.1 输出技术成交额	0.17	
3.2.2 吸纳技术成交额	0.07	
3.2.3 国家技术转移机构数	1.69	
4.1 创新经济效益	34.66	49
4.1.1 人均地区生产总值	18.53	
4.1.2 贸易顺差(逆差)	80.86	
4.1.3 规模以上工业企业人均工业总产值	4.60	
4.2 数字创新活力	3.12	56
4.2.1 数字产业活力	6.14	
4.2.2 数字消费活力	0.00	
4.2.3 数字政务活力	2.17	
4.2.4 数字文化活力	4.16	
4.3 创新包容性	36.32	57
4.3.1 城镇登记失业率	0.00	
4.3.2 城乡居民人均可支配收入比	20.36	
4.3.3 平均房价与职工平均工资比	88.60	
4.4 创新可持续性	59.43	52
4.4.1 单位 GDP 工业废水、废气、废物排放量	90.06	
4.4.2 废水废物处理能力	63.73	
4.4.3 可吸入细颗粒物年平均浓度	11.63	
4.4.4 园林绿化覆盖率	34.95	
4.4.5 货运碳排放量	96.80	

续表

南昌	得分	排名
城市创新指数	23.08	41
1 创新基础设施	17.85	36
2 创新资源	17.91	37
3 创新过程	6.00	45
4 创新产出	49.51	35
1.1 数字基础设施	12.12	35
1.1.1 固网宽带应用渗透率	26.04	
1.1.2 移动网络应用渗透率	8.08	
1.1.3 车联网车辆接入数量	2.22	
1.2 物流基础设施	11.69	50
1.2.1 货运量	7.46	
1.2.2 人均快递业务量	6.73	
1.2.3 城市物流仓储用地面积占城市建设用地总面积比重	14.99	
1.2.4 物流从业人员数占总人口比重	17.57	
1.3 金融基础设施	23.97	25
1.3.1 年末金融机构人民币各项存款余额	5.48	
1.3.2 年末金融机构人民币各项贷款余额	16.38	
1.3.3 金融业年末城镇单位就业人数占总人口比重	22.86	
1.3.4 数字金融	51.18	
1.4 政策基础设施	24.35	39
1.4.1 地方一般公共预算收入占 GDP 比重	27.67	
1.4.2 地方一般公共预算支出占 GDP 比重	45.39	
1.4.3 政府和社会资本合作环境	0.00	
2.1 人力资源	32.28	30
2.1.1 普通高等学校教育数量与质量	73.95	
2.1.2 中等职业学校教育数量与质量	31.17	

续表

南昌	得分	排名
2.1.3 教育支出占 GDP 比重	36.15	
2.1.4 人才引进比重	12.60	
2.1.5 每万人中 R&D 人员数	7.52	
2.2 研发投入	20.38	39
2.2.1 R&D 内部经费占 GDP 比重	27.71	
2.2.2 科学技术支出占 GDP 比重	26.29	
2.2.3 规模以上工业企业 R&D 经费占主营业务收入比重	7.13	
2.3 创新机构	3.33	47
2.3.1 文化机构	4.44	
2.3.2 国家重点实验室	0.00	
2.3.3 国家创新中心	5.56	
3.1 知识创造	9.35	47
3.1.1 每十万人专利申请数	7.17	
3.1.2 每十万人发明专利数	4.01	
3.1.3 每十万人科技论文数	15.58	
3.1.4 每万元研究开发投入所取得的授权专利数	10.65	
3.2 知识扩散	2.70	33
3.2.1 输出技术成交额	0.37	
3.2.2 吸纳技术成交额	0.96	
3.2.3 国家技术转移机构数	6.78	
4.1 创新经济效益	43.21	33
4.1.1 人均地区生产总值	35.69	
4.1.2 贸易顺差(逆差)	81.37	
4.1.3 规模以上工业企业人均工业总产值	12.56	
4.2 数字创新活力	17.49	33
4.2.1 数字产业活力	11.06	

续表

南昌	得分	排名
4.2.2 数字消费活力	33.95	
4.2.3 数字政务活力	5.27	
4.2.4 数字文化活力	19.67	
4.3 创新包容性	67.88	32
4.3.1 城镇登记失业率	78.77	
4.3.2 城乡居民人均可支配收入比	42.66	
4.3.3 平均房价与职工平均工资比	82.22	
4.4 创新可持续性	69.92	31
4.4.1 单位 GDP 工业废水、废气、废物排放量	93.24	
4.4.2 废水废物处理能力	54.09	
4.4.3 可吸入细颗粒物年平均浓度	74.42	
4.4.4 园林绿化覆盖率	36.99	
4.4.5 货运碳排放量	90.87	
南京	得分	排名
城市创新指数	37.28	7
1 创新基础设施	28.30	13
2 创新资源	32.41	9
3 创新过程	29.31	4
4 创新产出	58.49	11
1.1 数字基础设施	20.29	14
1.1.1 固网宽带应用渗透率	41.65	
1.1.2 移动网络应用渗透率	12.60	
1.1.3 车联网车辆接入数量	6.63	
1.2 物流基础设施	28.07	18
1.2.1 货运量	27.16	
1.2.2 人均快递业务量	15.10	

续表

南京	得分	排名
1.2.3 城市物流仓储用地面积占城市建设用地总面积比重	37.30	
1.2.4 物流从业人员数占总人口比重	32.73	
1.3 金融基础设施	40.15	6
1.3.1 年末金融机构人民币各项存款余额	20.09	
1.3.2 年末金融机构人民币各项贷款余额	43.88	
1.3.3 金融业年末城镇单位就业人数占总人口比重	17.26	
1.3.4 数字金融	79.35	
1.4 政策基础设施	25.15	33
1.4.1 地方一般公共预算收入占 GDP 比重	46.97	
1.4.2 地方一般公共预算支出占 GDP 比重	28.48	
1.4.3 政府和社会资本合作环境	0.00	
2.1 人力资源	45.07	9
2.1.1 普通高等学校教育数量与质量	81.55	
2.1.2 中等职业学校教育数量与质量	44.88	
2.1.3 教育支出占 GDP 比重	27.34	
2.1.4 人才引进比重	53.20	
2.1.5 每万人中 R&D 人员数	18.38	
2.2 研发投入	33.13	12
2.2.1 R&D 内部经费占 GDP 比重	51.85	
2.2.2 科学技术支出占 GDP 比重	30.86	
2.2.3 规模以上工业企业 R&D 经费占主营业务收入比重	16.69	
2.3 创新机构	21.04	11
2.3.1 文化机构	31.43	
2.3.2 国家重点实验室	22.78	
2.3.3 国家创新中心	8.89	
3.1 知识创造	40.18	4

续表

南京	得分	排名
3.1.1 每十万人专利申请数	29.55	
3.1.2 每十万人发明专利数	36.37	
3.1.3 每十万人科技论文数	70.07	
3.1.4 每万元研究开发投入所取得的授权专利数	24.75	
3.2 知识扩散	18.63	8
3.2.1 输出技术成交额	10.14	
3.2.2 吸纳技术成交额	16.94	
3.2.3 国家技术转移机构数	28.81	
4.1 创新经济效益	62.27	8
4.1.1 人均地区生产总值	76.41	
4.1.2 贸易顺差（逆差）	85.56	
4.1.3 规模以上工业企业人均工业总产值	24.85	
4.2 数字创新活力	35.45	12
4.2.1 数字产业活力	24.87	
4.2.2 数字消费活力	56.99	
4.2.3 数字政务活力	24.29	
4.2.4 数字文化活力	35.64	
4.3 创新包容性	58.75	42
4.3.1 城镇登记失业率	76.30	
4.3.2 城乡居民人均可支配收入比	38.03	
4.3.3 平均房价与职工平均工资比	61.91	
4.4 创新可持续性	77.14	8
4.4.1 单位 GDP 工业废水、废气、废物排放量	93.71	
4.4.2 废水废物处理能力	69.11	
4.4.3 可吸入细颗粒物年平均浓度	62.79	
4.4.4 园林绿化覆盖率	74.14	
4.4.5 货运碳排放量	85.94	

南宁	得分	排名
城市创新指数	20.94	50
1 创新基础设施	19.50	34
2 创新资源	14.91	48
3 创新过程	2.64	55
4 创新产出	45.53	41
1.1 数字基础设施	11.17	37
1.1.1 固网宽带应用渗透率	17.96	
1.1.2 移动网络应用渗透率	9.84	
1.1.3 车联网车辆接入数量	5.72	
1.2 物流基础设施	19.14	34
1.2.1 货运量	26.94	
1.2.2 人均快递业务量	0.67	
1.2.3 城市物流仓储用地面积占城市建设用地总面积比重	37.26	
1.2.4 物流从业人员数占总人口比重	11.68	
1.3 金融基础设施	20.08	34
1.3.1 年末金融机构人民币各项存款余额	4.70	
1.3.2 年末金融机构人民币各项贷款余额	16.52	
1.3.3 金融业年末城镇单位就业人数占总人口比重	18.95	
1.3.4 数字金融	40.17	
1.4 政策基础设施	28.42	27
1.4.1 地方一般公共预算收入占 GDP 比重	25.59	
1.4.2 地方一般公共预算支出占 GDP 比重	59.66	
1.4.3 政府和社会资本合作环境	0.00	
2.1 人力资源	35.51	21
2.1.1 普通高等学校教育数量与质量	44.99	
2.1.2 中等职业学校教育数量与质量	45.24	

续表

南宁	得分	排名
2.1.3 教育支出占 GDP 比重	74.46	
2.1.4 人才引进比重	8.70	
2.1.5 每万人中 R&D 人员数	4.17	
2.2 研发投入	8.90	53
2.2.1 R&D 内部经费占 GDP 比重	17.39	
2.2.2 科学技术支出占 GDP 比重	7.19	
2.2.3 规模以上工业企业 R&D 经费占主营业务收入比重	2.14	
2.3 创新机构	3.67	44
2.3.1 文化机构	7.53	
2.3.2 国家重点实验室	1.27	
2.3.3 国家创新中心	2.22	
3.1 知识创造	3.25	56
3.1.1 每十万人专利申请数	0.00	
3.1.2 每十万人发明专利数	1.08	
3.1.3 每十万人科技论文数	5.70	
3.1.4 每万元研究开发投入所取得的授权专利数	6.23	
3.2 知识扩散	2.03	37
3.2.1 输出技术成交额	0.07	
3.2.2 吸纳技术成交额	0.94	
3.2.3 国家技术转移机构数	5.08	
4.1 创新经济效益	31.22	53
4.1.1 人均地区生产总值	11.56	
4.1.2 贸易顺差(逆差)	80.28	
4.1.3 规模以上工业企业人均工业总产值	1.81	
4.2 数字创新活力	11.43	40
4.2.1 数字产业活力	12.76	

续表

南宁	得分	排名
4.2.2 数字消费活力	15.86	
4.2.3 数字政务活力	4.64	
4.2.4 数字文化活力	12.47	
4.3 创新包容性	63.80	36
4.3.1 城镇登记失业率	77.73	
4.3.2 城乡居民人均可支配收入比	25.73	
4.3.3 平均房价与职工平均工资比	87.93	
4.4 创新可持续性	75.53	12
4.4.1 单位 GDP 工业废水、废气、废物排放量	89.81	
4.4.2 废水废物处理能力	73.38	
4.4.3 可吸入细颗粒物年平均浓度	79.07	
4.4.4 园林绿化覆盖率	40.52	
4.4.5 货运碳排放量	94.84	
南通	**得分**	**排名**
城市创新指数	23.24	40
1 创新基础设施	14.03	49
2 创新资源	15.75	43
3 创新过程	7.00	41
4 创新产出	55.07	22
1.1 数字基础设施	8.13	43
1.1.1 固网宽带应用渗透率	17.03	
1.1.2 移动网络应用渗透率	2.57	
1.1.3 车联网车辆接入数量	4.80	
1.2 物流基础设施	18.44	37
1.2.1 货运量	9.33	
1.2.2 人均快递业务量	6.83	

续表

南通	得分	排名
1.2.3 城市物流仓储用地面积占城市建设用地总面积比重	51.84	
1.2.4 物流从业人员数占总人口比重	5.78	
1.3 金融基础设施	18.20	37
1.3.1 年末金融机构人民币各项存款余额	6.56	
1.3.2 年末金融机构人民币各项贷款余额	11.28	
1.3.3 金融业年末城镇单位就业人数占总人口比重	1.47	
1.3.4 数字金融	53.47	
1.4 政策基础设施	11.54	53
1.4.1 地方一般公共预算收入占 GDP 比重	14.09	
1.4.2 地方一般公共预算支出占 GDP 比重	20.53	
1.4.3 政府和社会资本合作环境	0.00	
2.1 人力资源	20.51	51
2.1.1 普通高等学校教育数量与质量	29.54	
2.1.2 中等职业学校教育数量与质量	45.39	
2.1.3 教育支出占 GDP 比重	17.33	
2.1.4 人才引进比重	10.30	
2.1.5 每万人中 R&D 人员数	0.00	
2.2 研发投入	22.63	29
2.2.1 R&D 内部经费占 GDP 比重	38.52	
2.2.2 科学技术支出占 GDP 比重	13.13	
2.2.3 规模以上工业企业 R&D 经费占主营业务收入比重	16.24	
2.3 创新机构	4.77	41
2.3.1 文化机构	9.32	
2.3.2 国家重点实验室	0.00	
2.3.3 国家创新中心	5.00	
3.1 知识创造	10.73	43

续表

南通	得分	排名
3.1.1 每十万人专利申请数	8.85	
3.1.2 每十万人发明专利数	5.49	
3.1.3 每十万人科技论文数	1.92	
3.1.4 每万元研究开发投入所取得的授权专利数	26.67	
3.2 知识扩散	3.34	30
3.2.1 输出技术成交额	2.33	
3.2.2 吸纳技术成交额	4.29	
3.2.3 国家技术转移机构数	3.39	
4.1 创新经济效益	56.10	13
4.1.1 人均地区生产总值	53.08	
4.1.2 贸易顺差(逆差)	84.36	
4.1.3 规模以上工业企业人均工业总产值	30.85	
4.2 数字创新活力	16.97	35
4.2.1 数字产业活力	4.71	
4.2.2 数字消费活力	46.54	
4.2.3 数字政务活力	4.78	
4.2.4 数字文化活力	11.84	
4.3 创新包容性	71.69	22
4.3.1 城镇登记失业率	82.46	
4.3.2 城乡居民人均可支配收入比	56.57	
4.3.3 平均房价与职工平均工资比	76.05	
4.4 创新可持续性	76.16	10
4.4.1 单位 GDP 工业废水、废气、废物排放量	95.32	
4.4.2 废水废物处理能力	54.46	
4.4.3 可吸入细颗粒物年平均浓度	69.77	
4.4.4 园林绿化覆盖率	68.18	
4.4.5 货运碳排放量	93.06	

续表

宁波	得分	排名
城市创新指数	33.42	11
1 创新基础设施	34.41	7
2 创新资源	27.06	15
3 创新过程	9.65	31
4 创新产出	61.08	7
1.1 数字基础设施	17.96	16
1.1.1 固网宽带应用渗透率	32.65	
1.1.2 移动网络应用渗透率	15.14	
1.1.3 车联网车辆接入数量	6.11	
1.2 物流基础设施	44.56	5
1.2.1 货运量	47.39	
1.2.2 人均快递业务量	19.54	
1.2.3 城市物流仓储用地面积占城市建设用地总面积比重	86.85	
1.2.4 物流从业人员数占总人口比重	24.46	
1.3 金融基础设施	32.25	11
1.3.1 年末金融机构人民币各项存款余额	10.63	
1.3.2 年末金融机构人民币各项贷款余额	27.41	
1.3.3 金融业年末城镇单位就业人数占总人口比重	27.74	
1.3.4 数字金融	63.21	
1.4 政策基础设施	43.95	8
1.4.1 地方一般公共预算收入占 GDP 比重	53.97	
1.4.2 地方一般公共预算支出占 GDP 比重	44.54	
1.4.3 政府和社会资本合作环境	33.33	
2.1 人力资源	34.73	24
2.1.1 普通高等学校教育数量与质量	40.52	
2.1.2 中等职业学校教育数量与质量	51.70	

宁波	得分	排名
2.1.3 教育支出占 GDP 比重	29.02	
2.1.4 人才引进比重	19.50	
2.1.5 每万人中 R&D 人员数	32.94	
2.2 研发投入	33.54	11
2.2.1 R&D 内部经费占 GDP 比重	42.05	
2.2.2 科学技术支出占 GDP 比重	48.40	
2.2.3 规模以上工业企业 R&D 经费占主营业务收入比重	10.18	
2.3 创新机构	14.04	14
2.3.1 文化机构	26.02	
2.3.2 国家重点实验室	0.00	
2.3.3 国家创新中心	16.11	
3.1 知识创造	14.14	34
3.1.1 每十万人专利申请数	23.24	
3.1.2 每十万人发明专利数	16.95	
3.1.3 每十万人科技论文数	8.15	
3.1.4 每万元研究开发投入所取得的授权专利数	8.21	
3.2 知识扩散	5.24	21
3.2.1 输出技术成交额	1.33	
3.2.2 吸纳技术成交额	4.22	
3.2.3 国家技术转移机构数	10.17	
4.1 创新经济效益	62.82	6
4.1.1 人均地区生产总值	62.36	
4.1.2 贸易顺差(逆差)	92.51	
4.1.3 规模以上工业企业人均工业总产值	33.61	
4.2 数字创新活力	37.89	9
4.2.1 数字产业活力	20.01	

续表

宁波	得分	排名
4.2.2 数字消费活力	65.55	
4.2.3 数字政务活力	38.25	
4.2.4 数字文化活力	27.76	
4.3 创新包容性	72.47	18
4.3.1 城镇登记失业率	70.92	
4.3.2 城乡居民人均可支配收入比	77.36	
4.3.3 平均房价与职工平均工资比	69.12	
4.4 创新可持续性	71.74	27
4.4.1 单位 GDP 工业废水、废气、废物排放量	92.71	
4.4.2 废水废物处理能力	75.30	
4.4.3 可吸入细颗粒物年平均浓度	88.37	
4.4.4 园林绿化覆盖率	46.94	
4.4.5 货运碳排放量	55.40	
青岛	**得分**	**排名**
城市创新指数	27.48	20
1 创新基础设施	28.67	12
2 创新资源	22.56	21
3 创新过程	10.68	28
4 创新产出	46.95	39
1.1 数字基础设施	14.52	27
1.1.1 固网宽带应用渗透率	21.28	
1.1.2 移动网络应用渗透率	9.79	
1.1.3 车联网车辆接入数量	12.50	
1.2 物流基础设施	36.91	7
1.2.1 货运量	19.44	
1.2.2 人均快递业务量	5.86	

续表

青岛	得分	排名
1.2.3 城市物流仓储用地面积占城市建设用地总面积比重	99.64	
1.2.4 物流从业人员数占总人口比重	22.72	
1.3 金融基础设施	26.64	18
1.3.1 年末金融机构人民币各项存款余额	8.77	
1.3.2 年末金融机构人民币各项贷款余额	21.21	
1.3.3 金融业年末城镇单位就业人数占总人口比重	28.25	
1.3.4 数字金融	48.34	
1.4 政策基础设施	37.58	13
1.4.1 地方一般公共预算收入占 GDP 比重	42.14	
1.4.2 地方一般公共预算支出占 GDP 比重	37.27	
1.4.3 政府和社会资本合作环境	33.33	
2.1 人力资源	36.72	16
2.1.1 普通高等学校教育数量与质量	49.05	
2.1.2 中等职业学校教育数量与质量	50.95	
2.1.3 教育支出占 GDP 比重	39.84	
2.1.4 人才引进比重	28.50	
2.1.5 每万人中 R&D 人员数	15.27	
2.2 研发投入	23.66	23
2.2.1 R&D 内部经费占 GDP 比重	38.94	
2.2.2 科学技术支出占 GDP 比重	24.34	
2.2.3 规模以上工业企业 R&D 经费占主营业务收入比重	7.70	
2.3 创新机构	9.55	20
2.3.1 文化机构	6.44	
2.3.2 国家重点实验室	0.00	
2.3.3 国家创新中心	22.22	
3.1 知识创造	10.93	42

续表

青岛	得分	排名
3.1.1 每十万人专利申请数	4.08	
3.1.2 每十万人发明专利数	18.92	
3.1.3 每十万人科技论文数	20.73	
3.1.4 每万元研究开发投入所取得的授权专利数	0.00	
3.2 知识扩散	10.44	13
3.2.1 输出技术成交额	2.48	
3.2.2 吸纳技术成交额	5.10	
3.2.3 国家技术转移机构数	23.73	
4.1 创新经济效益	49.19	22
4.1.1 人均地区生产总值	50.58	
4.1.2 贸易顺差（逆差）	84.30	
4.1.3 规模以上工业企业人均工业总产值	12.71	
4.2 数字创新活力	18.12	31
4.2.1 数字产业活力	15.10	
4.2.2 数字消费活力	31.35	
4.2.3 数字政务活力	11.97	
4.2.4 数字文化活力	14.06	
4.3 创新包容性	49.32	51
4.3.1 城镇登记失业率	53.33	
4.3.2 城乡居民人均可支配收入比	32.08	
4.3.3 平均房价与职工平均工资比	62.54	
4.4 创新可持续性	70.76	29
4.4.1 单位 GDP 工业废水、废气、废物排放量	97.97	
4.4.2 废水废物处理能力	69.43	
4.4.3 可吸入细颗粒物年平均浓度	69.77	
4.4.4 园林绿化覆盖率	35.42	
4.4.5 货运碳排放量	81.20	

续表

泉州	得分	排名
城市创新指数	23.99	36
1 创新基础设施	13.08	52
2 创新资源	9.54	56
3 创新过程	14.33	14
4 创新产出	57.93	14
1.1 数字基础设施	15.34	25
1.1.1 固网宽带应用渗透率	32.92	
1.1.2 移动网络应用渗透率	11.15	
1.1.3 车联网车辆接入数量	1.96	
1.2 物流基础设施	21.04	30
1.2.1 货运量	21.87	
1.2.2 人均快递业务量	19.81	
1.2.3 城市物流仓储用地面积占城市建设用地总面积比重	38.08	
1.2.4 物流从业人员数占总人口比重	4.41	
1.3 金融基础设施	15.23	42
1.3.1 年末金融机构人民币各项存款余额	2.79	
1.3.2 年末金融机构人民币各项贷款余额	6.96	
1.3.3 金融业年末城镇单位就业人数占总人口比重	2.35	
1.3.4 数字金融	48.81	
1.4 政策基础设施	0.00	57
1.4.1 地方一般公共预算收入占 GDP 比重	0.00	
1.4.2 地方一般公共预算支出占 GDP 比重	0.00	
1.4.3 政府和社会资本合作环境	0.00	
2.1 人力资源	17.26	55
2.1.1 普通高等学校教育数量与质量	35.26	
2.1.2 中等职业学校教育数量与质量	34.16	

续表

泉州	得分	排名
2.1.3 教育支出占 GDP 比重	3.33	
2.1.4 人才引进比重	5.20	
2.1.5 每万人中 R&D 人员数	8.34	
2.2 研发投入	8.71	54
2.2.1 R&D 内部经费占 GDP 比重	18.19	
2.2.2 科学技术支出占 GDP 比重	3.14	
2.2.3 规模以上工业企业 R&D 经费占主营业务收入比重	4.80	
2.3 创新机构	3.90	43
2.3.1 文化机构	6.69	
2.3.2 国家重点实验室	0.00	
2.3.3 国家创新中心	5.00	
3.1 知识创造	28.13	8
3.1.1 每十万人专利申请数	12.43	
3.1.2 每十万人发明专利数	4.13	
3.1.3 每十万人科技论文数	0.57	
3.1.4 每万元研究开发投入所取得的授权专利数	95.41	
3.2 知识扩散	0.76	54
3.2.1 输出技术成交额	0.36	
3.2.2 吸纳技术成交额	1.93	
3.2.3 国家技术转移机构数	0.00	
4.1 创新经济效益	51.79	17
4.1.1 人均地区生产总值	44.21	
4.1.2 贸易顺差（逆差）	83.85	
4.1.3 规模以上工业企业人均工业总产值	27.29	
4.2 数字创新活力	29.01	19
4.2.1 数字产业活力	10.39	

续表

泉州	得分	排名
4.2.2 数字消费活力	45.57	
4.2.3 数字政务活力	50.02	
4.2.4 数字文化活力	10.05	
4.3 创新包容性	69.18	30
4.3.1 城镇登记失业率	90.44	
4.3.2 城乡居民人均可支配收入比	44.34	
4.3.3 平均房价与职工平均工资比	72.75	
4.4 创新可持续性	81.60	5
4.4.1 单位 GDP 工业废水、废气、废物排放量	89.38	
4.4.2 废水废物处理能力	68.02	
4.4.3 可吸入细颗粒物年平均浓度	100.00	
4.4.4 园林绿化覆盖率	59.09	
4.4.5 货运碳排放量	91.51	
上海	得分	排名
城市创新指数	50.36	3
1 创新基础设施	61.33	2
2 创新资源	55.49	2
3 创新过程	28.17	5
4 创新产出	55.54	21
1.1 数字基础设施	49.67	3
1.1.1 固网宽带应用渗透率	27.20	
1.1.2 移动网络应用渗透率	21.82	
1.1.3 车联网车辆接入数量	100.00	
1.2 物流基础设施	57.65	3
1.2.1 货运量	80.99	
1.2.2 人均快递业务量	26.87	

续表

上海	得分	排名
1.2.3 城市物流仓储用地面积占城市建设用地总面积比重	42.04	
1.2.4 物流从业人员数占总人口比重	80.71	
1.3 金融基础设施	78.44	2
1.3.1 年末金融机构人民币各项存款余额	74.55	
1.3.2 年末金融机构人民币各项贷款余额	100.00	
1.3.3 金融业年末城镇单位就业人数占总人口比重	53.84	
1.3.4 数字金融	85.37	
1.4 政策基础设施	60.39	2
1.4.1 地方一般公共预算收入占 GDP 比重	100.00	
1.4.2 地方一般公共预算支出占 GDP 比重	81.16	
1.4.3 政府和社会资本合作环境	0.00	
2.1 人力资源	57.20	3
2.1.1 普通高等学校教育数量与质量	56.75	
2.1.2 中等职业学校教育数量与质量	48.51	
2.1.3 教育支出占 GDP 比重	51.64	
2.1.4 人才引进比重	100.00	
2.1.5 每万人中 R&D 人员数	29.11	
2.2 研发投入	39.80	6
2.2.1 R&D 内部经费占 GDP 比重	62.79	
2.2.2 科学技术支出占 GDP 比重	47.63	
2.2.3 规模以上工业企业 R&D 经费占主营业务收入比重	8.99	
2.3 创新机构	69.97	2
2.3.1 文化机构	88.86	
2.3.2 国家重点实验室	40.51	
2.3.3 国家创新中心	80.56	
3.1 知识创造	25.65	10

续表

上海	得分	排名
3.1.1 每十万人专利申请数	23.79	
3.1.2 每十万人发明专利数	32.16	
3.1.3 每十万人科技论文数	42.50	
3.1.4 每万元研究开发投入所取得的授权专利数	4.13	
3.2 知识扩散	30.65	2
3.2.1 输出技术成交额	24.81	
3.2.2 吸纳技术成交额	26.47	
3.2.3 国家技术转移机构数	40.68	
4.1 创新经济效益	49.85	21
4.1.1 人均地区生产总值	71.17	
4.1.2 贸易顺差(逆差)	51.41	
4.1.3 规模以上工业企业人均工业总产值	26.98	
4.2 数字创新活力	56.44	4
4.2.1 数字产业活力	34.97	
4.2.2 数字消费活力	96.49	
4.2.3 数字政务活力	35.42	
4.2.4 数字文化活力	58.88	
4.3 创新包容性	54.89	46
4.3.1 城镇登记失业率	78.99	
4.3.2 城乡居民人均可支配收入比	45.90	
4.3.3 平均房价与职工平均工资比	39.79	
4.4 创新可持续性	60.55	50
4.4.1 单位 GDP 工业废水、废气、废物排放量	97.80	
4.4.2 废水废物处理能力	63.79	
4.4.3 可吸入细颗粒物年平均浓度	74.42	
4.4.4 园林绿化覆盖率	8.93	
4.4.5 货运碳排放量	57.83	

续表

绍兴	得分	排名
城市创新指数	25.99	27
1 创新基础设施	15.88	45
2 创新资源	21.99	25
3 创新过程	6.64	44
4 创新产出	58.31	13
1.1 数字基础设施	9.98	40
1.1.1 固网宽带应用渗透率	19.97	
1.1.2 移动网络应用渗透率	7.81	
1.1.3 车联网车辆接入数量	2.15	
1.2 物流基础设施	10.92	53
1.2.1 货运量	6.42	
1.2.2 人均快递业务量	13.27	
1.2.3 城市物流仓储用地面积占城市建设用地总面积比重	18.98	
1.2.4 物流从业人员数占总人口比重	5.01	
1.3 金融基础设施	19.00	35
1.3.1 年末金融机构人民币各项存款余额	3.88	
1.3.2 年末金融机构人民币各项贷款余额	8.93	
1.3.3 金融业年末城镇单位就业人数占总人口比重	8.01	
1.3.4 数字金融	55.16	
1.4 政策基础设施	24.38	38
1.4.1 地方一般公共预算收入占 GDP 比重	32.01	
1.4.2 地方一般公共预算支出占 GDP 比重	24.47	
1.4.3 政府和社会资本合作环境	16.67	
2.1 人力资源	29.24	37
2.1.1 普通高等学校教育数量与质量	32.99	
2.1.2 中等职业学校教育数量与质量	48.04	

绍兴	得分	排名
2.1.3 教育支出占 GDP 比重	36.82	
2.1.4 人才引进比重	6.70	
2.1.5 每万人中 R&D 人员数	21.64	
2.2 研发投入	31.07	15
2.2.1 R&D 内部经费占 GDP 比重	41.14	
2.2.2 科学技术支出占 GDP 比重	36.81	
2.2.3 规模以上工业企业 R&D 经费占主营业务收入比重	15.27	
2.3 创新机构	6.68	34
2.3.1 文化机构	12.81	
2.3.2 国家重点实验室	0.00	
2.3.3 国家创新中心	7.22	
3.1 知识创造	11.67	40
3.1.1 每十万人专利申请数	15.74	
3.1.2 每十万人发明专利数	14.82	
3.1.3 每十万人科技论文数	1.04	
3.1.4 每万元研究开发投入所取得的授权专利数	15.08	
3.2 知识扩散	1.71	43
3.2.1 输出技术成交额	1.27	
3.2.2 吸纳技术成交额	2.16	
3.2.3 国家技术转移机构数	1.69	
4.1 创新经济效益	50.44	19
4.1.1 人均地区生产总值	44.52	
4.1.2 贸易顺差（逆差）	89.32	
4.1.3 规模以上工业企业人均工业总产值	17.47	
4.2 数字创新活力	34.59	15
4.2.1 数字产业活力	13.68	

续表

绍兴	得分	排名
4.2.2 数字消费活力	62.05	
4.2.3 数字政务活力	46.21	
4.2.4 数字文化活力	16.41	
4.3 创新包容性	73.57	15
4.3.1 城镇登记失业率	71.32	
4.3.2 城乡居民人均可支配收入比	77.45	
4.3.3 平均房价与职工平均工资比	71.94	
4.4 创新可持续性	74.94	13
4.4.1 单位 GDP 工业废水、废气、废物排放量	87.38	
4.4.2 废水废物处理能力	68.15	
4.4.3 可吸入细颗粒物年平均浓度	72.09	
4.4.4 园林绿化覆盖率	62.93	
4.4.5 货运碳排放量	84.17	
沈阳	**得分**	**排名**
城市创新指数	23.67	38
1 创新基础设施	23.02	24
2 创新资源	19.81	31
3 创新过程	11.39	27
4 创新产出	39.69	53
1.1 数字基础设施	7.37	47
1.1.1 固网宽带应用渗透率	7.08	
1.1.2 移动网络应用渗透率	9.35	
1.1.3 车联网车辆接入数量	5.68	
1.2 物流基础设施	24.77	25
1.2.1 货运量	9.35	
1.2.2 人均快递业务量	2.26	

续表

沈阳	得分	排名
1.2.3 城市物流仓储用地面积占城市建设用地总面积比重	54.00	
1.2.4 物流从业人员数占总人口比重	33.46	
1.3 金融基础设施	22.59	28
1.3.1 年末金融机构人民币各项存款余额	9.64	
1.3.2 年末金融机构人民币各项贷款余额	20.22	
1.3.3 金融业年末城镇单位就业人数占总人口比重	21.88	
1.3.4 数字金融	38.60	
1.4 政策基础设施	38.75	10
1.4.1 地方一般公共预算收入占 GDP 比重	47.16	
1.4.2 地方一般公共预算支出占 GDP 比重	52.44	
1.4.3 政府和社会资本合作环境	16.67	
2.1 人力资源	28.90	39
2.1.1 普通高等学校教育数量与质量	55.81	
2.1.2 中等职业学校教育数量与质量	50.39	
2.1.3 教育支出占 GDP 比重	17.16	
2.1.4 人才引进比重	10.90	
2.1.5 每万人中 R&D 人员数	10.26	
2.2 研发投入	18.41	42
2.2.1 R&D 内部经费占 GDP 比重	41.01	
2.2.2 科学技术支出占 GDP 比重	10.85	
2.2.3 规模以上工业企业 R&D 经费占主营业务收入比重	3.37	
2.3 创新机构	13.59	15
2.3.1 文化机构	13.64	
2.3.2 国家重点实验室	3.80	
2.3.3 国家创新中心	23.33	
3.1 知识创造	16.22	28

续表

沈阳	得分	排名
3.1.1 每十万人专利申请数	5.80	
3.1.2 每十万人发明专利数	8.60	
3.1.3 每十万人科技论文数	17.68	
3.1.4 每万元研究开发投入所取得的授权专利数	32.82	
3.2 知识扩散	6.63	18
3.2.1 输出技术成交额	4.80	
3.2.2 吸纳技术成交额	3.24	
3.2.3 国家技术转移机构数	11.86	
4.1 创新经济效益	33.33	51
4.1.1 人均地区生产总值	21.57	
4.1.2 贸易顺差(逆差)	78.43	
4.1.3 规模以上工业企业人均工业总产值	0.00	
4.2 数字创新活力	13.31	38
4.2.1 数字产业活力	8.61	
4.2.2 数字消费活力	24.48	
4.2.3 数字政务活力	4.07	
4.2.4 数字文化活力	16.10	
4.3 创新包容性	47.84	53
4.3.1 城镇登记失业率	33.53	
4.3.2 城乡居民人均可支配收入比	20.26	
4.3.3 平均房价与职工平均工资比	89.73	
4.4 创新可持续性	63.89	40
4.4.1 单位 GDP 工业废水、废气、废物排放量	88.36	
4.4.2 废水废物处理能力	60.96	
4.4.3 可吸入细颗粒物年平均浓度	55.81	
4.4.4 园林绿化覆盖率	27.35	
4.4.5 货运碳排放量	86.97	

深圳	得分	排名
城市创新指数	57.23	2
1 创新基础设施	66.67	1
2 创新资源	45.39	3
3 创新过程	42.77	2
4 创新产出	72.88	1
1.1 数字基础设施	90.20	1
1.1.1 固网宽带应用渗透率	100.00	
1.1.2 移动网络应用渗透率	93.17	
1.1.3 车联网车辆接入数量	77.43	
1.2 物流基础设施	58.76	2
1.2.1 货运量	21.38	
1.2.2 人均快递业务量	100.00	
1.2.3 城市物流仓储用地面积占城市建设用地总面积比重	31.12	
1.2.4 物流从业人员数占总人口比重	82.52	
1.3 金融基础设施	74.75	3
1.3.1 年末金融机构人民币各项存款余额	47.40	
1.3.2 年末金融机构人民币各项贷款余额	75.14	
1.3.3 金融业年末城镇单位就业人数占总人口比重	93.30	
1.3.4 数字金融	83.16	
1.4 政策基础设施	40.91	9
1.4.1 地方一般公共预算收入占 GDP 比重	66.39	
1.4.2 地方一般公共预算支出占 GDP 比重	56.35	
1.4.3 政府和社会资本合作环境	0.00	
2.1 人力资源	65.73	1
2.1.1 普通高等学校教育数量与质量	45.69	
2.1.2 中等职业学校教育数量与质量	43.76	

续表

深圳	得分	排名
2.1.3 教育支出占 GDP 比重	53.92	
2.1.4 人才引进比重	85.30	
2.1.5 每万人中 R&D 人员数	100.00	
2.2 研发投入	53.75	2
2.2.1 R&D 内部经费占 GDP 比重	61.24	
2.2.2 科学技术支出占 GDP 比重	100.00	
2.2.3 规模以上工业企业 R&D 经费占主营业务收入比重	0.00	
2.3 创新机构	19.82	12
2.3.1 文化机构	41.67	
2.3.2 国家重点实验室	0.00	
2.3.3 国家创新中心	17.78	
3.1 知识创造	59.51	2
3.1.1 每十万人专利申请数	100.00	
3.1.2 每十万人发明专利数	100.00	
3.1.3 每十万人科技论文数	32.84	
3.1.4 每万元研究开发投入所取得的授权专利数	5.19	
3.2 知识扩散	26.33	3
3.2.1 输出技术成交额	12.54	
3.2.2 吸纳技术成交额	46.11	
3.2.3 国家技术转移机构数	20.34	
4.1 创新经济效益	91.67	1
4.1.1 人均地区生产总值	100.00	
4.1.2 贸易顺差（逆差）	96.34	
4.1.3 规模以上工业企业人均工业总产值	78.68	
4.2 数字创新活力	69.37	2
4.2.1 数字产业活力	100.00	

深圳	得分	排名
4.2.2 数字消费活力	57.21	
4.2.3 数字政务活力	20.25	
4.2.4 数字文化活力	100.00	
4.3 创新包容性	64.80	34
4.3.1 城镇登记失业率	94.40	
4.3.2 城乡居民人均可支配收入比	100.00	
4.3.3 平均房价与职工平均工资比	0.00	
4.4 创新可持续性	66.12	36
4.4.1 单位 GDP 工业废水、废气、废物排放量	99.85	
4.4.2 废水废物处理能力	70.38	
4.4.3 可吸入细颗粒物年平均浓度	100.00	
4.4.4 园林绿化覆盖率	60.34	
4.4.5 货运碳排放量	0.00	
石家庄	得分	排名
城市创新指数	23.32	39
1 创新基础设施	21.53	30
2 创新资源	22.00	24
3 创新过程	11.68	23
4 创新产出	37.45	55
1.1 数字基础设施	12.26	34
1.1.1 固网宽带应用渗透率	17.87	
1.1.2 移动网络应用渗透率	9.62	
1.1.3 车联网车辆接入数量	9.29	
1.2 物流基础设施	20.18	31
1.2.1 货运量	34.89	
1.2.2 人均快递业务量	3.44	

续表

石家庄	得分	排名
1.2.3 城市物流仓储用地面积占城市建设用地总面积比重	33.04	
1.2.4 物流从业人员数占总人口比重	9.36	
1.3 金融基础设施	16.08	40
1.3.1 年末金融机构人民币各项存款余额	7.33	
1.3.2 年末金融机构人民币各项贷款余额	12.86	
1.3.3 金融业年末城镇单位就业人数占总人口比重	12.95	
1.3.4 数字金融	31.17	
1.4 政策基础设施	38.72	11
1.4.1 地方一般公共预算收入占 GDP 比重	36.64	
1.4.2 地方一般公共预算支出占 GDP 比重	62.86	
1.4.3 政府和社会资本合作环境	16.67	
2.1 人力资源	45.14	8
2.1.1 普通高等学校教育数量与质量	48.71	
2.1.2 中等职业学校教育数量与质量	52.77	
2.1.3 教育支出占 GDP 比重	99.46	
2.1.4 人才引进比重	18.90	
2.1.5 每万人中 R&D 人员数	5.88	
2.2 研发投入	20.93	36
2.2.1 R&D 内部经费占 GDP 比重	42.51	
2.2.2 科学技术支出占 GDP 比重	5.94	
2.2.3 规模以上工业企业 R&D 经费占主营业务收入比重	14.35	
2.3 创新机构	3.63	45
2.3.1 文化机构	3.68	
2.3.2 国家重点实验室	0.00	
2.3.3 国家创新中心	7.22	
3.1 知识创造	15.60	30

续表

石家庄	得分	排名
3.1.1 每十万人专利申请数	3.28	
3.1.2 每十万人发明专利数	1.83	
3.1.3 每十万人科技论文数	4.07	
3.1.4 每万元研究开发投入所取得的授权专利数	53.23	
3.2 知识扩散	7.83	15
3.2.1 输出技术成交额	0.90	
3.2.2 吸纳技术成交额	17.51	
3.2.3 国家技术转移机构数	5.08	
4.1 创新经济效益	30.48	55
4.1.1 人均地区生产总值	6.02	
4.1.2 贸易顺差(逆差)	80.94	
4.1.3 规模以上工业企业人均工业总产值	4.48	
4.2 数字创新活力	4.48	52
4.2.1 数字产业活力	7.18	
4.2.2 数字消费活力	0.46	
4.2.3 数字政务活力	3.38	
4.2.4 数字文化活力	6.89	
4.3 创新包容性	53.66	47
4.3.1 城镇登记失业率	57.99	
4.3.2 城乡居民人均可支配收入比	30.81	
4.3.3 平均房价与职工平均工资比	72.19	
4.4 创新可持续性	61.35	46
4.4.1 单位 GDP 工业废水、废气、废物排放量	82.71	
4.4.2 废水废物处理能力	80.03	
4.4.3 可吸入细颗粒物年平均浓度	0.00	
4.4.4 园林绿化覆盖率	56.11	
4.4.5 货运碳排放量	87.90	

续表

苏州	得分	排名
城市创新指数	35.23	9
1 创新基础设施	30.93	10
2 创新资源	28.50	13
3 创新过程	16.55	12
4 创新产出	63.71	4
1.1 数字基础设施	33.18	4
1.1.1 固网宽带应用渗透率	60.47	
1.1.2 移动网络应用渗透率	24.36	
1.1.3 车联网车辆接入数量	14.72	
1.2 物流基础设施	23.38	26
1.2.1 货运量	14.01	
1.2.2 人均快递业务量	30.35	
1.2.3 城市物流仓储用地面积占城市建设用地总面积比重	21.79	
1.2.4 物流从业人员数占总人口比重	27.38	
1.3 金融基础设施	37.04	7
1.3.1 年末金融机构人民币各项存款余额	17.68	
1.3.2 年末金融机构人民币各项贷款余额	39.04	
1.3.3 金融业年末城镇单位就业人数占总人口比重	18.18	
1.3.4 数字金融	73.25	
1.4 政策基础设施	30.14	25
1.4.1 地方一般公共预算收入占 GDP 比重	49.01	
1.4.2 地方一般公共预算支出占 GDP 比重	24.73	
1.4.3 政府和社会资本合作环境	16.67	
2.1 人力资源	29.69	35
2.1.1 普通高等学校教育数量与质量	41.31	
2.1.2 中等职业学校教育数量与质量	49.60	

苏州	得分	排名
2.1.3 教育支出占 GDP 比重	16.51	
2.1.4 人才引进比重	37.30	
2.1.5 每万人中 R&D 人员数	3.71	
2.2 研发投入	34.72	9
2.2.1 R&D 内部经费占 GDP 比重	57.10	
2.2.2 科学技术支出占 GDP 比重	43.66	
2.2.3 规模以上工业企业 R&D 经费占主营业务收入比重	3.39	
2.3 创新机构	21.20	10
2.3.1 文化机构	32.48	
2.3.2 国家重点实验室	0.00	
2.3.3 国家创新中心	31.11	
3.1 知识创造	25.40	11
3.1.1 每十万人专利申请数	46.72	
3.1.2 每十万人发明专利数	23.74	
3.1.3 每十万人科技论文数	11.71	
3.1.4 每万元研究开发投入所取得的授权专利数	19.42	
3.2 知识扩散	7.87	14
3.2.1 输出技术成交额	3.42	
3.2.2 吸纳技术成交额	6.62	
3.2.3 国家技术转移机构数	13.56	
4.1 创新经济效益	80.17	2
4.1.1 人均地区生产总值	84.83	
4.1.2 贸易顺差（逆差）	100.00	
4.1.3 规模以上工业企业人均工业总产值	55.69	
4.2 数字创新活力	37.77	10
4.2.1 数字产业活力	27.42	

续表

苏州	得分	排名
4.2.2 数字消费活力	51.14	
4.2.3 数字政务活力	33.32	
4.2.4 数字文化活力	39.21	
4.3 创新包容性	71.80	21
4.3.1 城镇登记失业率	91.19	
4.3.2 城乡居民人均可支配收入比	64.60	
4.3.3 平均房价与职工平均工资比	59.60	
4.4 创新可持续性	66.32	35
4.4.1 单位 GDP 工业废水、废气、废物排放量	87.69	
4.4.2 废水废物处理能力	62.56	
4.4.3 可吸入细颗粒物年平均浓度	72.09	
4.4.4 园林绿化覆盖率	50.08	
4.4.5 货运碳排放量	59.18	
太原	**得分**	**排名**
城市创新指数	25.07	34
1 创新基础设施	26.90	15
2 创新资源	19.91	30
3 创新过程	5.91	47
4 创新产出	46.40	40
1.1 数字基础设施	23.55	9
1.1.1 固网宽带应用渗透率	32.45	
1.1.2 移动网络应用渗透率	19.68	
1.1.3 车联网车辆接入数量	18.53	
1.2 物流基础设施	30.02	15
1.2.1 货运量	13.24	
1.2.2 人均快递业务量	1.61	

续表

太原	得分	排名
1.2.3 城市物流仓储用地面积占城市建设用地总面积比重	91.11	
1.2.4 物流从业人员数占总人口比重	14.13	
1.3 金融基础设施	26.84	17
1.3.1 年末金融机构人民币各项存款余额	5.90	
1.3.2 年末金融机构人民币各项贷款余额	16.16	
1.3.3 金融业年末城镇单位就业人数占总人口比重	40.95	
1.3.4 数字金融	44.33	
1.4 政策基础设施	27.33	29
1.4.1 地方一般公共预算收入占 GDP 比重	35.23	
1.4.2 地方一般公共预算支出占 GDP 比重	46.75	
1.4.3 政府和社会资本合作环境	0.00	
2.1 人力资源	35.79	18
2.1.1 普通高等学校教育数量与质量	76.56	
2.1.2 中等职业学校教育数量与质量	70.05	
2.1.3 教育支出占 GDP 比重	27.41	
2.1.4 人才引进比重	0.00	
2.1.5 每万人中 R&D 人员数	4.90	
2.2 研发投入	20.40	38
2.2.1 R&D 内部经费占 GDP 比重	26.78	
2.2.2 科学技术支出占 GDP 比重	24.68	
2.2.3 规模以上工业企业 R&D 经费占主营业务收入比重	9.74	
2.3 创新机构	6.06	37
2.3.1 文化机构	7.86	
2.3.2 国家重点实验室	2.53	
2.3.3 国家创新中心	7.78	
3.1 知识创造	11.13	41

续表

太原	得分	排名
3.1.1 每十万人专利申请数	6.41	
3.1.2 每十万人发明专利数	8.91	
3.1.3 每十万人科技论文数	19.50	
3.1.4 每万元研究开发投入所取得的授权专利数	9.71	
3.2 知识扩散	0.78	53
3.2.1 输出技术成交额	0.24	
3.2.2 吸纳技术成交额	2.11	
3.2.3 国家技术转移机构数	0.00	
4.1 创新经济效益	39.98	39
4.1.1 人均地区生产总值	29.63	
4.1.2 贸易顺差(逆差)	81.17	
4.1.3 规模以上工业企业人均工业总产值	9.15	
4.2 数字创新活力	15.11	36
4.2.1 数字产业活力	18.95	
4.2.2 数字消费活力	13.96	
4.2.3 数字政务活力	6.15	
4.2.4 数字文化活力	21.37	
4.3 创新包容性	68.36	31
4.3.1 城镇登记失业率	58.25	
4.3.2 城乡居民人均可支配收入比	62.75	
4.3.3 平均房价与职工平均工资比	84.09	
4.4 创新可持续性	62.98	42
4.4.1 单位 GDP 工业废水、废气、废物排放量	78.98	
4.4.2 废水废物处理能力	58.01	
4.4.3 可吸入细颗粒物年平均浓度	25.58	
4.4.4 园林绿化覆盖率	80.17	
4.4.5 货运碳排放量	72.16	

续表

泰州	得分	排名
城市创新指数	21.83	45
1 创新基础设施	13.56	50
2 创新资源	14.03	50
3 创新过程	6.96	42
4 创新产出	51.70	27
1.1 数字基础设施	6.95	48
1.1.1 固网宽带应用渗透率	17.24	
1.1.2 移动网络应用渗透率	2.57	
1.1.3 车联网车辆接入数量	1.03	
1.2 物流基础设施	17.25	39
1.2.1 货运量	13.72	
1.2.2 人均快递业务量	1.84	
1.2.3 城市物流仓储用地面积占城市建设用地总面积比重	47.50	
1.2.4 物流从业人员数占总人口比重	5.92	
1.3 金融基础设施	15.46	41
1.3.1 年末金融机构人民币各项存款余额	2.37	
1.3.2 年末金融机构人民币各项贷款余额	4.75	
1.3.3 金融业年末城镇单位就业人数占总人口比重	7.31	
1.3.4 数字金融	47.41	
1.4 政策基础设施	14.98	48
1.4.1 地方一般公共预算收入占 GDP 比重	17.79	
1.4.2 地方一般公共预算支出占 GDP 比重	27.16	
1.4.3 政府和社会资本合作环境	0.00	
2.1 人力资源	15.63	57
2.1.1 普通高等学校教育数量与质量	31.25	
2.1.2 中等职业学校教育数量与质量	41.02	

续表

泰州	得分	排名
2.1.3 教育支出占 GDP 比重	1.59	
2.1.4 人才引进比重	4.30	
2.1.5 每万人中 R&D 人员数	0.00	
2.2 研发投入	23.03	27
2.2.1 R&D 内部经费占 GDP 比重	43.44	
2.2.2 科学技术支出占 GDP 比重	12.82	
2.2.3 规模以上工业企业 R&D 经费占主营业务收入比重	12.83	
2.3 创新机构	3.55	46
2.3.1 文化机构	6.19	
2.3.2 国家重点实验室	0.00	
2.3.3 国家创新中心	4.44	
3.1 知识创造	12.52	37
3.1.1 每十万人专利申请数	9.28	
3.1.2 每十万人发明专利数	3.44	
3.1.3 每十万人科技论文数	0.27	
3.1.4 每万元研究开发投入所取得的授权专利数	37.10	
3.2 知识扩散	1.50	50
3.2.1 输出技术成交额	1.11	
3.2.2 吸纳技术成交额	1.68	
3.2.3 国家技术转移机构数	1.69	
4.1 创新经济效益	44.81	28
4.1.1 人均地区生产总值	42.13	
4.1.2 贸易顺差（逆差）	81.75	
4.1.3 规模以上工业企业人均工业总产值	10.55	
4.2 数字创新活力	13.11	39
4.2.1 数字产业活力	2.14	

泰州	得分	排名
4.2.2 数字消费活力	41.51	
4.2.3 数字政务活力	0.92	
4.2.4 数字文化活力	7.88	
4.3 创新包容性	77.11	10
4.3.1 城镇登记失业率	87.71	
4.3.2 城乡居民人均可支配收入比	58.24	
4.3.3 平均房价与职工平均工资比	85.39	
4.4 创新可持续性	72.69	21
4.4.1 单位 GDP 工业废水、废气、废物排放量	93.37	
4.4.2 废水废物处理能力	59.92	
4.4.3 可吸入细颗粒物年平均浓度	60.47	
4.4.4 园林绿化覆盖率	53.84	
4.4.5 货运碳排放量	95.87	
台州	得分	排名
城市创新指数	25.89	29
1 创新基础设施	17.61	38
2 创新资源	21.10	27
3 创新过程	7.14	39
4 创新产出	56.56	17
1.1 数字基础设施	10.92	39
1.1.1 固网宽带应用渗透率	19.36	
1.1.2 移动网络应用渗透率	11.86	
1.1.3 车联网车辆接入数量	1.53	
1.2 物流基础设施	9.27	55
1.2.1 货运量	18.04	
1.2.2 人均快递业务量	16.63	

续表

台州	得分	排名
1.2.3 城市物流仓储用地面积占城市建设用地总面积比重	0.00	
1.2.4 物流从业人员数占总人口比重	2.41	
1.3 金融基础设施	21.14	31
1.3.1 年末金融机构人民币各项存款余额	3.84	
1.3.2 年末金融机构人民币各项贷款余额	8.90	
1.3.3 金融业年末城镇单位就业人数占总人口比重	19.89	
1.3.4 数字金融	51.94	
1.4 政策基础设施	30.13	26
1.4.1 地方一般公共预算收入占 GDP 比重	27.79	
1.4.2 地方一般公共预算支出占 GDP 比重	45.93	
1.4.3 政府和社会资本合作环境	16.67	
2.1 人力资源	32.66	29
2.1.1 普通高等学校教育数量与质量	31.15	
2.1.2 中等职业学校教育数量与质量	49.86	
2.1.3 教育支出占 GDP 比重	63.13	
2.1.4 人才引进比重	5.10	
2.1.5 每万人中 R&D 人员数	14.08	
2.2 研发投入	23.33	25
2.2.1 R&D 内部经费占 GDP 比重	30.65	
2.2.2 科学技术支出占 GDP 比重	23.90	
2.2.3 规模以上工业企业 R&D 经费占主营业务收入比重	15.45	
2.3 创新机构	9.12	22
2.3.1 文化机构	17.37	
2.3.2 国家重点实验室	0.00	
2.3.3 国家创新中心	10.00	
3.1 知识创造	12.85	36

续表

台州	得分	排名
3.1.1 每十万人专利申请数	10.88	
3.1.2 每十万人发明专利数	9.93	
3.1.3 每十万人科技论文数	0.32	
3.1.4 每万元研究开发投入所取得的授权专利数	30.28	
3.2 知识扩散	1.53	48
3.2.1 输出技术成交额	1.10	
3.2.2 吸纳技术成交额	1.79	
3.2.3 国家技术转移机构数	1.69	
4.1 创新经济效益	40.20	38
4.1.1 人均地区生产总值	25.17	
4.1.2 贸易顺差（逆差）	86.64	
4.1.3 规模以上工业企业人均工业总产值	8.79	
4.2 数字创新活力	29.40	18
4.2.1 数字产业活力	11.49	
4.2.2 数字消费活力	54.38	
4.2.3 数字政务活力	40.39	
4.2.4 数字文化活力	11.32	
4.3 创新包容性	72.34	19
4.3.1 城镇登记失业率	76.46	
4.3.2 城乡居民人均可支配收入比	61.46	
4.3.3 平均房价与职工平均工资比	79.11	
4.4 创新可持续性	83.95	2
4.4.1 单位 GDP 工业废水、废气、废物排放量	93.11	
4.4.2 废水废物处理能力	70.61	
4.4.3 可吸入细颗粒物年平均浓度	97.67	
4.4.4 园林绿化覆盖率	68.26	
4.4.5 货运碳排放量	90.10	

续表

唐山	得分	排名
城市创新指数	18.72	54
1 创新基础设施	15.41	47
2 创新资源	13.09	52
3 创新过程	5.19	50
4 创新产出	40.28	52
1.1 数字基础设施	9.37	42
1.1.1 固网宽带应用渗透率	14.16	
1.1.2 移动网络应用渗透率	8.29	
1.1.3 车联网车辆接入数量	5.66	
1.2 物流基础设施	15.04	44
1.2.1 货运量	29.81	
1.2.2 人均快递业务量	0.20	
1.2.3 城市物流仓储用地面积占城市建设用地总面积比重	24.01	
1.2.4 物流从业人员数占总人口比重	6.14	
1.3 金融基础设施	7.27	53
1.3.1 年末金融机构人民币各项存款余额	4.34	
1.3.2 年末金融机构人民币各项贷款余额	5.53	
1.3.3 金融业年末城镇单位就业人数占总人口比重	10.56	
1.3.4 数字金融	8.65	
1.4 政策基础设施	30.78	23
1.4.1 地方一般公共预算收入占 GDP 比重	15.18	
1.4.2 地方一般公共预算支出占 GDP 比重	27.15	
1.4.3 政府和社会资本合作环境	50.00	
2.1 人力资源	25.63	46
2.1.1 普通高等学校教育数量与质量	33.75	
2.1.2 中等职业学校教育数量与质量	45.92	

续表

唐山	得分	排名
2.1.3 教育支出占 GDP 比重	36.38	
2.1.4 人才引进比重	6.00	
2.1.5 每万人中 R&D 人员数	6.11	
2.2 研发投入	12.39	49
2.2.1 R&D 内部经费占 GDP 比重	28.16	
2.2.2 科学技术支出占 GDP 比重	2.34	
2.2.3 规模以上工业企业 R&D 经费占主营业务收入比重	6.68	
2.3 创新机构	3.27	48
2.3.1 文化机构	5.91	
2.3.2 国家重点实验室	0.00	
2.3.3 国家创新中心	3.89	
3.1 知识创造	8.70	49
3.1.1 每十万人专利申请数	1.92	
3.1.2 每十万人发明专利数	1.46	
3.1.3 每十万人科技论文数	0.97	
3.1.4 每万元研究开发投入所取得的授权专利数	30.44	
3.2 知识扩散	1.75	42
3.2.1 输出技术成交额	1.10	
3.2.2 吸纳技术成交额	2.44	
3.2.3 国家技术转移机构数	1.69	
4.1 创新经济效益	41.06	37
4.1.1 人均地区生产总值	27.11	
4.1.2 贸易顺差(逆差)	79.73	
4.1.3 规模以上工业企业人均工业总产值	16.35	
4.2 数字创新活力	3.24	55
4.2.1 数字产业活力	1.16	

续表

唐山	得分	排名
4.2.2 数字消费活力	7.64	
4.2.3 数字政务活力	0.70	
4.2.4 数字文化活力	3.47	
4.3 创新包容性	62.90	37
4.3.1 城镇登记失业率	58.79	
4.3.2 城乡居民人均可支配收入比	46.65	
4.3.3 平均房价与职工平均工资比	83.26	
4.4 创新可持续性	55.15	56
4.4.1 单位 GDP 工业废水、废气、废物排放量	31.37	
4.4.2 废水废物处理能力	76.21	
4.4.3 可吸入细颗粒物年平均浓度	30.23	
4.4.4 园林绿化覆盖率	51.80	
4.4.5 货运碳排放量	86.14	
天津	**得分**	**排名**
城市创新指数	33.80	10
1 创新基础设施	41.38	5
2 创新资源	33.64	8
3 创新过程	16.16	13
4 创新产出	43.13	48
1.1 数字基础设施	13.18	32
1.1.1 固网宽带应用渗透率	18.61	
1.1.2 移动网络应用渗透率	8.21	
1.1.3 车联网车辆接入数量	12.73	
1.2 物流基础设施	41.78	6
1.2.1 货运量	30.57	
1.2.2 人均快递业务量	6.97	

天津	得分	排名
1.2.3 城市物流仓储用地面积占城市建设用地总面积比重	100.00	
1.2.4 物流从业人员数占总人口比重	29.59	
1.3 金融基础设施	34.07	8
1.3.1 年末金融机构人民币各项存款余额	17.09	
1.3.2 年末金融机构人民币各项贷款余额	45.68	
1.3.3 金融业年末城镇单位就业人数占总人口比重	35.89	
1.3.4 数字金融	37.62	
1.4 政策基础设施	79.36	1
1.4.1 地方一般公共预算收入占 GDP 比重	88.08	
1.4.2 地方一般公共预算支出占 GDP 比重	100.00	
1.4.3 政府和社会资本合作环境	50.00	
2.1 人力资源	47.86	7
2.1.1 普通高等学校教育数量与质量	51.79	
2.1.2 中等职业学校教育数量与质量	50.00	
2.1.3 教育支出占 GDP 比重	82.66	
2.1.4 人才引进比重	35.90	
2.1.5 每万人中 R&D 人员数	18.93	
2.2 研发投入	31.34	14
2.2.1 R&D 内部经费占 GDP 比重	51.35	
2.2.2 科学技术支出占 GDP 比重	35.18	
2.2.3 规模以上工业企业 R&D 经费占主营业务收入比重	7.49	
2.3 创新机构	24.02	7
2.3.1 文化机构	30.58	
2.3.2 国家重点实验室	7.59	
2.3.3 国家创新中心	33.89	
3.1 知识创造	16.42	27

续表

天津	得分	排名
3.1.1 每十万人专利申请数	17.05	
3.1.2 每十万人发明专利数	8.81	
3.1.3 每十万人科技论文数	21.20	
3.1.4 每万元研究开发投入所取得的授权专利数	18.60	
3.2 知识扩散	15.92	9
3.2.1 输出技术成交额	15.78	
3.2.2 吸纳技术成交额	13.32	
3.2.3 国家技术转移机构数	18.64	
4.1 创新经济效益	45.00	27
4.1.1 人均地区生产总值	29.42	
4.1.2 贸易顺差(逆差)	79.53	
4.1.3 规模以上工业企业人均工业总产值	26.03	
4.2 数字创新活力	20.73	27
4.2.1 数字产业活力	7.99	
4.2.2 数字消费活力	40.57	
4.2.3 数字政务活力	17.26	
4.2.4 数字文化活力	17.08	
4.3 创新包容性	52.07	50
4.3.1 城镇登记失业率	20.40	
4.3.2 城乡居民人均可支配收入比	71.16	
4.3.3 平均房价与职工平均工资比	64.67	
4.4 创新可持续性	55.10	57
4.4.1 单位 GDP 工业废水、废气、废物排放量	91.11	
4.4.2 废水废物处理能力	62.42	
4.4.3 可吸入细颗粒物年平均浓度	37.21	
4.4.4 园林绿化覆盖率	13.95	
4.4.5 货运碳排放量	70.83	

潍坊	得分	排名
城市创新指数	21.09	49
1 创新基础设施	16.07	44
2 创新资源	18.73	35
3 创新过程	5.39	49
4 创新产出	43.28	47
1.1 数字基础设施	6.51	50
1.1.1 固网宽带应用渗透率	9.52	
1.1.2 移动网络应用渗透率	5.14	
1.1.3 车联网车辆接入数量	4.86	
1.2 物流基础设施	18.75	36
1.2.1 货运量	17.10	
1.2.2 人均快递业务量	2.42	
1.2.3 城市物流仓储用地面积占城市建设用地总面积比重	54.23	
1.2.4 物流从业人员数占总人口比重	1.27	
1.3 金融基础设施	8.79	51
1.3.1 年末金融机构人民币各项存款余额	3.42	
1.3.2 年末金融机构人民币各项贷款余额	6.04	
1.3.3 金融业年末城镇单位就业人数占总人口比重	2.07	
1.3.4 数字金融	23.63	
1.4 政策基础设施	31.22	21
1.4.1 地方一般公共预算收入占 GDP 比重	38.35	
1.4.2 地方一般公共预算支出占 GDP 比重	38.64	
1.4.3 政府和社会资本合作环境	16.67	
2.1 人力资源	34.68	25
2.1.1 普通高等学校教育数量与质量	35.84	
2.1.2 中等职业学校教育数量与质量	43.20	

续表

潍坊	得分	排名
2.1.3 教育支出占 GDP 比重	80.10	
2.1.4 人才引进比重	9.30	
2.1.5 每万人中 R&D 人员数	4.98	
2.2 研发投入	16.74	45
2.2.1 R&D 内部经费占 GDP 比重	32.30	
2.2.2 科学技术支出占 GDP 比重	14.63	
2.2.3 规模以上工业企业 R&D 经费占主营业务收入比重	3.29	
2.3 创新机构	7.34	31
2.3.1 文化机构	15.34	
2.3.2 国家重点实验室	0.00	
2.3.3 国家创新中心	6.67	
3.1 知识创造	9.27	48
3.1.1 每十万人专利申请数	4.49	
3.1.2 每十万人发明专利数	2.94	
3.1.3 每十万人科技论文数	0.57	
3.1.4 每万元研究开发投入所取得的授权专利数	29.08	
3.2 知识扩散	1.57	47
3.2.1 输出技术成交额	1.36	
3.2.2 吸纳技术成交额	1.65	
3.2.3 国家技术转移机构数	1.69	
4.1 创新经济效益	34.34	50
4.1.1 人均地区生产总值	10.95	
4.1.2 贸易顺差(逆差)	82.45	
4.1.3 规模以上工业企业人均工业总产值	9.61	
4.2 数字创新活力	4.80	51
4.2.1 数字产业活力	4.22	

续表

潍坊	得分	排名
4.2.2 数字消费活力	8.55	
4.2.3 数字政务活力	3.40	
4.2.4 数字文化活力	3.04	
4.3 创新包容性	72.52	17
4.3.1 城镇登记失业率	64.38	
4.3.2 城乡居民人均可支配收入比	58.04	
4.3.3 平均房价与职工平均工资比	95.14	
4.4 创新可持续性	62.64	45
4.4.1 单位 GDP 工业废水、废气、废物排放量	75.34	
4.4.2 废水废物处理能力	70.75	
4.4.3 可吸入细颗粒物年平均浓度	30.23	
4.4.4 园林绿化覆盖率	50.08	
4.4.5 货运碳排放量	86.80	
温州	得分	排名
城市创新指数	26.65	24
1 创新基础设施	22.11	27
2 创新资源	20.39	29
3 创新过程	11.96	21
4 创新产出	51.14	30
1.1 数字基础设施	15.37	24
1.1.1 固网宽带应用渗透率	29.41	
1.1.2 移动网络应用渗透率	12.04	
1.1.3 车联网车辆接入数量	4.67	
1.2 物流基础设施	24.93	24
1.2.1 货运量	7.68	
1.2.2 人均快递业务量	20.99	

续表

温州	得分	排名
1.2.3 城市物流仓储用地面积占城市建设用地总面积比重	64.20	
1.2.4 物流从业人员数占总人口比重	6.84	
1.3 金融基础设施	20.98	32
1.3.1 年末金融机构人民币各项存款余额	6.21	
1.3.2 年末金融机构人民币各项贷款余额	13.12	
1.3.3 金融业年末城镇单位就业人数占总人口比重	3.87	
1.3.4 数字金融	60.73	
1.4 政策基础设施	27.67	28
1.4.1 地方一般公共预算收入占 GDP 比重	29.36	
1.4.2 地方一般公共预算支出占 GDP 比重	53.63	
1.4.3 政府和社会资本合作环境	0.00	
2.1 人力资源	36.18	17
2.1.1 普通高等学校教育数量与质量	36.65	
2.1.2 中等职业学校教育数量与质量	44.81	
2.1.3 教育支出占 GDP 比重	74.62	
2.1.4 人才引进比重	10.00	
2.1.5 每万人中 R&D 人员数	14.79	
2.2 研发投入	19.35	41
2.2.1 R&D 内部经费占 GDP 比重	32.76	
2.2.2 科学技术支出占 GDP 比重	13.35	
2.2.3 规模以上工业企业 R&D 经费占主营业务收入比重	11.93	
2.3 创新机构	8.17	26
2.3.1 文化机构	21.73	
2.3.2 国家重点实验室	0.00	
2.3.3 国家创新中心	2.78	
3.1 知识创造	22.17	14

续表

温州	得分	排名
3.1.1 每十万人专利申请数	11.96	
3.1.2 每十万人发明专利数	9.08	
3.1.3 每十万人科技论文数	3.37	
3.1.4 每万元研究开发投入所取得的授权专利数	64.24	
3.2 知识扩散	1.94	38
3.2.1 输出技术成交额	1.48	
3.2.2 吸纳技术成交额	2.64	
3.2.3 国家技术转移机构数	1.69	
4.1 创新经济效益	37.05	46
4.1.1 人均地区生产总值	17.48	
4.1.2 贸易顺差(逆差)	86.80	
4.1.3 规模以上工业企业人均工业总产值	6.86	
4.2 数字创新活力	30.54	17
4.2.1 数字产业活力	12.77	
4.2.2 数字消费活力	56.57	
4.2.3 数字政务活力	39.83	
4.2.4 数字文化活力	12.97	
4.3 创新包容性	62.38	39
4.3.1 城镇登记失业率	69.03	
4.3.2 城乡居民人均可支配收入比	59.99	
4.3.3 平均房价与职工平均工资比	58.10	
4.4 创新可持续性	74.15	15
4.4.1 单位 GDP 工业废水、废气、废物排放量	95.69	
4.4.2 废水废物处理能力	68.20	
4.4.3 可吸入细颗粒物年平均浓度	95.35	
4.4.4 园林绿化覆盖率	19.75	
4.4.5 货运碳排放量	91.77	

续表

武汉	得分	排名
城市创新指数	36.24	8
1 创新基础设施	26.86	16
2 创新资源	36.06	5
3 创新过程	27.55	7
4 创新产出	54.04	25
1.1 数字基础设施	16.40	20
1.1.1 固网宽带应用渗透率	27.52	
1.1.2 移动网络应用渗透率	10.83	
1.1.3 车联网车辆接入数量	10.84	
1.2 物流基础设施	32.88	12
1.2.1 货运量	41.45	
1.2.2 人均快递业务量	15.15	
1.2.3 城市物流仓储用地面积占城市建设用地总面积比重	48.90	
1.2.4 物流从业人员数占总人口比重	26.02	
1.3 金融基础设施	33.72	10
1.3.1 年末金融机构人民币各项存款余额	15.40	
1.3.2 年末金融机构人民币各项贷款余额	39.67	
1.3.3 金融业年末城镇单位就业人数占总人口比重	8.76	
1.3.4 数字金融	71.06	
1.4 政策基础设施	24.94	35
1.4.1 地方一般公共预算收入占 GDP 比重	35.55	
1.4.2 地方一般公共预算支出占 GDP 比重	39.28	
1.4.3 政府和社会资本合作环境	0.00	
2.1 人力资源	35.72	19
2.1.1 普通高等学校教育数量与质量	75.78	
2.1.2 中等职业学校教育数量与质量	47.67	

续表

武汉	得分	排名
2.1.3 教育支出占 GDP 比重	15.61	
2.1.4 人才引进比重	32.90	
2.1.5 每万人中 R&D 人员数	6.65	
2.2 研发投入	38.43	8
2.2.1 R&D 内部经费占 GDP 比重	50.11	
2.2.2 科学技术支出占 GDP 比重	51.06	
2.2.3 规模以上工业企业 R&D 经费占主营业务收入比重	14.12	
2.3 创新机构	33.95	3
2.3.1 文化机构	27.55	
2.3.2 国家重点实验室	21.52	
2.3.3 国家创新中心	52.78	
3.1 知识创造	34.74	5
3.1.1 每十万人专利申请数	16.72	
3.1.2 每十万人发明专利数	77.32	
3.1.3 每十万人科技论文数	41.10	
3.1.4 每万元研究开发投入所取得的授权专利数	3.84	
3.2 知识扩散	20.49	7
3.2.1 输出技术成交额	14.30	
3.2.2 吸纳技术成交额	14.97	
3.2.3 国家技术转移机构数	32.20	
4.1 创新经济效益	54.59	15
4.1.1 人均地区生产总值	63.85	
4.1.2 贸易顺差(逆差)	81.61	
4.1.3 规模以上工业企业人均工业总产值	18.31	
4.2 数字创新活力	25.97	24
4.2.1 数字产业活力	21.54	

续表

武汉	得分	排名
4.2.2 数字消费活力	36.81	
4.2.3 数字政务活力	8.40	
4.2.4 数字文化活力	37.13	
4.3 创新包容性	65.46	33
4.3.1 城镇登记失业率	66.55	
4.3.2 城乡居民人均可支配收入比	55.11	
4.3.3 平均房价与职工平均工资比	74.71	
4.4 创新可持续性	70.52	30
4.4.1 单位 GDP 工业废水、废气、废物排放量	84.15	
4.4.2 废水废物处理能力	100.00	
4.4.3 可吸入细颗粒物年平均浓度	51.16	
4.4.4 园林绿化覆盖率	33.86	
4.4.5 货运碳排放量	83.42	
无锡	**得分**	**排名**
城市创新指数	30.14	17
1 创新基础设施	21.63	29
2 创新资源	21.32	26
3 创新过程	12.82	18
4 创新产出	63.55	5
1.1 数字基础设施	23.16	10
1.1.1 固网宽带应用渗透率	46.46	
1.1.2 移动网络应用渗透率	15.49	
1.1.3 车联网车辆接入数量	7.53	
1.2 物流基础设施	17.83	38
1.2.1 货运量	10.58	
1.2.2 人均快递业务量	20.14	

无锡	得分	排名
1.2.3 城市物流仓储用地面积占城市建设用地总面积比重	29.70	
1.2.4 物流从业人员数占总人口比重	10.89	
1.3 金融基础设施	25.06	21
1.3.1 年末金融机构人民币各项存款余额	8.97	
1.3.2 年末金融机构人民币各项贷款余额	15.95	
1.3.3 金融业年末城镇单位就业人数占总人口比重	11.53	
1.3.4 数字金融	63.81	
1.4 政策基础设施	20.43	40
1.4.1 地方一般公共预算收入占 GDP 比重	29.22	
1.4.2 地方一般公共预算支出占 GDP 比重	15.40	
1.4.3 政府和社会资本合作环境	16.67	
2.1 人力资源	26.87	43
2.1.1 普通高等学校教育数量与质量	41.92	
2.1.2 中等职业学校教育数量与质量	58.45	
2.1.3 教育支出占 GDP 比重	2.72	
2.1.4 人才引进比重	24.20	
2.1.5 每万人中 R&D 人员数	7.08	
2.2 研发投入	26.98	17
2.2.1 R&D 内部经费占 GDP 比重	48.77	
2.2.2 科学技术支出占 GDP 比重	19.01	
2.2.3 规模以上工业企业 R&D 经费占主营业务收入比重	13.18	
2.3 创新机构	10.89	19
2.3.1 文化机构	21.26	
2.3.2 国家重点实验室	2.53	
2.3.3 国家创新中心	8.89	
3.1 知识创造	21.34	16

续表

无锡	得分	排名
3.1.1 每十万人专利申请数	27.06	
3.1.2 每十万人发明专利数	17.37	
3.1.3 每十万人科技论文数	10.74	
3.1.4 每万元研究开发投入所取得的授权专利数	30.18	
3.2 知识扩散	4.45	27
3.2.1 输出技术成交额	2.85	
3.2.2 吸纳技术成交额	5.41	
3.2.3 国家技术转移机构数	5.08	
4.1 创新经济效益	70.20	4
4.1.1 人均地区生产总值	85.37	
4.1.2 贸易顺差（逆差）	85.96	
4.1.3 规模以上工业企业人均工业总产值	39.27	
4.2 数字创新活力	34.69	14
4.2.1 数字产业活力	14.78	
4.2.2 数字消费活力	54.46	
4.2.3 数字政务活力	40.62	
4.2.4 数字文化活力	28.90	
4.3 创新包容性	77.16	9
4.3.1 城镇登记失业率	75.66	
4.3.2 城乡居民人均可支配收入比	72.23	
4.3.3 平均房价与职工平均工资比	83.58	
4.4 创新可持续性	73.16	18
4.4.1 单位 GDP 工业废水、废气、废物排放量	87.56	
4.4.2 废水废物处理能力	74.02	
4.4.3 可吸入细颗粒物年平均浓度	65.12	
4.4.4 园林绿化覆盖率	59.09	
4.4.5 货运碳排放量	80.02	

续表

厦门	得分	排名
城市创新指数	32.56	12
1 创新基础设施	33.03	8
2 创新资源	24.40	18
3 创新过程	12.84	17
4 创新产出	58.62	10
1.1 数字基础设施	30.08	7
1.1.1 固网宽带应用渗透率	62.56	
1.1.2 移动网络应用渗透率	25.02	
1.1.3 车联网车辆接入数量	2.67	
1.2 物流基础设施	36.33	8
1.2.1 货运量	21.92	
1.2.2 人均快递业务量	17.43	
1.2.3 城市物流仓储用地面积占城市建设用地总面积比重	39.33	
1.2.4 物流从业人员数占总人口比重	66.65	
1.3 金融基础设施	30.83	13
1.3.1 年末金融机构人民币各项存款余额	4.93	
1.3.2 年末金融机构人民币各项贷款余额	12.44	
1.3.3 金融业年末城镇单位就业人数占总人口比重	28.63	
1.3.4 数字金融	77.30	
1.4 政策基础设施	35.04	16
1.4.1 地方一般公共预算收入占 GDP 比重	57.95	
1.4.2 地方一般公共预算支出占 GDP 比重	47.16	
1.4.3 政府和社会资本合作环境	0.00	
2.1 人力资源	42.86	12
2.1.1 普通高等学校教育数量与质量	56.50	
2.1.2 中等职业学校教育数量与质量	52.47	

续表

厦门	得分	排名
2.1.3 教育支出占 GDP 比重	45.17	
2.1.4 人才引进比重	20.80	
2.1.5 每万人中 R&D 人员数	39.34	
2.2 研发投入	25.82	18
2.2.1 R&D 内部经费占 GDP 比重	46.23	
2.2.2 科学技术支出占 GDP 比重	28.04	
2.2.3 规模以上工业企业 R&D 经费占主营业务收入比重	3.20	
2.3 创新机构	7.43	30
2.3.1 文化机构	3.50	
2.3.2 国家重点实验室	3.80	
2.3.3 国家创新中心	15.00	
3.1 知识创造	23.65	12
3.1.1 每十万人专利申请数	26.89	
3.1.2 每十万人发明专利数	20.98	
3.1.3 每十万人科技论文数	27.21	
3.1.4 每万元研究开发投入所取得的授权专利数	19.53	
3.2 知识扩散	2.23	35
3.2.1 输出技术成交额	1.35	
3.2.2 吸纳技术成交额	1.96	
3.2.3 国家技术转移机构数	3.39	
4.1 创新经济效益	58.32	11
4.1.1 人均地区生产总值	62.10	
4.1.2 贸易顺差(逆差)	83.19	
4.1.3 规模以上工业企业人均工业总产值	29.68	
4.2 数字创新活力	46.07	5
4.2.1 数字产业活力	50.58	

厦门	得分	排名
4.2.2 数字消费活力	52.65	
4.2.3 数字政务活力	35.01	
4.2.4 数字文化活力	46.05	
4.3 创新包容性	43.49	56
4.3.1 城镇登记失业率	85.66	
4.3.2 城乡居民人均可支配收入比	34.49	
4.3.3 平均房价与职工平均工资比	10.32	
4.4 创新可持续性	84.74	1
4.4.1 单位 GDP 工业废水、废气、废物排放量	93.22	
4.4.2 废水废物处理能力	64.19	
4.4.3 可吸入细颗粒物年平均浓度	100.00	
4.4.4 园林绿化覆盖率	73.90	
4.4.5 货运碳排放量	92.39	
西安	得分	排名
城市创新指数	31.41	14
1 创新基础设施	24.25	19
2 创新资源	33.96	7
3 创新过程	26.35	8
4 创新产出	40.95	51
1.1 数字基础设施	14.29	28
1.1.1 固网宽带应用渗透率	23.26	
1.1.2 移动网络应用渗透率	14.93	
1.1.3 车联网车辆接入数量	4.67	
1.2 物流基础设施	26.95	21
1.2.1 货运量	15.68	
1.2.2 人均快递业务量	6.10	

续表

西安	得分	排名
1.2.3 城市物流仓储用地面积占城市建设用地总面积比重	46.47	
1.2.4 物流从业人员数占总人口比重	39.53	
1.3 金融基础设施	31.59	12
1.3.1 年末金融机构人民币各项存款余额	12.36	
1.3.2 年末金融机构人民币各项贷款余额	28.09	
1.3.3 金融业年末城镇单位就业人数占总人口比重	31.92	
1.3.4 数字金融	54.00	
1.4 政策基础设施	24.80	37
1.4.1 地方一般公共预算收入占 GDP 比重	20.71	
1.4.2 地方一般公共预算支出占 GDP 比重	37.03	
1.4.3 政府和社会资本合作环境	16.67	
2.1 人力资源	40.67	13
2.1.1 普通高等学校教育数量与质量	66.95	
2.1.2 中等职业学校教育数量与质量	58.11	
2.1.3 教育支出占 GDP 比重	32.03	
2.1.4 人才引进比重	29.90	
2.1.5 每万人中 R&D 人员数	16.36	
2.2 研发投入	33.12	13
2.2.1 R&D 内部经费占 GDP 比重	72.03	
2.2.2 科学技术支出占 GDP 比重	14.23	
2.2.3 规模以上工业企业 R&D 经费占主营业务收入比重	13.10	
2.3 创新机构	29.17	5
2.3.1 文化机构	43.58	
2.3.2 国家重点实验室	13.92	
2.3.3 国家创新中心	30.00	
3.1 知识创造	30.95	6

续表

西安	得分	排名
3.1.1 每十万人专利申请数	14.69	
3.1.2 每十万人发明专利数	19.24	
3.1.3 每十万人科技论文数	30.47	
3.1.4 每万元研究开发投入所取得的授权专利数	59.40	
3.2 知识扩散	21.83	6
3.2.1 输出技术成交额	23.79	
3.2.2 吸纳技术成交额	14.59	
3.2.3 国家技术转移机构数	27.12	
4.1 创新经济效益	39.82	40
4.1.1 人均地区生产总值	30.60	
4.1.2 贸易顺差(逆差)	81.32	
4.1.3 规模以上工业企业人均工业总产值	7.53	
4.2 数字创新活力	17.86	32
4.2.1 数字产业活力	24.68	
4.2.2 数字消费活力	15.27	
4.2.3 数字政务活力	6.22	
4.2.4 数字文化活力	25.26	
4.3 创新包容性	44.56	54
4.3.1 城镇登记失业率	50.98	
4.3.2 城乡居民人均可支配收入比	0.00	
4.3.3 平均房价与职工平均工资比	82.70	
4.4 创新可持续性	61.18	48
4.4.1 单位 GDP 工业废水、废气、废物排放量	98.72	
4.4.2 废水废物处理能力	64.17	
4.4.3 可吸入细颗粒物年平均浓度	23.26	
4.4.4 园林绿化覆盖率	30.33	
4.4.5 货运碳排放量	89.45	

续表

襄阳	得分	排名
城市创新指数	17.89	55
1 创新基础设施	11.62	53
2 创新资源	12.90	53
3 创新过程	1.18	57
4 创新产出	44.82	44
1.1 数字基础设施	1.58	57
1.1.1 固网宽带应用渗透率	4.75	
1.1.2 移动网络应用渗透率	0.00	
1.1.3 车联网车辆接入数量	0.00	
1.2 物流基础设施	14.16	45
1.2.1 货运量	23.59	
1.2.2 人均快递业务量	0.00	
1.2.3 城市物流仓储用地面积占城市建设用地总面积比重	20.15	
1.2.4 物流从业人员数占总人口比重	12.90	
1.3 金融基础设施	6.68	55
1.3.1 年末金融机构人民币各项存款余额	0.40	
1.3.2 年末金融机构人民币各项贷款余额	0.53	
1.3.3 金融业年末城镇单位就业人数占总人口比重	3.70	
1.3.4 数字金融	22.10	
1.4 政策基础设施	25.00	34
1.4.1 地方一般公共预算收入占 GDP 比重	11.54	
1.4.2 地方一般公共预算支出占 GDP 比重	46.79	
1.4.3 政府和社会资本合作环境	16.67	
2.1 人力资源	18.53	54
2.1.1 普通高等学校教育数量与质量	21.56	
2.1.2 中等职业学校教育数量与质量	40.17	

襄阳	得分	排名
2.1.3 教育支出占 GDP 比重	24.69	
2.1.4 人才引进比重	0.00	
2.1.5 每万人中 R&D 人员数	6.24	
2.2 研发投入	17.88	43
2.2.1 R&D 内部经费占 GDP 比重	26.16	
2.2.2 科学技术支出占 GDP 比重	23.96	
2.2.3 规模以上工业企业 R&D 经费占主营业务收入比重	3.53	
2.3 创新机构	3.13	49
2.3.1 文化机构	2.71	
2.3.2 国家重点实验室	0.00	
2.3.3 国家创新中心	6.67	
3.1 知识创造	0.73	57
3.1.1 每十万人专利申请数	1.85	
3.1.2 每十万人发明专利数	0.46	
3.1.3 每十万人科技论文数	0.04	
3.1.4 每万元研究开发投入所取得的授权专利数	0.57	
3.2 知识扩散	1.62	45
3.2.1 输出技术成交额	2.64	
3.2.2 吸纳技术成交额	2.21	
3.2.3 国家技术转移机构数	0.00	
4.1 创新经济效益	38.07	44
4.1.1 人均地区生产总值	25.96	
4.1.2 贸易顺差(逆差)	81.10	
4.1.3 规模以上工业企业人均工业总产值	7.16	
4.2 数字创新活力	6.13	50
4.2.1 数字产业活力	0.00	

续表

襄阳	得分	排名
4.2.2 数字消费活力	13.56	
4.2.3 数字政务活力	7.08	
4.2.4 数字文化活力	3.89	
4.3 创新包容性	75.29	12
4.3.1 城镇登记失业率	75.32	
4.3.2 城乡居民人均可支配收入比	63.36	
4.3.3 平均房价与职工平均工资比	87.18	
4.4 创新可持续性	61.23	47
4.4.1 单位 GDP 工业废水、废气、废物排放量	94.32	
4.4.2 废水废物处理能力	58.01	
4.4.3 可吸入细颗粒物年平均浓度	16.28	
4.4.4 园林绿化覆盖率	37.54	
4.4.5 货运碳排放量	100.00	
徐州	得分	排名
城市创新指数	21.47	47
1 创新基础设施	14.10	48
2 创新资源	16.43	42
3 创新过程	7.40	38
4 创新产出	47.04	38
1.1 数字基础设施	16.76	18
1.1.1 固网宽带应用渗透率	15.97	
1.1.2 移动网络应用渗透率	4.63	
1.1.3 车联网车辆接入数量	29.67	
1.2 物流基础设施	12.17	49
1.2.1 货运量	21.92	
1.2.2 人均快递业务量	2.25	

续表

徐州	得分	排名
1.2.3 城市物流仓储用地面积占城市建设用地总面积比重	20.53	
1.2.4 物流从业人员数占总人口比重	3.99	
1.3 金融基础设施	12.34	47
1.3.1 年末金融机构人民币各项存款余额	3.09	
1.3.2 年末金融机构人民币各项贷款余额	5.17	
1.3.3 金融业年末城镇单位就业人数占总人口比重	0.00	
1.3.4 数字金融	41.11	
1.4 政策基础设施	15.02	47
1.4.1 地方一般公共预算收入占 GDP 比重	13.73	
1.4.2 地方一般公共预算支出占 GDP 比重	31.32	
1.4.3 政府和社会资本合作环境	0.00	
2.1 人力资源	26.56	44
2.1.1 普通高等学校教育数量与质量	40.06	
2.1.2 中等职业学校教育数量与质量	36.23	
2.1.3 教育支出占 GDP 比重	46.91	
2.1.4 人才引进比重	9.60	
2.1.5 每万人中 R&D 人员数	0.00	
2.2 研发投入	21.50	34
2.2.1 R&D 内部经费占 GDP 比重	26.73	
2.2.2 科学技术支出占 GDP 比重	13.66	
2.2.3 规模以上工业企业 R&D 经费占主营业务收入比重	24.12	
2.3 创新机构	2.78	51
2.3.1 文化机构	5.57	
2.3.2 国家重点实验室	0.00	
2.3.3 国家创新中心	2.78	
3.1 知识创造	11.71	39

续表

徐州	得分	排名
3.1.1 每十万人专利申请数	5.43	
3.1.2 每十万人发明专利数	4.15	
3.1.3 每十万人科技论文数	4.25	
3.1.4 每万元研究开发投入所取得的授权专利数	33.02	
3.2 知识扩散	3.17	31
3.2.1 输出技术成交额	1.63	
3.2.2 吸纳技术成交额	2.80	
3.2.3 国家技术转移机构数	5.08	
4.1 创新经济效益	39.20	42
4.1.1 人均地区生产总值	23.66	
4.1.2 贸易顺差(逆差)	83.10	
4.1.3 规模以上工业企业人均工业总产值	10.83	
4.2 数字创新活力	10.79	44
4.2.1 数字产业活力	1.59	
4.2.2 数字消费活力	24.71	
4.2.3 数字政务活力	12.49	
4.2.4 数字文化活力	4.36	
4.3 创新包容性	73.55	16
4.3.1 城镇登记失业率	64.29	
4.3.2 城乡居民人均可支配收入比	73.77	
4.3.3 平均房价与职工平均工资比	82.59	
4.4 创新可持续性	65.68	38
4.4.1 单位 GDP 工业废水、废气、废物排放量	90.11	
4.4.2 废水废物处理能力	63.01	
4.4.3 可吸入细颗粒物年平均浓度	23.26	
4.4.4 园林绿化覆盖率	62.54	
4.4.5 货运碳排放量	89.48	

续表

盐城	得分	排名
城市创新指数	21.61	46
1 创新基础设施	13.37	51
2 创新资源	17.32	41
3 创新过程	4.62	51
4 创新产出	50.11	34
1.1 数字基础设施	5.31	53
1.1.1 固网宽带应用渗透率	11.80	
1.1.2 移动网络应用渗透率	0.88	
1.1.3 车联网车辆接入数量	3.27	
1.2 物流基础设施	11.45	52
1.2.1 货运量	13.71	
1.2.2 人均快递业务量	1.30	
1.2.3 城市物流仓储用地面积占城市建设用地总面积比重	27.64	
1.2.4 物流从业人员数占总人口比重	3.15	
1.3 金融基础设施	11.12	48
1.3.1 年末金融机构人民币各项存款余额	2.41	
1.3.2 年末金融机构人民币各项贷款余额	5.23	
1.3.3 金融业年末城镇单位就业人数占总人口比重	1.99	
1.3.4 数字金融	34.84	
1.4 政策基础设施	26.54	31
1.4.1 地方一般公共预算收入占 GDP 比重	14.92	
1.4.2 地方一般公共预算支出占 GDP 比重	48.04	
1.4.3 政府和社会资本合作环境	16.67	
2.1 人力资源	27.53	41
2.1.1 普通高等学校教育数量与质量	34.10	
2.1.2 中等职业学校教育数量与质量	43.83	

续表

盐城	得分	排名
2.1.3 教育支出占 GDP 比重	49.39	
2.1.4 人才引进比重	4.60	
2.1.5 每万人中 R&D 人员数	5.72	
2.2 研发投入	23.27	26
2.2.1 R&D 内部经费占 GDP 比重	33.29	
2.2.2 科学技术支出占 GDP 比重	19.08	
2.2.3 规模以上工业企业 R&D 经费占主营业务收入比重	17.45	
2.3 创新机构	2.69	52
2.3.1 文化机构	4.75	
2.3.2 国家重点实验室	0.00	
2.3.3 国家创新中心	3.33	
3.1 知识创造	7.65	50
3.1.1 每十万人专利申请数	5.27	
3.1.2 每十万人发明专利数	2.92	
3.1.3 每十万人科技论文数	0.44	
3.1.4 每万元研究开发投入所取得的授权专利数	21.95	
3.2 知识扩散	1.65	44
3.2.1 输出技术成交额	1.26	
3.2.2 吸纳技术成交额	2.00	
3.2.3 国家技术转移机构数	1.69	
4.1 创新经济效益	36.55	47
4.1.1 人均地区生产总值	22.42	
4.1.2 贸易顺差（逆差）	81.34	
4.1.3 规模以上工业企业人均工业总产值	5.90	
4.2 数字创新活力	10.98	43
4.2.1 数字产业活力	0.19	

续表

盐城	得分	排名
4.2.2 数字消费活力	29.16	
4.2.3 数字政务活力	9.58	
4.2.4 数字文化活力	5.00	
4.3 创新包容性	81.74	3
4.3.1 城镇登记失业率	77.09	
4.3.2 城乡居民人均可支配收入比	79.29	
4.3.3 平均房价与职工平均工资比	88.82	
4.4 创新可持续性	72.22	25
4.4.1 单位 GDP 工业废水、废气、废物排放量	89.22	
4.4.2 废水废物处理能力	51.18	
4.4.3 可吸入细颗粒物年平均浓度	65.12	
4.4.4 园林绿化覆盖率	59.33	
4.4.5 货运碳排放量	96.24	
扬州	得分	排名
城市创新指数	21.83	44
1 创新基础设施	10.79	56
2 创新资源	15.36	46
3 创新过程	11.41	26
4 创新产出	48.97	36
1.1 数字基础设施	7.77	46
1.1.1 固网宽带应用渗透率	17.49	
1.1.2 移动网络应用渗透率	5.26	
1.1.3 车联网车辆接入数量	0.55	
1.2 物流基础设施	6.04	56
1.2.1 货运量	3.68	
1.2.2 人均快递业务量	3.71	

续表

扬州	得分	排名
1.2.3 城市物流仓储用地面积占城市建设用地总面积比重	9.16	
1.2.4 物流从业人员数占总人口比重	7.61	
1.3 金融基础设施	14.83	43
1.3.1 年末金融机构人民币各项存款余额	2.20	
1.3.2 年末金融机构人民币各项贷款余额	4.54	
1.3.3 金融业年末城镇单位就业人数占总人口比重	2.61	
1.3.4 数字金融	49.95	
1.4 政策基础设施	14.97	49
1.4.1 地方一般公共预算收入占 GDP 比重	7.18	
1.4.2 地方一般公共预算支出占 GDP 比重	21.05	
1.4.3 政府和社会资本合作环境	16.67	
2.1 人力资源	20.52	50
2.1.1 普通高等学校教育数量与质量	42.53	
2.1.2 中等职业学校教育数量与质量	41.85	
2.1.3 教育支出占 GDP 比重	10.13	
2.1.4 人才引进比重	8.10	
2.1.5 每万人中 R&D 人员数	0.00	
2.2 研发投入	23.65	24
2.2.1 R&D 内部经费占 GDP 比重	43.44	
2.2.2 科学技术支出占 GDP 比重	10.27	
2.2.3 规模以上工业企业 R&D 经费占主营业务收入比重	17.23	
2.3 创新机构	2.62	53
2.3.1 文化机构	6.20	
2.3.2 国家重点实验室	0.00	
2.3.3 国家创新中心	1.67	
3.1 知识创造	20.15	19

扬州	得分	排名
3.1.1 每十万人专利申请数	14.33	
3.1.2 每十万人发明专利数	5.42	
3.1.3 每十万人科技论文数	5.92	
3.1.4 每万元研究开发投入所取得的授权专利数	54.94	
3.2 知识扩散	2.82	32
3.2.1 输出技术成交额	1.30	
3.2.2 吸纳技术成交额	2.08	
3.2.3 国家技术转移机构数	5.08	
4.1 创新经济效益	51.45	18
4.1.1 人均地区生产总值	53.43	
4.1.2 贸易顺差(逆差)	82.00	
4.1.3 规模以上工业企业人均工业总产值	18.92	
4.2 数字创新活力	17.45	34
4.2.1 数字产业活力	3.18	
4.2.2 数字消费活力	43.22	
4.2.3 数字政务活力	10.26	
4.2.4 数字文化活力	13.14	
4.3 创新包容性	52.56	49
4.3.1 城镇登记失业率	16.49	
4.3.2 城乡居民人均可支配收入比	64.61	
4.3.3 平均房价与职工平均工资比	76.57	
4.4 创新可持续性	74.07	16
4.4.1 单位GDP工业废水、废气、废物排放量	91.56	
4.4.2 废水废物处理能力	60.65	
4.4.3 可吸入细颗粒物年平均浓度	55.81	
4.4.4 园林绿化覆盖率	65.52	
4.4.5 货运碳排放量	96.79	

续表

烟台	得分	排名
城市创新指数	22.08	43
1 创新基础设施	17.03	41
2 创新资源	15.52	45
3 创新过程	3.05	53
4 创新产出	51.49	29
1.1 数字基础设施	9.90	41
1.1.1 固网宽带应用渗透率	10.45	
1.1.2 移动网络应用渗透率	5.18	
1.1.3 车联网车辆接入数量	14.07	
1.2 物流基础设施	30.62	14
1.2.1 货运量	14.57	
1.2.2 人均快递业务量	2.07	
1.2.3 城市物流仓储用地面积占城市建设用地总面积比重	95.87	
1.2.4 物流从业人员数占总人口比重	9.97	
1.3 金融基础设施	13.75	45
1.3.1 年末金融机构人民币各项存款余额	3.33	
1.3.2 年末金融机构人民币各项贷款余额	4.69	
1.3.3 金融业年末城镇单位就业人数占总人口比重	15.06	
1.3.4 数字金融	31.90	
1.4 政策基础设施	13.87	50
1.4.1 地方一般公共预算收入占 GDP 比重	22.42	
1.4.2 地方一般公共预算支出占 GDP 比重	19.19	
1.4.3 政府和社会资本合作环境	0.00	
2.1 人力资源	24.08	48
2.1.1 普通高等学校教育数量与质量	38.39	
2.1.2 中等职业学校教育数量与质量	54.79	

续表

烟台	得分	排名
2.1.3 教育支出占 GDP 比重	10.55	
2.1.4 人才引进比重	9.10	
2.1.5 每万人中 R&D 人员数	7.59	
2.2 研发投入	15.31	47
2.2.1 R&D 内部经费占 GDP 比重	25.23	
2.2.2 科学技术支出占 GDP 比重	15.10	
2.2.3 规模以上工业企业 R&D 经费占主营业务收入比重	5.60	
2.3 创新机构	8.54	24
2.3.1 文化机构	13.38	
2.3.2 国家重点实验室	0.00	
2.3.3 国家创新中心	12.22	
3.1 知识创造	4.61	53
3.1.1 每十万人专利申请数	3.73	
3.1.2 每十万人发明专利数	3.74	
3.1.3 每十万人科技论文数	3.88	
3.1.4 每万元研究开发投入所取得的授权专利数	7.10	
3.2 知识扩散	1.51	49
3.2.1 输出技术成交额	1.90	
3.2.2 吸纳技术成交额	2.62	
3.2.3 国家技术转移机构数	0.00	
4.1 创新经济效益	44.18	30
4.1.1 人均地区生产总值	40.01	
4.1.2 贸易顺差（逆差）	82.81	
4.1.3 规模以上工业企业人均工业总产值	9.73	
4.2 数字创新活力	11.27	42
4.2.1 数字产业活力	5.73	

续表

烟台	得分	排名
4.2.2 数字消费活力	25.48	
4.2.3 数字政务活力	7.29	
4.2.4 数字文化活力	6.58	
4.3 创新包容性	79.13	6
4.3.1 城镇登记失业率	59.04	
4.3.2 城乡居民人均可支配收入比	94.03	
4.3.3 平均房价与职工平均工资比	84.32	
4.4 创新可持续性	72.46	23
4.4.1 单位 GDP 工业废水、废气、废物排放量	91.89	
4.4.2 废水废物处理能力	70.75	
4.4.3 可吸入细颗粒物年平均浓度	74.42	
4.4.4 园林绿化覆盖率	37.46	
4.4.5 货运碳排放量	87.79	
宜昌	得分	排名
城市创新指数	20.68	52
1 创新基础设施	17.08	40
2 创新资源	14.24	49
3 创新过程	3.03	54
4 创新产出	47.21	37
1.1 数字基础设施	3.85	54
1.1.1 固网宽带应用渗透率	8.40	
1.1.2 移动网络应用渗透率	1.52	
1.1.3 车联网车辆接入数量	1.64	
1.2 物流基础设施	27.13	20
1.2.1 货运量	8.09	
1.2.2 人均快递业务量	4.19	

续表

宜昌	得分	排名
1.2.3 城市物流仓储用地面积占城市建设用地总面积比重	80.21	
1.2.4 物流从业人员数占总人口比重	16.02	
1.3 金融基础设施	7.43	52
1.3.1 年末金融机构人民币各项存款余额	0.44	
1.3.2 年末金融机构人民币各项贷款余额	1.96	
1.3.3 金融业年末城镇单位就业人数占总人口比重	0.11	
1.3.4 数字金融	27.22	
1.4 政策基础设施	30.89	22
1.4.1 地方一般公共预算收入占 GDP 比重	5.61	
1.4.2 地方一般公共预算支出占 GDP 比重	37.05	
1.4.3 政府和社会资本合作环境	50.00	
2.1 人力资源	19.32	53
2.1.1 普通高等学校教育数量与质量	33.73	
2.1.2 中等职业学校教育数量与质量	42.19	
2.1.3 教育支出占 GDP 比重	10.20	
2.1.4 人才引进比重	0.00	
2.1.5 每万人中 R&D 人员数	10.50	
2.2 研发投入	21.04	35
2.2.1 R&D 内部经费占 GDP 比重	35.19	
2.2.2 科学技术支出占 GDP 比重	14.12	
2.2.3 规模以上工业企业 R&D 经费占主营业务收入比重	13.81	
2.3 创新机构	3.07	50
2.3.1 文化机构	5.32	
2.3.2 国家重点实验室	0.00	
2.3.3 国家创新中心	3.89	
3.1 知识创造	4.62	52

续表

宜昌	得分	排名
3.1.1 每十万人专利申请数	3.91	
3.1.2 每十万人发明专利数	2.93	
3.1.3 每十万人科技论文数	2.42	
3.1.4 每万元研究开发投入所取得的授权专利数	9.21	
3.2 知识扩散	1.46	51
3.2.1 输出技术成交额	2.43	
3.2.2 吸纳技术成交额	1.96	
3.2.3 国家技术转移机构数	0.00	
4.1 创新经济效益	44.03	31
4.1.1 人均地区生产总值	40.32	
4.1.2 贸易顺差（逆差）	81.11	
4.1.3 规模以上工业企业人均工业总产值	10.65	
4.2 数字创新活力	9.54	47
4.2.1 数字产业活力	3.51	
4.2.2 数字消费活力	19.44	
4.2.3 数字政务活力	9.70	
4.2.4 数字文化活力	5.50	
4.3 创新包容性	69.20	29
4.3.1 城镇登记失业率	71.48	
4.3.2 城乡居民人均可支配收入比	52.71	
4.3.3 平均房价与职工平均工资比	83.40	
4.4 创新可持续性	66.97	33
4.4.1 单位 GDP 工业废水、废气、废物排放量	85.30	
4.4.2 废水废物处理能力	65.29	
4.4.3 可吸入细颗粒物年平均浓度	51.16	
4.4.4 园林绿化覆盖率	36.29	
4.4.5 货运碳排放量	96.84	

榆林	得分	排名
城市创新指数	17.35	56
1 创新基础设施	11.38	54
2 创新资源	9.81	55
3 创新过程	3.20	52
4 创新产出	43.97	46
1.1 数字基础设施	1.92	56
1.1.1 固网宽带应用渗透率	1.68	
1.1.2 移动网络应用渗透率	3.71	
1.1.3 车联网车辆接入数量	0.37	
1.2 物流基础设施	11.60	51
1.2.1 货运量	18.09	
1.2.2 人均快递业务量	2.66	
1.2.3 城市物流仓储用地面积占城市建设用地总面积比重	14.90	
1.2.4 物流从业人员数占总人口比重	10.77	
1.3 金融基础设施	0.21	57
1.3.1 年末金融机构人民币各项存款余额	0.64	
1.3.2 年末金融机构人民币各项贷款余额	0.00	
1.3.3 金融业年末城镇单位就业人数占总人口比重	0.22	
1.3.4 数字金融	0.00	
1.4 政策基础设施	32.98	20
1.4.1 地方一般公共预算收入占 GDP 比重	36.72	
1.4.2 地方一般公共预算支出占 GDP 比重	62.21	
1.4.3 政府和社会资本合作环境	0.00	
2.1 人力资源	29.38	36
2.1.1 普通高等学校教育数量与质量	30.61	
2.1.2 中等职业学校教育数量与质量	46.85	

续表

榆林	得分	排名
2.1.3 教育支出占 GDP 比重	69.02	
2.1.4 人才引进比重	0.00	
2.1.5 每万人中 R&D 人员数	0.40	
2.2 研发投入	0.99	57
2.2.1 R&D 内部经费占 GDP 比重	0.69	
2.2.2 科学技术支出占 GDP 比重	0.00	
2.2.3 规模以上工业企业 R&D 经费占主营业务收入比重	2.27	
2.3 创新机构	2.31	55
2.3.1 文化机构	6.92	
2.3.2 国家重点实验室	0.00	
2.3.3 国家创新中心	0.00	
3.1 知识创造	4.29	54
3.1.1 每十万人专利申请数	0.01	
3.1.2 每十万人发明专利数	5.03	
3.1.3 每十万人科技论文数	0.53	
3.1.4 每万元研究开发投入所取得的授权专利数	11.57	
3.2 知识扩散	2.13	36
3.2.1 输出技术成交额	4.01	
3.2.2 吸纳技术成交额	2.39	
3.2.3 国家技术转移机构数	0.00	
4.1 创新经济效益	47.46	25
4.1.1 人均地区生产总值	48.48	
4.1.2 贸易顺差(逆差)	80.40	
4.1.3 规模以上工业企业人均工业总产值	13.51	
4.2 数字创新活力	2.04	57
4.2.1 数字产业活力	2.51	

榆林	得分	排名
4.2.2 数字消费活力	4.33	
4.2.3 数字政务活力	1.33	
4.2.4 数字文化活力	0.00	
4.3 创新包容性	69.42	28
4.3.1 城镇登记失业率	86.74	
4.3.2 城乡居民人均可支配收入比	21.53	
4.3.3 平均房价与职工平均工资比	100.00	
4.4 创新可持续性	58.55	54
4.4.1 单位 GDP 工业废水、废气、废物排放量	58.04	
4.4.2 废水废物处理能力	58.96	
4.4.3 可吸入细颗粒物年平均浓度	67.65	
4.4.4 园林绿化覆盖率	14.50	
4.4.5 货运碳排放量	93.62	
漳州	**得分**	**排名**
城市创新指数	19.20	53
1 创新基础设施	6.62	57
2 创新资源	8.73	57
3 创新过程	9.92	30
4 创新产出	50.64	32
1.1 数字基础设施	7.91	45
1.1.1 固网宽带应用渗透率	18.10	
1.1.2 移动网络应用渗透率	5.34	
1.1.3 车联网车辆接入数量	0.28	
1.2 物流基础设施	2.54	57
1.2.1 货运量	0.00	
1.2.2 人均快递业务量	6.07	

续表

漳州	得分	排名
1.2.3 城市物流仓储用地面积占城市建设用地总面积比重	3.23	
1.2.4 物流从业人员数占总人口比重	0.84	
1.3 金融基础设施	11.07	49
1.3.1 年末金融机构人民币各项存款余额	0.00	
1.3.2 年末金融机构人民币各项贷款余额	1.11	
1.3.3 金融业年末城镇单位就业人数占总人口比重	6.97	
1.3.4 数字金融	36.20	
1.4 政策基础设施	4.93	56
1.4.1 地方一般公共预算收入占 GDP 比重	0.18	
1.4.2 地方一般公共预算支出占 GDP 比重	14.63	
1.4.3 政府和社会资本合作环境	0.00	
2.1 人力资源	16.74	56
2.1.1 普通高等学校教育数量与质量	29.46	
2.1.2 中等职业学校教育数量与质量	32.74	
2.1.3 教育支出占 GDP 比重	14.22	
2.1.4 人才引进比重	0.00	
2.1.5 每万人中 R&D 人员数	7.28	
2.2 研发投入	9.03	52
2.2.1 R&D 内部经费占 GDP 比重	23.57	
2.2.2 科学技术支出占 GDP 比重	0.98	
2.2.3 规模以上工业企业 R&D 经费占主营业务收入比重	2.54	
2.3 创新机构	1.69	56
2.3.1 文化机构	2.86	
2.3.2 国家重点实验室	0.00	
2.3.3 国家创新中心	2.22	
3.1 知识创造	19.88	20

续表

漳州	得分	排名
3.1.1 每十万人专利申请数	4.25	
3.1.2 每十万人发明专利数	0.35	
3.1.3 每十万人科技论文数	0.10	
3.1.4 每万元研究开发投入所取得的授权专利数	74.84	
3.2 知识扩散	0.12	57
3.2.1 输出技术成交额	0.06	
3.2.2 吸纳技术成交额	0.31	
3.2.3 国家技术转移机构数	0.00	
4.1 创新经济效益	41.78	36
4.1.1 人均地区生产总值	30.49	
4.1.2 贸易顺差(逆差)	81.30	
4.1.3 规模以上工业企业人均工业总产值	13.54	
4.2 数字创新活力	10.74	45
4.2.1 数字产业活力	0.57	
4.2.2 数字消费活力	37.84	
4.2.3 数字政务活力	1.22	
4.2.4 数字文化活力	3.33	
4.3 创新包容性	75.06	13
4.3.1 城镇登记失业率	79.09	
4.3.2 城乡居民人均可支配收入比	64.06	
4.3.3 平均房价与职工平均工资比	82.02	
4.4 创新可持续性	75.64	11
4.4.1 单位 GDP 工业废水、废气、废物排放量	57.01	
4.4.2 废水废物处理能力	50.00	
4.4.3 可吸入细颗粒物年平均浓度	100.00	
4.4.4 园林绿化覆盖率	76.49	
4.4.5 货运碳排放量	94.72	

续表

郑州	得分	排名
城市创新指数	30.38	16
1 创新基础设施	29.08	11
2 创新资源	24.16	19
3 创新过程	12.04	20
4 创新产出	55.05	23
1.1 数字基础设施	22.18	11
1.1.1 固网宽带应用渗透率	38.02	
1.1.2 移动网络应用渗透率	21.28	
1.1.3 车联网车辆接入数量	7.24	
1.2 物流基础设施	27.66	19
1.2.1 货运量	17.37	
1.2.2 人均快递业务量	10.99	
1.2.3 城市物流仓储用地面积占城市建设用地总面积比重	65.34	
1.2.4 物流从业人员数占总人口比重	16.95	
1.3 金融基础设施	29.64	15
1.3.1 年末金融机构人民币各项存款余额	12.54	
1.3.2 年末金融机构人民币各项贷款余额	32.41	
1.3.3 金融业年末城镇单位就业人数占总人口比重	10.79	
1.3.4 数字金融	62.81	
1.4 政策基础设施	37.55	14
1.4.1 地方一般公共预算收入占 GDP 比重	41.94	
1.4.2 地方一般公共预算支出占 GDP 比重	54.04	
1.4.3 政府和社会资本合作环境	16.67	
2.1 人力资源	44.52	11
2.1.1 普通高等学校教育数量与质量	74.82	
2.1.2 中等职业学校教育数量与质量	69.29	

续表

郑州	得分	排名
2.1.3 教育支出占 GDP 比重	30.50	
2.1.4 人才引进比重	31.60	
2.1.5 每万人中 R&D 人员数	16.37	
2.2 研发投入	22.03	31
2.2.1 R&D 内部经费占 GDP 比重	31.45	
2.2.2 科学技术支出占 GDP 比重	23.17	
2.2.3 规模以上工业企业 R&D 经费占主营业务收入比重	11.46	
2.3 创新机构	9.23	21
2.3.1 文化机构	15.46	
2.3.2 国家重点实验室	0.00	
2.3.3 国家创新中心	12.22	
3.1 知识创造	20.62	18
3.1.1 每十万人专利申请数	12.97	
3.1.2 每十万人发明专利数	33.70	
3.1.3 每十万人科技论文数	14.93	
3.1.4 每万元研究开发投入所取得的授权专利数	20.88	
3.2 知识扩散	3.61	29
3.2.1 输出技术成交额	0.67	
3.2.2 吸纳技术成交额	1.68	
3.2.3 国家技术转移机构数	8.47	
4.1 创新经济效益	49.10	23
4.1.1 人均地区生产总值	43.63	
4.1.2 贸易顺差（逆差）	85.74	
4.1.3 规模以上工业企业人均工业总产值	17.92	
4.2 数字创新活力	31.93	16
4.2.1 数字产业活力	54.09	

续表

郑州	得分	排名
4.2.2 数字消费活力	9.63	
4.2.3 数字政务活力	41.64	
4.2.4 数字文化活力	22.34	
4.3 创新包容性	77.45	8
4.3.1 城镇登记失业率	78.11	
4.3.2 城乡居民人均可支配收入比	76.17	
4.3.3 平均房价与职工平均工资比	78.07	
4.4 创新可持续性	62.87	43
4.4.1 单位 GDP 工业废水、废气、废物排放量	96.03	
4.4.2 废水废物处理能力	71.88	
4.4.3 可吸入细颗粒物年平均浓度	20.93	
4.4.4 园林绿化覆盖率	41.93	
4.4.5 货运碳排放量	83.56	
镇江	得分	排名
城市创新指数	25.03	35
1 创新基础设施	15.71	46
2 创新资源	17.68	38
3 创新过程	11.47	25
4 创新产出	54.27	24
1.1 数字基础设施	10.94	38
1.1.1 固网宽带应用渗透率	26.85	
1.1.2 移动网络应用渗透率	5.67	
1.1.3 车联网车辆接入数量	0.28	
1.2 物流基础设施	19.98	33
1.2.1 货运量	0.06	
1.2.2 人均快递业务量	5.55	

续表

镇江	得分	排名
1.2.3 城市物流仓储用地面积占城市建设用地总面积比重	66.43	
1.2.4 物流从业人员数占总人口比重	7.89	
1.3 金融基础设施	16.89	39
1.3.1 年末金融机构人民币各项存款余额	1.53	
1.3.2 年末金融机构人民币各项贷款余额	4.41	
1.3.3 金融业年末城镇单位就业人数占总人口比重	7.72	
1.3.4 数字金融	53.89	
1.4 政策基础设施	15.21	46
1.4.1 地方一般公共预算收入占 GDP 比重	19.99	
1.4.2 地方一般公共预算支出占 GDP 比重	25.63	
1.4.3 政府和社会资本合作环境	0.00	
2.1 人力资源	26.14	45
2.1.1 普通高等学校教育数量与质量	47.85	
2.1.2 中等职业学校教育数量与质量	46.29	
2.1.3 教育支出占 GDP 比重	17.50	
2.1.4 人才引进比重	6.30	
2.1.5 每万人中 R&D 人员数	12.74	
2.2 研发投入	25.53	19
2.2.1 R&D 内部经费占 GDP 比重	43.45	
2.2.2 科学技术支出占 GDP 比重	17.86	
2.2.3 规模以上工业企业 R&D 经费占主营业务收入比重	15.28	
2.3 创新机构	2.61	54
2.3.1 文化机构	4.48	
2.3.2 国家重点实验室	0.00	
2.3.3 国家创新中心	3.33	
3.1 知识创造	21.32	17

续表

镇江	得分	排名
3.1.1 每十万人专利申请数	17.44	
3.1.2 每十万人发明专利数	17.18	
3.1.3 每十万人科技论文数	17.49	
3.1.4 每万元研究开发投入所取得的授权专利数	33.18	
3.2 知识扩散	1.79	41
3.2.1 输出技术成交额	0.85	
3.2.2 吸纳技术成交额	1.13	
3.2.3 国家技术转移机构数	3.39	
4.1 创新经济效益	50.18	20
4.1.1 人均地区生产总值	53.51	
4.1.2 贸易顺差(逆差)	81.73	
4.1.3 规模以上工业企业人均工业总产值	15.31	
4.2 数字创新活力	19.38	29
4.2.1 数字产业活力	4.53	
4.2.2 数字消费活力	46.13	
4.2.3 数字政务活力	10.36	
4.2.4 数字文化活力	16.51	
4.3 创新包容性	75.82	11
4.3.1 城镇登记失业率	71.26	
4.3.2 城乡居民人均可支配收入比	63.50	
4.3.3 平均房价与职工平均工资比	92.71	
4.4 创新可持续性	72.55	22
4.4.1 单位 GDP 工业废水、废气、废物排放量	92.81	
4.4.2 废水废物处理能力	64.65	
4.4.3 可吸入细颗粒物年平均浓度	51.16	
4.4.4 园林绿化覆盖率	57.84	
4.4.5 货运碳排放量	96.28	